2018年湖北省社科基金一般项目（后期资助项目2018009）
2019年中央高校基本科研业务费专项资金项目（人文社科类）后期资助项目
"新时代我国社会主要矛盾的转化与执政党的历史使命"（CCNU19HQ017）成果

新时代中国社会主要矛盾的转化与执政党的历史使命

王建国 邓岩 主编

华中师范大学出版社

新出图证(鄂)字 10 号

图书在版编目(CIP)数据

新时代中国社会主要矛盾的转化与执政党的历史使命/王建国 邓岩主编.—武汉:华中师范大学出版社,2020.7(2021.9 重印)

ISBN 978-7-5622-9015-5

Ⅰ.①新… Ⅱ.①王… ②邓… Ⅲ.①社会发展—主要矛盾—研究—中国 ②中国共产党—执政—研究 Ⅳ.①D668 ②D25

中国版本图书馆 CIP 数据核字(2020)第 076581 号

新时代中国社会主要矛盾的转化与执政党的历史使命
ⓒ王建国 邓 岩 主编

责任编辑:宋文静 冯会平		责任校对:罗 艺	封面设计:胡 灿

编 辑 室:学术出版中心　　　　　　　　电话:027-67867792/3220
出版发行:华中师范大学出版社有限责任公司
社　　址:湖北省武汉市洪山区珞喻路 152 号　　邮编:430079
电　　话:027-67861549(发行部)　027-67861321(邮购)
网　　址:http://press.ccnu.edu.cn　　　电子信箱:press@mail.ccnu.edu.cn
印　　刷:湖北新华印务有限公司　　　　督印:刘 敏
字　　数:246 千字
开　　本:710mm×1000mm　1/16　　　　印张:16.25
版　　次:2020 年 12 月第 1 版　　　　　印次:2021 年 9 月第 2 次印刷
定　　价:72.00 元

欢迎上网查询、购书

敬告读者:欢迎举报盗版,请打举报电话 027-67867353

目　　录

绪　论 …………………………………………………………………… 1

第一章　唯物史观视域中的社会主要矛盾及其特点 ………………… 7
　第一节　人类社会的基本矛盾及其运行规律 ………………………… 7
　第二节　社会主义是人类社会基本矛盾运动的必然结果 …………… 15
　第三节　社会主要矛盾及其特点 ……………………………………… 18

第二章　新中国成立以来中国共产党对中国社会主要矛盾的认识历程
　………………………………………………………………………… 22
　第一节　近代中国社会的主要矛盾与中国共产党的使命 …………… 23
　第二节　中共八大对中国社会主要矛盾的认识 ……………………… 27
　第三节　八届三中全会开始党对社会主要矛盾的错误认识及其后果
　………………………………………………………………………… 31
　第四节　改革开放以来党对社会主要矛盾的认识和判断 …………… 37
　第五节　中国特色社会主义进入新时代党对社会主要矛盾的新认识
　………………………………………………………………………… 39

第三章　新时代中国社会主要矛盾的转化 …………………………… 40
　第一节　改革开放以来中国特色社会主义建设的伟大成就 ………… 40
　第二节　党的十八大以来中国特色社会主义的新发展 ……………… 63
　第三节　新时代及其内涵 ……………………………………………… 75
　第四节　新时代中国社会主要矛盾转化及其本质 …………………… 77
　第五节　社会主要矛盾的转化是中国特色社会主义进入新时代的主要
　　　　　依据 …………………………………………………………… 86
　第六节　对新时代社会主要矛盾的新判断表明了我们党的使命与担当
　………………………………………………………………………… 90

第四章　新时代我国社会主要矛盾的科学内涵及其表现 …… 95
　第一节　人民日益增长的美好生活需要的内涵及其特点 …… 95
　第二节　不平衡不充分的发展的内涵及突出表现 …… 123

第五章　党的十九大对解决新时代我国社会主要矛盾的战略与策略规划
…… 161
　第一节　定方向：坚持中国特色社会主义道路 …… 161
　第二节　定思想：坚持以习近平新时代中国特色社会主义思想为指导
　　　　　…… 163
　第三节　定目标：建成社会主义现代化强国 …… 165
　第四节　定时间表：2020年、2035年、2050年三个时间节点 …… 168
　第五节　定路线图：从全面建成小康社会到基本实现现代化再到全面
　　　　　建成社会主义现代化强国次第推进 …… 171
　第六节　定方略："十四个坚持" …… 174
　第七节　定举措：政治经济文化、内政外交国防、治党治国治军
　　　　　统筹推进 …… 179
　第八节　强领导：全面推进党的建设伟大工程 …… 182

第六章　新时代社会主要矛盾的转化对执政党的使命要求 …… 185
　第一节　坚持以人民为中心的根本政治立场不动摇 …… 186
　第二节　坚定不移地把发展作为党执政兴国的第一要务 …… 194
　第三节　统筹推进新时代"五位一体"总体布局 …… 215
　第四节　全面深化改革，充分释放全社会的发展动力和活力 …… 222
　第五节　切实推进经济发展从高速增长转向高质量的发展 …… 228
　第六节　消除体制机制障碍，着力解决新时代的公平公正问题 …… 232
　第七节　全面从严治党，着力提升执政党长期执政的本领 …… 242

后　记 …… 255

绪　　论

　　毛泽东同志在《矛盾论》中指出："任何过程如果有多数矛盾存在的话，其中必定有一种是主要的，起着领导的、决定的作用，其他则处于次要和服从的地位。因此，研究任何过程，如果是存在着两个以上矛盾的复杂过程的话，就要用全力找出它的主要矛盾。捉住了这个主要矛盾，一切问题就迎刃而解了。"① 这段话揭示了唯物辩证法的一个基本原理，那就是在各种矛盾中总是存在着起决定作用的主要矛盾，而在矛盾的各个方面，总是存在着起决定作用的主要方面，因此对矛盾的把握要善于把握住主要矛盾和矛盾的主要方面。2015年1月23日习近平总书记在中央政治局第二十次集体学习时的讲话中强调，党员干部要"积极面对矛盾、解决矛盾，还要注意把握好主要矛盾和次要矛盾、矛盾的主要方面和次要方面的关系"②，再次重申了唯物辩证法的这一方法论原则。

　　矛盾存在于一切社会，可以说社会就是一个矛盾的统一体，任何社会都充满着各种各样的矛盾，但唯物辩证法告诉我们，社会中错综复杂的矛盾是不平衡的，起主导作用和支配作用的是社会的主要矛盾，它对社会的发展起决定性作用，因而抓住社会的主要矛盾才能找到破解难题的钥匙。正所谓"秉纲而目自张，执本而末自从"③，一个马克思主义政党只有在正确分析、认识和把握社会主要矛盾的基础上，才能准确地提出自己的主要任务，并制定出解决社会主要矛盾的科学战略策略。可见能否正确认识和把握社会基本矛盾和主要矛盾，直接关系到一个马克思主义政党能否带领人民正确解决社会发展所面临的主要问题，从而也是关系到国家能否顺利发展、人民生活水平能否提高的根本性问题。

---

①　《毛泽东选集》第一卷，人民出版社1991年版，第322页。
②　习近平：《辩证唯物主义是中国共产党人的世界观和方法论》，《求是》2019年第1期。
③　习近平：《辩证唯物主义是中国共产党人的世界观和方法论》，《求是》2019年第1期。

中国共产党自成立之日起，在领导中华民族实现伟大复兴的征程中，坚持把马克思主义关于社会基本矛盾的原理与中国国情实际相结合，在不同历史时期，对中国社会的主要矛盾进行分析，总体上创造性运用社会矛盾发展的规律，科学认识和把握不同历史时期的社会主要矛盾，以此为基础确立不同历史时期的目标和使命，成功地解决了新民主主义革命、社会主义革命、社会主义建设和改革等不同历史时期的主要矛盾，推动中华民族从站起来、富起来到强起来的伟大转变。一定意义上而言，中国共产党90多年的历史，就是一部不断分析、认识和把握中国社会主要矛盾，并且在科学认识社会主要矛盾的基础上不断解决新的社会主要矛盾的历史。

纵观中国共产党的历史，党对社会主要矛盾的分析和认识，展现了一条非常清晰的与时俱进、开拓创新的历史脉络。从中国共产党成立到党的十九大召开，我们党对中国社会主要矛盾的认识经历了多次重大调整。

中国共产党第一次对中国社会主要矛盾的认识是在新民主主义革命时期。自鸦片战争以来，中华民族面临亡国灭种的危机，中国的仁人志士开始了救亡图存的艰辛探索。但是，正如习近平总书记所说："中国人苦苦寻找适合中国国情的道路。君主立宪制、复辟帝制、议会制、多党制、总统制都想过了、试过了，结果都行不通。"[①]这些探索"行不通"的重要原因之一就是没有把握住当时中国社会面临的主要矛盾，没有把准脉，没有找准病因，当然也就开不出可以治好病的有效药方。正当国人陷入困惑、迷茫、失望之时，中国共产党成立了，以毛泽东同志为代表的中国共产党人注重调查研究，深入了解中国国情，科学分析当时中国社会中错综复杂的各种矛盾和关系，找准了中国社会的主要矛盾，即帝国主义和中华民族的矛盾、封建主义和人民大众的矛盾，而帝国主义和中华民族的矛盾是各种矛盾中最主要的矛盾。正是基于这一科学认识，我们党科学地制定了新民主主义革命不同时期的路线方针和政策，团结和带领全国人民推翻了近代以来压在中国人民头上的三座大山，取得了新

---

① 习近平：《在布鲁日欧洲学院的演讲》，《人民日报》2014年4月2日。

民主主义革命的伟大胜利，使中华民族从屈辱中站起来，再次屹立于世界民族之林。

中国共产党第二次对中国社会矛盾的分析、认识和把握是在新中国成立之后。随着社会主义改造的完成，一个崭新的社会制度——社会主义制度在中国建立起来，中国社会发生了翻天覆地的变化。为适应中国社会的这一伟大变革，中国共产党对中国社会主要矛盾重新进行了分析和认识。在党的八大上，我们党指出中国社会主要矛盾"已经是人民对于建立先进的工业国的要求同落后的农业国的现实之间的矛盾，已经是人民对于经济文化迅速发展的需要同当前经济文化不能满足人民需要的状况之间的矛盾"[①]。而解决这个矛盾的办法就是发展社会生产力，实行大规模的经济建设。这是我们党第一次对社会主义建设时期我国社会主要矛盾作出的科学概括，这一概括符合社会主义制度建立起来以后的中国实际，因而也是正确的。

中国共产党第三次对社会主要矛盾进行概括是在党的八大二次会议上。党的八大关于社会主要矛盾的认识以及以此为前提和基础而制定的路线并没有被坚持下来。由于"党对于全面建设社会主义的思想准备不足"[②]，在八届三中全会上毛泽东就改变了对社会主要矛盾的判断，认为无产阶级和资产阶级的矛盾、社会主义道路和资本主义道路的矛盾是当时社会的主要矛盾，这一判断在八大二次会议的政治报告中被作为党的判断呈现；而到党的九大，这一错误的判断被写入了党章。始于八届三中全会的这一错误认识，导致了后来我们党和国家一系列重大政策和决策的失误，最后发展为"文化大革命"。

中国共产党对中国社会主要矛盾的第四次概括是在党的十一届六中全会上。以十一届三中全会为标志，中国开启了改革开放的伟大历程。随着各项工作拨乱反正的推进，中国共产党再次对中国社会主要矛盾进行了分析，否定了八届三中全会以来对中国社会主要矛盾的错误判断，将中国社会主要矛盾科学地概括为"人民日益增长的物质文化需要同落

[①] 《中国共产党第八次全国代表大会关于政治报告的决议》，《人民日报》1956年9月28日。

[②] 《邓小平文选》第三卷，人民出版社1993年版，第2页。

后的社会生产之间的矛盾"①。基于此,将党和国家工作的重点转移到以经济建设为中心的社会主义现代化建设上来,大力发展社会生产力,逐步提高人民的物质文化生活水平。这一概括回到了八大的正确认识上,社会主义建设也回到了八大开启的正确道路。这一正确认识使得中国特色社会主义沿着社会主义初级阶段的基本路线开拓前行,并取得了举世瞩目的伟大成就。

中国共产党对中国社会主要矛盾的第五次概括是中国特色社会主义进入新时代,在党的十九大报告中提出的。经历了改革开放40年的发展,中国特色社会主义取得了伟大的成功,特别是党的十八大以来,在以习近平同志为核心的党中央的领导下,中国特色社会主义取得了新的历史性成就,中国已经稳定解决了十几亿人的温饱问题,总体上实现小康,到2020年将全面建成小康社会。随着温饱问题的解决,人民不仅对物质文化生活提出了更高要求,而且在民主、法治、公平、正义、安全、环境等方面的要求日益增长,对美好生活的需要逐渐显现。基于国情的这一转换,习近平总书记在党的十九大报告中指出"我国社会主要矛盾已经转化为人民日益增长的美好生活需要和不平衡不充分的发展之间的矛盾"②。

时隔30多年,我们党对中国社会主要矛盾有了新的认识和判断,这是对中国国情与时俱进的科学认识和把握,也表明中国特色社会主义取得了伟大的成就。中国社会主要矛盾的转化,既是中国进入中国特色社会主义新时代的主要依据,也是新时代确定新战略、新目标、新任务、新要求的出发点。

中国共产党的中国社会主要矛盾认识史表明,中国共产党不仅是一个有伟大理想和崇高追求的马克思主义先进政党,而且是一个善于把马克思主义与中国实际相结合,与时俱进,不断创新,不断推进马克思主义中国化,不断创新和丰富马克思主义的伟大的党,还是一个善于将伟

---

① 《十一届三中全会以来历次党代会、中央全会报告、公报、决议、决定》(上),中国方正出版社2008年版,第121页。
② 习近平:《决胜全面建成小康社会 夺取新时代中国特色社会主义伟大胜利》,《人民日报》2017年10月28日。

大使命划分为若干阶段性目标，通过分阶段完成具体目标，进而最终实现共产主义的远大理想的有巨大能力的政党。对中国社会矛盾的认识过程，也证明中国共产党具有较强的驾驭复杂局面的能力。任何一个社会的矛盾都是复杂的、多面的、发展变化的，如何在这纷繁复杂的矛盾中，找准社会主要矛盾是对一个政党理论水平、政治能力和领导能力的考验。从中国共产党对中国社会主要矛盾的认识史中我们可以看到，中国共产党自成立以来在每一个关键时期都总体上科学把握了社会的主要矛盾，并成功地解决了社会主要矛盾，这表明中国共产党具有很强的驾驭社会复杂局面的能力，正是这种能力使我们有理由相信面对新的社会主要矛盾，党一定能领导全国人民成功地解决这一主要矛盾。

党的十九大将新时代我国社会主要矛盾概括为"人民日益增长的美好生活需要和不平衡不充分的发展之间的矛盾"①，这本身就表明中国共产党具有实事求是的精神、直面矛盾的勇气、勇担使命的担当和解决矛盾的自信，因为对新时代社会主要矛盾的这一概括具有许多新的内涵和要求。

一方面，人民对美好生活的需要的内涵更丰富、更全面，相对过去的"物质文化需要"层次和要求更高。人们的美好生活需要具有多元性、多样性和差异性的特点，同时美好生活需要又具有综合性、系统性的特点，满足人民美好生活需要离不开经济发展，但又不仅仅是经济发展就能够解决的，它涉及整个国家治理、社会治理、执政党自身治理以及这几方面的协调融合。另一方面，解决不平衡和不充分的发展问题的复杂性和难度相较于解决落后的社会生产的问题要大得多。就"不平衡的发展"来看，其内容不仅仅是经济发展的不平衡，还包括公共服务、社会发展等多方面的不平衡，以及经济发展与政治社会发展之间的不平衡，其社会影响比社会生产落后的社会影响要大得多。另外，导致不平衡的原因涉及深层次的经济结构、社会结构和政治体制等方面，解决起来比单纯发展生产难度要大得多。而且不平衡问题的解决过程是利益格局的调整过程，而利益格局的调整难度比发展经济难度更大。就"不充分的发

---

① 习近平：《决胜全面建成小康社会 夺取新时代中国特色社会主义伟大胜利》，《人民日报》2017年10月28日。

展"来看，其内容涉及经济发展质量、社会发展程度、国家治理能力和治理体系的现代化程度、执政党的执政能力和领导水平等方面的问题，需要解决的主要是发展质量的问题，其难度相较于解决社会生产落后的问题要大得多。但是，中国共产党没有回避这种困难，而是直面这一矛盾，旗帜鲜明地提出了新时代的社会主要矛盾，并制定了系统而科学的解决新时代社会主要矛盾的科学战略策略，而且信心十足地给出了解决这一矛盾的时间表和路线图。这足以证明中国共产党是一个具有远大抱负和历史使命感的马克思主义执政党，也证明了中国共产党具有极强的执政能力。

从社会主要矛盾的角度，我们可以认为党的十九大的召开，就是为了正确认识中国特色社会主义进入新时代中国社会主要矛盾的转化，从而为新时代解决这一矛盾制定出科学的战略策略。而对新时代社会主要矛盾的认识，以及对解决这一矛盾的战略策略的制定都是在建设社会主义现代化强国，进而实现中华民族伟大复兴宏伟框架中展开的。因而也可以认为解决新时代中国社会主要矛盾既是实现中华民族伟大复兴的过程，也是实现中华民族伟大复兴的重要基础。在这个意义上而言，中国特色社会主义进入新时代，中国社会主要矛盾的转化可以是学习和理解十九大精神的一把钥匙。

基于这样的判断，我们试图从历史唯物主义出发，在理论上把握社会主要矛盾的内涵及其功能，论证正确认识社会主要矛盾的意义和价值，梳理中国共产党的社会主要矛盾认识史。在此基础上分析新时代社会主要矛盾转化的历史与现实依据，研究新时代社会主要矛盾的内涵，总结党的十九大对解决新的社会矛盾所作的新的战略策略规划，分析新时代我国社会主要矛盾转化对执政党提出的使命要求，以期从对新时代社会矛盾的把握以及解决新时代社会主要矛盾的战略策略谋划的角度，深化对十九大精神的学习和研究。

第一章 唯物史观视域中的社会主要矛盾及其特点

人类社会的基本矛盾是生产力和生产关系，经济基础和上层建筑之间的矛盾，它规定着社会的性质和基本结构，贯穿于人类社会发展的始终，也是推动人类社会由低级向高级发展的关键动力。社会基本矛盾的运动决定了各种社会矛盾的产生和发展，决定着各种社会矛盾之间的关系及转变，决定着社会主要矛盾在社会形态的不同发展阶段的转化。党的十九大指出，"我国社会主要矛盾已经转化为人民日益增长的美好生活需要和不平衡不充分的发展之间的矛盾"①。这一论断是对马克思主义社会基本矛盾和社会主要矛盾基本原理的坚持和发展，也是对社会主要矛盾运动规律的科学把握。它是判断中国特色社会主义进入新时代的科学依据，也是新时代的重要特征。

第一节 人类社会的基本矛盾及其运行规律

一、"人"和"人类社会"的产生

人类社会是自然界发展到一定阶段的产物，人类社会产生和发展的基础是劳动。劳动是人类所特有的本质活动，通过劳动，人类社会从自然界脱颖而出。人类社会产生和发展的前提是具有生命的个人的存在和发展，具有生命意义上的人也是人类社会的根本组成部分。这种意义上的人不只是生物学意义上的人，更是处于一定社会关系中的真正的人，因此，"社会是人的社会，而人是社会的人"②。

---

① 习近平：《决胜全面建成小康社会 夺取新时代中国特色社会主义伟大胜利》，《人民日报》2017年10月28日。
② 肖前、汪永祥、李秀林：《历史唯物主义原理》，北京师范大学出版社2012年版，第34页。

人类社会的起源和发展伴随着社会的进化和发展。早在19世纪，达尔文就提出，人是从古猿进化而来。古猿的生存环境、群体结构和体质形态为人类产生提供了自然基础。同时，由于古猿生存的栖息地发生变化，即古猿赖以生存的森林逐渐退化，热带草原面积不断扩张，古猿的生存环境产生了极大改变，这导致古猿的栖息地从森林逐渐转为热带草原。为了适应生存环境的这一重大改变，古猿的体质结构、群体结构也产生了重大变化，并最终适应热带草原的生存环境。

从古猿的体质形态的改变来说，一方面，古猿的牙齿结构发生改变，适宜咀嚼较为细小、坚硬的食物；另一方面，古猿实现了前后肢分工和两足直立行走，最后随着前后肢分工，古猿使用天然工具的能力增强，动手能力得到提高，从而促进了古猿脑组织结构的发展。这些古猿体质形态的变化和发展为人类体质形态的产生和发展奠定了自然基础。在漫长的进化过程中，古猿的群体结构也逐渐发生变化，其群体结构组织更加严密化和规模化。这是古猿在生存环境由森林转入草原后，为了维护自身的生存和安全，进行狩猎和抵御自然侵袭的重要行为方式。随着古猿在热带草原生活范围的扩大，古猿生存的群体组织规模也随之扩大，组织结构也更加严密。古猿群体结构的产生和发展是人类社会组织形态产生的生物学前提。

在达尔文生物进化论的基础上，马克思和恩格斯将从猿到人的进化过程和人类社会的形成过程统一起来进行研究，认为劳动在从猿到人的转化过程中具有决定性作用，从而进一步提出劳动创造人类的历史唯物主义原理。马克思和恩格斯指出，人类通过劳动逐渐使用和制造工具，这也是人类劳动的根本标志。劳动过程中工具的制造和使用，促进了人类头脑中"观念"的产生和发展，进而人类的劳动也对自然界的发展产生了积极的作用。因此，人类是从动物本能向劳动转变的产物。这其中的关键环节就是人类祖先的"最初的动物式的本能的劳动形式"①。在人类的劳动中，不断使用并制造工具，这是一种有目的、有意识的活动，也是区别动物本能的根本标志。人类劳动也因此成为人类自身通过制造

---

① 《马克思恩格斯选集》第2卷，人民出版社2012年版，第169页。

使用工具，有计划、有目的地计划改造自然的社会实践活动。这种劳动促进了人类语言和意识的产生，从而也促进了人类社会关系的产生和发展。

人类社会的产生和发展与古猿的进化和发展密切相关。一方面，由于古猿生存环境的变化，"为了在发展过程中脱离动物状态，实现自然界中的最伟大的进步，还需要一种因素：以群的联合力量和集体行动来弥补个体自卫能力的不足"[1]，这导致古猿生存的群体组织结构也产生很大的改变，这就为人类社会关系的产生奠定了自然基础。恩格斯认为，古猿群体结构和组织的变化是一种社会本能，"社会本能是从猿进化到人的最重要的杠杆之一"[2]，正是劳动的不断发展的需要，使这种群体间的社会联系更加广泛和日益紧密。由此，这种联系"并不是在人同猿最终分离时就停止了，而是在此以后大体上仍然大踏步地前进着，虽然在不同的民族和不同的时代就程度和方向来说是不同的，有时甚至由于局部的和暂时的退步而中断；由于随着完全形成的人的出现又增添了新的因素——社会"[3]，猿群之间的社会联系逐渐成为人类的社会关系。另一方面，由于古猿体质结构的变化，尤其是手的充分运用和发展，人类祖先的活动范围和眼界不断开阔。通过劳动，他们在自然对象中不断探索发现来自自然界和群体内部的大量的新的刺激，极大促进了人类祖先的脑的运用和发展，并为意识的产生提供了现实可能。"最初出现的是对个别实际效益及其条件的意识，后来逐渐发展成为对制约这些效益的自然规律的意识"[4]，这种意识的发展进而刺激了语言的产生和发展。

制造和使用工具、一定的社会关系、抽象的思维和语言的产生是人类社会特有的标志，这些都是在人类祖先从动物生活的本能向人类劳动的转化过程中逐渐发展演变而来的。工具制造、社会关系、语言和抽象思维的产生标志着劳动转化的正式完成，同时劳动也为他们的发展提供了新的推动力量。自然规律也逐渐被人认识和反应，人类和人类社会也

---

[1] 《马克思恩格斯选集》第4卷，人民出版社2012年版，第42页。
[2] 《马克思恩格斯选集》第4卷，人民出版社2012年版，第519页。
[3] 《马克思恩格斯选集》第3卷，人民出版社2012年版，第992—993页。
[4] 肖前、汪永祥、李秀林：《历史唯物主义原理》，北京师范大学出版社2012年版，第38页。

正式从自然界中进化出来，人类社会关系也正式产生。

二、人类社会的基本矛盾

人类社会基本矛盾理论是历史唯物主义的重要组成部分，同时也是马克思主义中国化发展和新时代中国特色社会主义建设的重要指导思想。对马克思人类社会基本矛盾理论的研究和运用可以更科学地审视和解决当前中国经济社会发展过程中所存在的一系列根本问题，对坚持和发展中国特色社会主义，实现中华民族伟大复兴的中国梦具有重要意义。

基本矛盾是指在所有矛盾中，起着最根本和决定性作用的矛盾，是所有矛盾的本源。人类社会的基本矛盾是在社会这个有机体的所有的矛盾中，起着本源和决定性作用的矛盾。马克思主义经典作家对此有过详细的论述。在《德意志意识形态》中，马克思对社会的矛盾问题进行了阐述，提出了社会基本矛盾理论，其主要内容涉及社会历史的本质和产生以及社会历史发展的根本动力问题。马克思指出："全部人类历史的第一个前提无疑是有生命的个人的存在。因此，第一个需要确认的事实就是这些个人的肉体组织以及由此产生的个人对其他自然的关系。"[①]

1859年马克思在《〈政治经济学批判〉序言》中，对生产力和生产关系，经济基础和上层建筑的矛盾运动的一般过程做出了经典表述："人们在自己生活的社会生产中发生一定的、必然的、不以他们的意志为转移的关系，即同他们的物质生产力的一定发展阶段相适合的生产关系。这些生产关系的总和构成社会的经济结构，即有法律的和政治的上层建筑竖立其上并有一定的社会意识形式与之相适应的现实基础。物质生活的生产方式制约着整个社会生活、政治生活和精神生活的过程。不是人们的意识决定人们的存在，相反，是人们的社会存在决定人们的意识。社会的物质生产力发展到一定阶段，便同它们一直在其中运动的现存生产关系或财产关系（这只是生产关系的法律用语）发生矛盾。于是这些关系便由生产力的发展形式变成生产力的桎梏。那时社会革命的时代就到来了。"[②] 列宁继承和发展了马克思的社会基本矛盾的思想，指出："只有

---

① 《马克思恩格斯选集》第1卷，人民出版社2012年版，第146页。
② 《马克思恩格斯选集》第2卷，人民出版社2012年版，第2—3页。

把社会关系归结于生产关系,把生产关系归结于生产力的水平,才能有可靠的根据把社会形态的发展看作自然历史过程。"① 毛泽东在《矛盾论》《中国革命和中国共产党》《新民主主义论》等著作中,结合中国社会和中国革命的特点,对马克思列宁主义关于生产力和生产关系、经济基础和上层建筑相互关系的人类社会基本矛盾理论进行过精辟论述。1957年,他在《关于正确处理人民内部矛盾的问题》一文中首次明确地提出社会基本矛盾这一科学概念。他指出:"在社会主义社会中,基本的矛盾仍然是生产关系和生产力之间的矛盾,上层建筑和经济基础之间的矛盾。"② 中国特色社会主义进入新时代,习近平总书记进一步指出,"生产力和生产关系、经济基础和上层建筑之间有着作用和反作用的现实过程,并不是单线式的简单决定和被决定逻辑","只有把生产力和生产关系的矛盾运动同经济基础和上层建筑的矛盾运动结合起来观察,把社会基本矛盾作为一个整体来观察,才能全面把握整个社会的基本面貌和发展方向"③。

由此可见,社会基本矛盾是一个由生产力、生产关系(经济基础)和上层建筑等要素或子系统结合而成的特定系统。在这个特定的系统中,不仅生产力与生产关系、经济基础与上层建筑相互作用,而且生产力与上层建筑也相互作用;不仅生产力与生产关系形成一个新的子系统与上层建筑发生相互作用,而且生产力与上层建筑也形成一个新的子系统与生产关系发生相互作用。

社会基本矛盾的理论内涵主要涉及社会历史的本质和产生以及社会历史发展的根本动力两个方面。从社会历史的本质和产生来说,马克思认为,"不是意识决定生活,而是生活决定意识"④。人类历史的形成与发展离不开基于劳动而形成的人与人之间的社会联系,"这种联系是由需要和生产方式决定的,它和人本身有同样长久的历史;这种联系不断采取新的形式,因而就表现为'历史',它不需要用任何政治的或宗教的呓语特意把人们维系在一起"⑤。马克思认为,人类的历史是伴随着人类的实

---

① 《列宁选集》第1卷,人民出版社2012年版,第110页。
② 《毛泽东文集》第七卷,人民出版社1999年版,第214页。
③ 习近平:《推动全党学习和掌握历史唯物主义 更好认识规律更加能动地推进工作》,《人民日报》2013年12月5日。
④ 《马克思恩格斯选集》第1卷,人民出版社2012年版,第152页。
⑤ 《马克思恩格斯选集》第1卷,人民出版社2012年版,第160页。

践产生和发展的,社会历史发展的本质是人的实践发展。人类通过实践来满足自身的需要并能动改变世界,在这个过程中,人类自身的能力也不断得到加强,同时也建立了彼此之间的各种联系和关系。随着人与人之间关系的发展,人类之间的关系也不断升级为更高的形态和更新的层次,并将每一个历史片段联成一个统一的整体,构成人类整个历史发展脉络。

从社会历史发展的根本动力来说,实践是人类社会历史的核心要素,同时也是人类社会历史得以产生发展的前提。人类社会历史最早产生于人类物质生产实践,"人们为了能够创造历史,必须能够生活。……第一个历史活动就是生产满足这些需要的资料,即生产物质生活本身"[①]。人类社会历史从实践开始,同时也是在实践中不断完善和不断发展的客观的现实。通过劳动实践,人类的物质生产能力不断提高,导致各种形式的生产关系产生,进而产生建立在经济基础之上的上层建筑。因此,生产力和生产关系以及经济基础和上层建筑之间的矛盾构成人类社会的基本矛盾,人类社会也在矛盾的不断变化和发展中走向前进,同时人类社会的基本矛盾也为社会历史发展提供了不竭动力。

在社会基本矛盾之中,生产力和生产关系的矛盾处于更为基础的地位,同时,在生产力和生产关系的矛盾运动中,起决定作用的因素是生产力。所以,生产力也是社会基本矛盾的核心要素,生产力也是决定社会发展最关键、最活跃和最根本的要素。但是人类的生产力不可能是自由意志选择的结果,马克思指出"人们不能自由选择自己的生产力——这是他们的全部历史的基础,因为任何生产力都是一种既得的力量,是以往的活动的产物。可见,生产力是人们应用能力的结果,但是这种能力本身决定于人们所处的条件,决定于先前已经获得的生产力,决定于在他们以前已经存在、不是由他们创立而是由前一代人创立的社会形式。后来的每一代人都得到前一代人已经取得的生产力并当作原料来为自己新的生产服务,由于这一简单的事实,就形成人们的历史中的联系,就形成人类的历史,这个历史随着人们的生产力以及人们的社会关系的愈

---

① 《马克思恩格斯选集》第1卷,人民出版社2012年版,第158页。

益发展而愈益成为人类的历史"①。正是生产力的社会历史规定性和人类劳动的能动性，建立起了人类历史的联系，人类历史形成并向前发展。正如马克思所说，"历史不外是各个世代的依次交替。每一代都利用以前各代遗留下来的材料、资金和生产力；由于这个缘故，每一代一方面在完全改变了的环境下继续从事所继承的活动，另一方面又通过完全改变了的活动来变更旧的环境"②。人类社会就是在这种规定性和创造性的共同作用下不断前行。

人类社会发展中的一切矛盾也都可以从基本矛盾的交互运行中找到合理解释。人们在实践中不断提升生产的能力和水平，形成一定的经济联系和生产关系。由于这种既定的生产关系所能容纳的生产力水平是有限的，且生产力是不断发展的，这就使得生产力和生产关系之间的矛盾也会不断发展、激化，甚至变得不可调和，最终导致社会变革。通过社会变革，生产力得以冲破现有生产关系的束缚从而建立起一套新的更高级、更能适应自身发展的新型的生产关系，人类社会历史演进就是在这个过程中进行的。人类社会基本矛盾交互运动成为人类社会历史前进最重要的推动力量。

三、人类社会基本矛盾的运行规律

一定的生产关系适应一定的生产力发展水平，上层建筑要适应相应的经济基础状况，生产力与生产关系矛盾运动的规律，是人类社会发展基本矛盾运行的根本规律。

（一）生产关系一定要适合生产力状况

马克思认为，生产力在社会生活中是最终决定的力量。在这方面马克思的经典表述是："人们在自己生活的社会生产中发生一定的、必然的、不以他们的意志为转移的关系，即同他们的物质生产力的一定发展阶段相适合的生产关系。这些生产关系的总和构成社会的经济结构，即有法律的和政治的上层建筑竖立其上并有一定的社会意识形式与之相适应的现实基础。"③ 生产力是人类用以解决社会同自然矛盾的实际能力，是人类在生产实践中形成的改造自然以使其适应社会需要的物质力量，

---

① 《马克思恩格斯选集》第4卷，人民出版社2012年版，第408—409页。
② 《马克思恩格斯选集》第1卷，人民出版社2012年版，第168页。
③ 《马克思恩格斯选集》第2卷，人民出版社2012年版，第2页。

主要用来表示人与自然的关系。生产力的要素包括三个方面：一是劳动资料，也称为劳动手段，最重要的是生产工具。生产工具是衡量生产力发展水平的客观尺度，也是用来划分经济时代的物质标志。二是劳动对象，劳动对象和劳动资料共同组成生产资料。三是劳动者，这是劳动过程中最活跃、最关键的因素。劳动资料、劳动对象和劳动者的创造活动结合起来才能实现生产活动的价值，从而转变成现实的生产力。此外，科学技术也是重要的生产力，它是属于知识形态的最一般的生产力。现代社会，科学技术日益成为生产发展的决定性因素，从这个意义上说，科学技术是先进生产力的集中体现和主要标志，是第一生产力。

生产关系是人们在物质生产过程中形成的不以人的意志为转移的经济关系。生产关系是社会关系中最基本的关系，政治关系、家庭关系、宗教关系等其他社会关系，都要受到生产关系的支配和制约。生产关系有狭义和广义之分。狭义（静态）的生产关系是指人们在直接生产过程中结成的相互关系，包括生产资料所有制关系、生产中人与人的关系和产品分配关系。其中，生产资料的所有制关系是最基本的、决定性的关系，它是区分不同生产方式、判定社会经济结构性质的客观依据。广义（动态）的生产关系是指人们在再生产的过程中结成的相互关系，包括生产、分配、交换和消费在内的生产关系体系。生产关系作为生产中人与人之间的关系，不是具体的物，"可是这些关系总是同物结合着，并且作为物出现"①，所以，分析生产关系必须透过"物"看到"物"后面的人与人的关系。生产关系是一种客观的物质关系，首先是因为生产关系实质上是物质利益的关系，体现人们之间的物质经济利益，不是人们的主观愿望和要求；其次是因为对于每一代人来说生产关系是由既定的生产力所决定的，既不能随心所欲地自由选择，也不能随心所欲地改变。

在社会生产中，生产力是生产的物质内容，生产关系是生产的社会形式，二者的有机结合和统一，构成社会的生产方式。生产力与生产关系的相互关系是：生产力决定生产关系，生产关系又反作用于生产力。第一，生产力决定生产关系。首先，生产力状况决定生产关系的性质。

---

① 《马克思恩格斯选集》第2卷，人民出版社2012年版，第15页。

马克思曾指出:"手推磨产生的是封建主的社会,蒸汽磨产生的是工业资本家的社会。"① 其次,生产力的发展决定生产关系的变革。第二,生产关系对生产力具有能动的反作用,主要表现为两种情形:当生产关系适合生产力发展的客观要求时,它对生产力的发展起推动作用;当生产关系不适合生产力发展的客观要求时,它就会阻碍生产力的发展。判断一种生产关系是否优越的标准,在于这种生产关系对生产力是适合还是不适合的,是促进生产力的发展还是阻碍生产力发展,而不能离开生产力的状况和要求,孤立地、抽象地看待生产关系。

(二)上层建筑一定要适合经济基础发展要求

经济基础是指一个社会中占据统治地位的生产关系的总和,上层建筑是指建立于一定经济基础之上的社会意识形态和政治法律制度及其设施。二者的结合和统一形成社会形态,社会形态是经济基础和上层建筑矛盾的统一体。在这个统一体中,经济基础决定上层建筑,决定上层建筑的产生和性质,而且经济基础的发展和变化决定着上层建筑的发展和变化。上层建筑对经济基础也有反作用,它能促进经济基础的形成、巩固和发展。当这种反作用是为先进的生产关系即经济基础服务时,它是进步的,对社会发展起推动作用;如果生产关系已经过时,上层建筑还运用自身的力量去维护,而不是适应生产力发展的状况和要求加以变革,这样的上层建筑是落后的,对社会发展起阻碍作用。正是在这个意义上说上层建筑必须适应经济基础发展状况。

第二节 社会主义是人类社会基本矛盾运动的必然结果

唯物史观认为,人类社会的基本矛盾是生产力与生产关系、经济基础与上层建筑之间的矛盾。正确认识人类社会的基本矛盾,不仅是正确认识科学社会主义的前提和基础,而且对于我们今天的社会主义现代化建设有着重要的意义。

人类社会基本矛盾经历了漫长的发展过程,存在于一切社会形态之

---

① 《马克思恩格斯选集》第1卷,人民出版社2012年版,第222页。

中，规定社会的性质和基本结构，贯穿于人类社会发展的始终，推动着人类社会由低级向高级发展。

作为人类社会发展中的第一个社会形态，在原始社会中，生产力极其低下，人们以石器为主要生产工具，生产条件极为简陋，发展速度极其缓慢。那时，人类对于自然条件的依赖是第一位的。为了生存，人们把全部精力投入物质生产中，而获得的生活资料却极端贫乏。为了满足生存需要，人与自然的矛盾一直是原始社会的主要矛盾。为了同生产力水平极其低下的状况相适应，人们结成了共同劳动、共同占有生产资料并实行平均分配的关系，建立起原始社会的经济制度。

到原始社会末期，随着金属工具的出现和人的劳动技能的提高，生产力有了较大的发展，人们的劳动能力有所提高，生产的产品除了维持劳动力简单的生存之外还有剩余，即开始出现剩余产品。剩余产品的出现，一方面为一部分人摆脱繁重的体力劳动，专门从事社会管理和文化科学活动提供了可能，从而促进生产的发展；另一方面也为私有制的产生准备了条件。随着私有制的产生，人类社会出现了剥削阶级和被剥削阶级，原始社会逐步解体，奴隶社会产生。人类进入了奴隶社会，与生产力状况相适应的奴隶占有制生产关系代替了阻碍生产力发展的过时的原始社会生产关系。在奴隶社会中，从事脑力劳动成为奴隶主的特权，奴隶被剥夺了接受教育的权利。奴隶主脱离体力劳动，把体力劳动看作卑贱的事。这样，就形成了脑力劳动与体力劳动的对立。在阶级社会里，这种对立体现了剥削阶级与被剥削阶级之间的阶级对立。而在奴隶社会中，其主要矛盾是奴隶与奴隶主之间的矛盾。

随着人类社会生产水平的提高，奴隶制生产关系日益成为社会生产力发展的障碍，最终导致奴隶社会瓦解，封建社会开始形成。广义的封建社会被认为是以地主阶级剥削农民为经济基础的社会形态，狭义的封建社会单指分封制的社会结构。在广义的封建社会中，形成的是以土地为基础的自然经济，农业与手工业相结合。自然经济具有封闭性、独立性的特征。这种经济结构使得生产资料都掌握在地主手中。而在狭义的封建社会中，皇权统治一切，皇权高于物权，支配物权。在这种封建的经济剥削和封建的政治压迫之下，社会的基本矛盾直接表现为农民阶级与地主阶级之间的矛盾。

随着生产力的进一步发展，封建制的生产关系最终也被新的生产关系所代替，人类进入资本主义社会。资本家占有生产资料，用雇佣劳动的方式剥削无产者，获取更大的利润。资本主义社会中生产的目的是攫取工人所创造的剩余价值。资本主义社会以使用机器的大生产为特征，其发展经历了自由竞争的资本主义和垄断的资本主义。为与资本主义生产关系的统治形式相适应，资本主义以前的各种上层建筑被资产阶级的上层建筑所代替，产生了资产阶级的国家政权、法律制度和思想体系，形成包括资本主义生产方式和与它相适应的上层建筑的社会制度。在资本主义社会中，生产社会化同资本主义的私人占有之间的矛盾构成资本主义社会的基本矛盾。这一基本矛盾贯穿于资本主义发展的始终，在经济上具体表现为个别企业生产有组织性和整个社会生产的无政府状态之间的矛盾，在政治上表现为资产阶级和无产阶级两大对抗阶级不可调和的阶级矛盾。而资本主义社会基本矛盾和两大对抗阶级之间矛盾的发展，决定了资本主义的必然灭亡和社会主义的必然胜利。

科学社会主义的诞生是社会基本矛盾运行的结果，是历史的必然。但是这并不意味着人类社会就会自然而然地进入社会主义或共产主义社会，要达到这一目的还必须由先进的阶级在先进的理论指导下，科学认识和把握社会基本矛盾并创造性地充分利用社会基本矛盾运行的规律，推动人类社会由资本主义向社会主义的跃升。正是在这个意义上，马克思说"历史本身就是审判官，而无产阶级就是执刑者"[①]。

我们必须认识到，社会基本矛盾与人类社会相伴而生，贯穿于整个人类社会。科学社会主义是社会基本矛盾运动的必然结果，社会主义制度的建立解决了生产社会化和生产资料资本主义私有之间的矛盾。但是社会基本矛盾并没有随着社会主义的建立而消亡，毛泽东同志指出："在社会主义社会中，基本的矛盾仍然是生产关系和生产力之间的矛盾，上层建筑和经济基础之间的矛盾。"[②] 这是对马克思主义社会基本矛盾理论的发展，这一判断说明随着生产力的发展，社会主义的生产关系、上层

[①] 《马克思恩格斯全集》第12卷，人民出版社1962年版，第5页。
[②] 《毛泽东文集》第七卷，人民出版社1999年版，第214页。

建筑与不断发展的生产力之间同样会产生矛盾,甚至是发生冲突。因此必须根据生产力发展的实际和需要,及时调整、改革不适宜生产力发展要求的生产关系和上层建筑,避免其阻碍生产力的发展。正如习近平总书记指出:"社会基本矛盾总是不断发展的,所以调整生产关系、完善上层建筑需要相应地不断进行下去。改革开放只有进行时、没有完成时,这是历史唯物主义态度。"①

第三节　社会主要矛盾及其特点

　　社会基本矛盾和社会主要矛盾是既有区别又有联系的两个概念。一定意义上而言,社会基本矛盾就是社会主要矛盾,因为在人类社会中,最基本、最主要、对其他社会矛盾起决定作用的矛盾就是生产力和生产关系之间的矛盾。正如马克思所说:"物质生活的生产方式制约着整个社会生活、政治生活和精神生活的过程。"② 社会基本矛盾是人类社会各个发展阶段都始终具有决定作用的矛盾。但是社会基本矛盾和社会主要矛盾也有区别,社会主要矛盾是指社会发展某一大的历史阶段或某一具体的历史时期,在人们的相互关系上起主要的决定作用的矛盾。一定社会的基本矛盾是这个社会主要矛盾的本源,决定和影响着社会主要矛盾;但是一定社会的基本矛盾又必然要通过与其相适应的主要矛盾表现出来,这就使得社会基本矛盾在不同的历史阶段和历史时期,在不同的社会形态中,在不同的国情下,会以不同的形式表现出来。因而,尽管社会基本矛盾决定着社会主要矛盾,但社会主要矛盾则具有明显的时代性、动态性、地域性和国别性的特征。

　　毛泽东同志指出:"任何过程如果有多数矛盾存在的话,其中必定有一种是主要的,起着领导的、决定的作用,其他则处于次要和服从的地位。"③ 无论是自然界还是人类社会都是矛盾的统一体,而在众多的矛盾中,主要矛盾是占支配地位、对事物发展起决定作用的矛盾。一个国家

---

① 习近平:《推动全党学习和掌握历史唯物主义　更好认识规律更加能动地推进工作》,《人民日报》2013年12月5日。
② 《马克思恩格斯选集》第2卷,人民出版社2012年版,第2页。
③ 《毛泽东选集》第一卷,人民出版社1991年版,第322页。

的社会主要矛盾是对国家发展起决定作用的矛盾，支配或影响着国家其他矛盾的存在和发展，其他矛盾的解决依赖于主要矛盾的解决。因此，正确判断和把握不同社会发展阶段的社会主要矛盾是解决发展中面临主要问题的重要前提。

一、社会主要矛盾具有特殊性

社会基本矛盾决定社会主要矛盾的性质和特点，但是社会主要矛盾具有特殊性。在相同的社会形态中，受社会发展阶段不同、国情差异等因素的影响，社会主要矛盾表现出较大的差异性和特殊性。同为发达资本主义国家，美国社会的主要矛盾和英国社会的主要矛盾不同；而同为社会主义国家，中国和越南的社会主要矛盾也存在较大差异。因此，对社会主要矛盾的认识和判断一定要立足于国情，只有这样才能科学把握社会主要矛盾的实质，从而制定出切实可行的解决社会主要矛盾的政策和策略。

二、社会主要矛盾具有阶段性

马克思曾指出，"一切依次更替的历史状态都只是人类社会由低级到高级的无穷发展进程中的暂时阶段"[①]，强调"世界不是既成事物的集合体，而是过程的集合体"[②]。与社会发展的阶段性相一致，一个社会的主要矛盾也具有阶段性的特点，它是人类社会漫长过程中部分的、一个阶段中居于主导地位的矛盾。它的存在通常与一个社会形态中的某个具体的发展阶段相联系。即使是同一社会形态的同一国家在不同的历史时期和发展阶段，社会主要矛盾也会发生变化。因此，必须动态地认识和把握社会主要矛盾，只有这样才能与时俱进地制定治国理政的战略策略和路线方针政策，确保社会主要矛盾得到及时解决。

三、社会主要矛盾具有多样性

从内容上看，社会主要矛盾各不相同。从矛盾的主体来看，可能是阶级矛盾，也可能是民族矛盾，还可能是宗教矛盾；从矛盾的性质来看，既可能是敌我矛盾，也可能是人民内部矛盾；从矛盾的烈度来看，既可

---

① 《马克思恩格斯选集》第 4 卷，人民出版社 2012 年版，第 223 页。
② 《马克思恩格斯选集》第 4 卷，人民出版社 2012 年版，第 250 页。

能是不可调和的对抗性矛盾，也可能是可以通过改革而逐步解决的非对抗性矛盾。因此，对社会主要矛盾的认识既要正确把握矛盾的主要内容，也要科学判断矛盾的性质，还要准确把握矛盾的发展程度，只有这样，才能找到解决矛盾的方法。

四、社会主要矛盾具有动态性

事物是运动的，矛盾是发展的。社会主要矛盾从来不是静止不变的状态，而是一个不断发展变化的过程。从内容上看，社会主要矛盾的内涵会随着社会的发展发生变化。在土地革命时期，中国共产党面对的社会主要矛盾是人民大众和封建地主阶级的矛盾，社会主要矛盾表现为阶级矛盾。随着日本帝国主义对中国的侵略，中国社会的主要矛盾转化为中华民族和日本帝国主义之间的矛盾，在这一阶段，中国国内的阶级矛盾仍然存在，但是就社会主要矛盾而言，已经是中华民族和日本帝国主义之间的民族矛盾。而到解放战争时期，社会主要矛盾转化为人民大众同国民党反动派的矛盾，这一社会主要矛盾在性质上属于阶级矛盾。从矛盾的主次地位来看，社会主要矛盾和次要矛盾之间是可以相互转化的，即社会主要矛盾可能转化为社会次要矛盾，而社会次要矛盾由于没有得到及时解决也可能转化为社会主要矛盾。从矛盾的发展程度来看，社会主要矛盾如果不能及时被认识到并得到妥善解决，就可能从非对抗性矛盾发展到对抗性矛盾；相反，即使是对抗性的社会主要矛盾如果处理得当，或者是矛盾的一方在斗争中取得胜利，对抗性的矛盾也可能转化为非对抗性的矛盾。

正确认识社会主要矛盾是科学把握国情的前提和基础。毛泽东同志指出："捉住了这个主要矛盾，一切问题就迎刃而解了。这是马克思研究资本主义社会告诉我们的方法。列宁和斯大林研究帝国主义和资本主义总危机的时候，列宁和斯大林研究苏联经济的时候，也告诉了这种方法。万千的学问家和实行家，不懂得这种方法，结果如堕烟海，找不到中心，也就找不到解决矛盾的方法。"[①] 社会主要矛盾决定着社会其他矛盾，对国情的认识最主要的在于对一定时期社会各种矛盾的把握，而对一定时

---

① 《毛泽东选集》第一卷，人民出版社1991年版，第322页。

期社会主要矛盾的正确认识又是其中的关键,可以说把握住了社会主要矛盾就掌握了最基本的国情;把握住了一定时期社会的主要矛盾,也就把握住了这一时期社会发展的阶段性特征。而这又是一个国家的执政者准确把握社会发展方向,有效回应国民的新的需求,形成科学的治国理政战略和策略方针的基础。这在社会主义建设史上,在我国的社会主义建设和改革历程中既有失败的教训,也有成功的经验。面对错综复杂的国际国内环境和形势,执政者必须对社会主要矛盾有清醒的认识。

第二章 新中国成立以来中国共产党对中国社会主要矛盾的认识历程

新中国成立以来，中国共产党对中国社会主要矛盾总体上都有清醒的认识和科学的把握。虽然也有过认识上的偏差，并且因为这种认识上的偏差，社会主义建设遭遇了重大挫折，但是中国共产党是一个勇于自我革命的马克思主义政党，面对由社会主要矛盾认识偏差造成的困境，勇于及时修正自己的错误，在不断的自我革命中开拓前行。特别是改革开放以来，中国共产党正确认识社会主要矛盾，努力解决社会主要矛盾，开拓了中国特色社会主义道路，使中华民族从站起来走向富起来。

党的十八大以来，在党中央的领导下，社会主义建设取得了全方位的、开创性的成就，中国社会发生了深层次的、根本性的变革。在以习近平同志为核心的党中央的坚强领导下，中国人民解决了许多长期想解决而没有解决的难题，办成了许多过去想办而没有办成的大事，推动党和国家事业发生历史性变革，取得了改革开放和社会主义现代化建设的历史性成就。中国人民开始了从富起来向强起来的伟大转变。以此为基础，习近平总书记在党的十九大报告中指出"经过长期努力，中国特色社会主义进入了新时代"，认为"中国特色社会主义进入新时代，我国社会主要矛盾已经转化为人民日益增长的美好生活需要和不平衡不充分的发展之间的矛盾"。这是在中国特色社会主义发展处于新的历史方位的关键时刻，准确把握中国国情的深刻变化，对我国社会主要矛盾所作出的新判断，是中国共产党顺应人民群众期待的庄严承诺。对社会主义矛盾的新认识和新判断必将对今后相当长时期党和国家的工作重心和根本任务产生重大影响。

第一节 近代中国社会的主要矛盾与中国共产党的使命

由于晚清王朝的封闭僵化，中国未能赶上世界的现代化浪潮，逐渐沦为帝国主义列强欺凌侵略的对象。近代以来，欧美国家的资产阶级首先取得政权，完成了资产阶级革命，并先后完成了工业革命，推动了生产力的快速发展，使人类社会驶入了发展的快车道，正如马克思所说："资产阶级在它的不到一百年的阶级统治中所创造的生产力，比过去一切世代创造的全部生产力还要多，还要大。"[①] 而资本主义的大发展始终伴随掠夺与扩张，正如马克思所说："不断扩大产品销路的需要，驱使资产阶级奔走于全球各地。"[②] 与此同时，"资产阶级使农村屈服于城市的统治"，"使未开化和半开化的国家从属于文明的国家，使农民的民族从属于资产阶级的民族，使东方从属于西方"[③]，资本主义的发展史就是一部殖民扩张史，这给殖民地半殖民地的国家和人民带来了深重的灾难。近代中国就是在资本世界的这一扩张过程中，一步步沦为半殖民地半封建社会。

鸦片战争以来中国人民陷入了内忧外患的悲惨境地，欧美列强纷纷在中国争抢势力范围，封建地主阶级残酷压榨广大农民，资产阶级既与帝国主义相互勾结，也和封建地主阶级相勾结，共同压榨劳苦大众。山河破碎，民不聊生。为了挽救国家的危亡，为了争取民族独立、人民解放和实现国家的富强，一代又一代的中国人前赴后继，进行了不屈不挠、可歌可泣的斗争。但是，由于对近代以来中国社会的主要矛盾把握不准，在中国共产党选择马克思主义和社会主义道路之前，"一切别的东西都试过了，都失败了"[④]，"君主立宪制、复辟帝制、议会制、多党制、总统制都想过了、试过了，结果都行不通"[⑤]。

面对这种严峻形势和残酷的现实，中国共产党人坚持以马克思主义

[①] 《马克思恩格斯选集》第1卷，人民出版社2012年版，第405页。
[②] 《马克思恩格斯选集》第1卷，人民出版社2012年版，第404页。
[③] 《马克思恩格斯选集》第1卷，人民出版社2012年版，第405页。
[④] 《毛泽东选集》第四卷，人民出版社1991年版，第1471页。
[⑤] 习近平：《在布鲁日欧洲学院的演讲》，《人民日报》2014年4月2日。

为指导,对中国近代以来的国情,特别是对中国社会的主要矛盾进行深刻认识和总结。以毛泽东同志为代表的中国共产党人经过长期探索,将近代以来中国社会的主要矛盾概括为:"帝国主义和中华民族的矛盾,封建主义和人民大众的矛盾,这些就是近代中国社会的主要的矛盾。""而帝国主义和中华民族的矛盾,乃是各种矛盾中的最主要的矛盾。"[①] 正是基于对中国近代以来社会主要矛盾的正确认识和把握,我们党才制定了科学路线方针和政策,团结带领全国人民经过艰苦卓绝的不懈奋斗,最终推翻了压在中国人民头上的三座大山,取得了革命的伟大胜利。

一、近代以来的民族危机与旧民主主义革命的失败

18世纪中后期,英国率先开始了工业革命,此后在欧美世界工业革命风起云涌,人类迈向了现代化的快车道。而此时的中国在清王朝的统治下,闭关锁国,政治腐败,经济衰落,社会矛盾十分尖锐,危机四伏。为扩大海外殖民地和开拓世界市场,英国资产阶级迫切要求打开中国的大门,英国的殖民扩张要求和清政府的闭关自守政策产生了尖锐的矛盾。1840年第一次鸦片战争爆发,清政府在战争中惨败,签下了近代以来的第一个屈辱条约——《南京条约》。自此,中国开始逐步沦为半殖民地半封建社会。随着社会性质的变化,中国社会的主要矛盾由原来的地主阶级和农民阶级的矛盾,开始变为外国资本主义和中华民族的矛盾、封建主义和人民大众的矛盾。

鸦片战争以后,帝国主义列强通过发动一次又一次的侵华战争,迫使清政府签订了一系列不平等条约,逐步攫取了在中国的"关税协定权""领事裁判权""沿海贸易权""司法权""传教权""内河航行权""铁路管理权""矿山开采权"以及驻扎军队等各种主权和利益。1901年《辛丑条约》的签订更是表明帝国主义已完全在政治、经济、军事上控制了清政府,清政府已完全成为列强统治中国的工具。

事实清楚地证明,近代中国贫穷落后的根源在于帝国主义与封建主义,而且帝国主义与本国封建主义相结合,结成中外反动势力联盟。中国近代史不仅是一部逐渐变成半殖民地半封建社会的历史,而且是中国

---

① 《毛泽东选集》第二卷,人民出版社1991年版,第631页。

人民反帝反封建，推进中国走向独立、民主、富强的历史。在整个民主主义革命时期，中华民族面临的历史任务就是：一是争取民族独立，以改变国家民族被压迫、被奴役的地位，推翻半殖民地半封建的统治秩序；二是发展社会生产力，谋求现代化，以改变中国经济、文化落后的地位，实现国家的富强。而争取民族独立是实现现代化的前提和基础。纵观八十年的旧民主主义革命历程，我们可以看到，中国人民为了争取民族独立、国家富强，进行了一系列反帝反封建的斗争。然而，这些革命斗争无一例外地以失败告终，原因固然很多，有阶级的局限、历史的局限，经济和技术的落后等多方面的主客观原因，但不得不说最主要的原因是无论农民阶级、资产阶级抑或是地主阶级改革派都没有找准中国社会的主要矛盾以及由此派生的中国民主革命的任务、对象和性质，尤其是不懂得中外反动势力相勾结的实质，也就无法明白，在中国这样一个半殖民地半封建的社会，反封必须反帝，反帝也必须反封。因此，他们无论如何都不可能领导中国实现民族独立、国家富强，旧民主主义革命的失败也就成为历史的必然。

太平天国运动是中国旧式农民起义的最高峰，它建立了政权，提出了鲜明的反封建纲领，但最后仍以失败而告终。究其原因，固然是多方面的，但是在清政府"借师助剿"的反动方针指导下，外国侵略者的武装干涉是其失败的重要原因。所以，洪仁玕最终才领悟并认识到："我朝祸害之源，即洋人助妖之事"，"如洋人不助敌军，则吾人断可长久支持"①。由此可见，太平天国领导人对列强的侵略本质缺乏科学的认识和警惕，所以在帝国主义所谓"中立"面具的欺骗下，对其疏于防范，使其得以和本国封建势力相勾结，建立新式军队，对太平天国运动进行联合绞杀。

同属近代农民革命的义和团运动却是对封建统治者的本性缺乏清醒的认识，他们打出"扶清灭洋"的口号，勇敢地举起反对帝国主义的大旗，却因没有认清封建地主阶级的反动本性，而被清政府所出卖，最后在中外反动势力的联合镇压下惨遭失败。

---

① 《中国近代史资料丛刊·太平天国》第 2 册，神州国光社 1953 年版，第 853 页。

孙中山领导的辛亥革命则是一次伟大的反帝反封建的资产阶级民主革命。早在1905年中国同盟会成立之初，孙中山就提出了"三民主义"的民主革命纲领，将我国旧民主主义革命推向了高潮。对于民族问题，孙中山认为当时中国贫穷落后的面貌固然跟帝国主义的侵略掠夺有关，但其"根源乃在于满清政府的衰弱与腐败"①，他认为，要想将中国的问题毕其功于一役，必须以一个新的、开明的、进步的政府来代替旧政府，即推翻清政府的统治，建立中华民国。他甚至认为，中国革命必须赢得帝国主义的支持，否则，必然招致列强的阻挠和干涉，使革命归于破产。因此，孙中山"三民主义"的革命纲领并没有明确提出反帝的口号，没有将帝国主义作为打击的对象，这种缺乏反帝精神的民族主义削弱了"三民主义"的革命色彩。它不仅满足不了全国各族人民要求摆脱帝国主义压迫的强烈愿望，而且也为帝国主义利用革命党人的弱点，粗暴干涉中国革命创造了机会。革命党人的幻想无异于与虎谋皮。富有殖民主义统治经验的帝国主义列强们，通过革命党人传达的消息，看到了他们的弱点，于是，纷纷撕下了"严守中立"的虚伪面纱，对南京革命政府实行经济封锁、军事威胁和舆论攻击，最终革命果实为袁世凯所窃取，革命归于失败。

在近代中国的历史上，无论是农民阶级还是资产阶级都由于历史和自身的局限性，无法认清和抓住近代中国社会的主要矛盾，更无法担负起反帝反封的双重使命。就农民阶级而言，由于没有先进阶级的参与和科学理论的指导，他们不可能制定出切实可行的纲领和政策。所以，尽管太平天国运动有强烈的反封建性质，却是无法实现的平均主义空想；尽管义和团运动具有强烈的反帝倾向，却又忽视了反封建的一面，外加农民小生产者本身所具有的分散、自私的特点和封建意识，致使农民阶级无法把反帝反封有机结合起来。而中国的资产阶级，本身就与地主阶级和外国资本主义存在千丝万缕的联系，这就决定了其具有两面性的特点；并且资产阶级在当时的中国力量十分弱小，更是难有作为。总之，旧民主主义革命失败的历史，再一次证明了在半殖民地半封建的中国，只有认清中国的基本国情，

---

① 《孙中山选集》上卷，人民出版社1956年版，第57页。

抓住社会主要矛盾，才能引领中国人民走向独立、民主、繁荣的现代化之路。历史将这一重担落在了中国共产党的肩上。

二、中国共产党人对近代以来中国社会主要矛盾的科学认识与新民主主义革命的胜利

1921年7月，中国共产党宣告成立。中共一大确定了党的名称和纲领。大会确定了推翻资产阶级政权，消灭资本主义私有制的纲领，将中国当时社会的主要矛盾归结为无产阶级和资产阶级之间的矛盾。这是中国历史上开天辟地的大事件。"自从有了中国共产党，中国革命的面目就焕然一新了。"[①] 虽然新生的中国共产党对马克思主义的理解还只是初步的，对当时中国社会的客观实际也缺乏深入全面的了解，但其在成立伊始就不断根据中国的国情，努力探索党的纲领和革命任务等重大问题。到1922年7月中共二大召开时，便制定了中国共产党在民主革命时期的最低纲领，包括消除内乱，打倒军阀，建设国内和平，将反帝反封建作为具体的革命对象和目标。经过不断探索，中国共产党将近代以来中国面临的社会主要矛盾概括为"帝国主义和中华民族的矛盾，封建主义和人民大众的矛盾"，而且进一步认为"帝国主义和中华民族的矛盾，乃是各种矛盾中的最主要的矛盾"。显然，这是中国共产党正确认识了近代以来中国国情的结果，抓住了当时中国社会的主要矛盾。它为中华民族获得独立与解放指明了正确的方向。

综上所述，新民主主义革命胜利的根本原因就在于中国共产党人准确地把握了近代中国的基本国情，抓住了近代中国社会的主要矛盾，确定了近代中国社会的主要任务，从而制定出了符合近代中国革命发展的纲领、路线、方针和政策，找到了一条正确的适合中国国情的革命道路。中国历史从此翻开了新的一页。

第二节 中共八大对中国社会主要矛盾的认识

1949年10月中华人民共和国的成立，标志着中国新民主主义革命取

[①] 《毛泽东选集》第四卷，人民出版社1991年版，第1357页。

得了胜利和半殖民地半封建社会的结束，新民主主义社会建立。在新中国成立后的头三年，中国共产党领导中国人民迅速完成了民主改革、恢复国民经济和巩固人民民主专政这些极为繁重的工作，并且取得了抗美援朝战争的胜利。从1953年起，按照中国共产党提出的过渡时期的总路线，中国开始实施第一个五年计划，在全国范围内开展大规模的经济建设。与此同时，开始对农业、手工业和资本主义工商业进行社会主义改造。到1956年中共八大召开前夕，全国绝大部分地区基本上完成了对生产资料私有制的社会主义改造任务，"一五"计划的执行也取得了相当大的成就，从而实现了中国历史上最伟大、最深刻的社会变革，社会主义制度在中国的确立，为中国社会主义的发展和进步奠定了新的基础。

随着社会主义改造的完成，中共中央开始逐步把党和国家工作的着重点转移到社会主义建设上来。但是，如何才能实现这个工作重心任务转移这一艰巨任务？如何才能找到一条适合中国自己的社会主义现代化道路？这是中国共产党不得不回答的问题。虽然到1956年，我国第一个五年计划已经进行了三年多，总体上而言取得了成功，但是由于"一五"计划在许多方面是直接照搬苏联模式，建设中的许多问题已经暴露出来。如何总结我国社会主义建设的经验教训，正确处理社会主义建设中的各种矛盾，找出适合我国国情的建设社会主义的路线、方针和政策，是当时迫切需要回答的一个问题。

恰逢此时，赫鲁晓夫在苏共二十大上作了《关于个人崇拜及其后果》的"秘密报告"，尖锐地批评斯大林的错误，也暴露出了过去苏联在建设社会主义过程中的一些缺点和错误。比如在处理重工业和轻工业、农业的关系上，片面注重重工业，忽视农业和轻工业，因而国民经济各部门发展很不平衡；由于把农民生产的东西拿走太多，严重挫伤了农民的生产积极性，等等。苏联模式暴露出来的这些问题，更是给我们提出了探索符合自己国情的社会主义建设道路的现实要求，同时也给我国探索符合国情的发展道路创造了条件。

1956年4月，毛泽东同志在中央政治局扩大会议上作了题为《论十大关系》的讲话。在这个讲话中，毛泽东同志全面阐述了在社会主义革命和建设中存在的十大关系，且明确提出这十种关系都是矛盾。《论十大关系》是毛泽东同志用了两个多月的时间先后听取了中央 34 个部委的汇报，并经过中央政治局的多次讨论，最后由毛泽东集中概括出来的。在这篇讲话中，毛泽东同志还特别强调，"这十种关系，都是矛盾。世界是由矛盾组成的。没有矛盾就没有世界。我们的任务，是要正确处理这些矛盾。这些矛盾在实践中是否能完全处理好，也要准备两种可能性，而且在处理这些矛盾的过程中，一定还会遇到新的矛盾，新的问题"[1]。这为党的八大正确分析我国社会的主要矛盾作了理论上的准备。对此刘少奇同志这样评价："主席作了调查，讲了十大关系，十大关系应当成为起草八大政治报告的纲。"八大的政治报告"就是根据毛泽东同志关于处理十大关系的方针政策而提出的"[2]。

1956 年 9 月，中国共产党第八次全国代表大会在北京召开。这是中国共产党取得执政地位以后召开的第一次全国代表大会。毛泽东致开幕词，刘少奇作政治报告，周恩来作关于发展国民经济的第二个五年计划的报告，邓小平作关于修改党章的报告。八大的主要任务是：总结党的七大以来的经验，团结全党，团结国内外一切可能团结的力量，为了建设一个伟大的社会主义的中国而奋斗[3]。

大会认为，社会主义改造基本完成以后，国内的阶级关系和主要矛盾已发生根本变化，八大政治报告的决议正确地分析了我国社会主要矛盾的变化，对当时中国的社会主要矛盾作出了科学判断，明确肯定我国的无产阶级同资产阶级之间的矛盾已经基本上解决，社会主义制度在我国已基本建立起来。大会通过的《关于政治报告的决议》明确指出："我们国内的主要矛盾，已经是人民对于建立先进的工业国的要求同落后的农业国的现实之间的矛盾，已经是人民对于经济文化迅速发展的需要同当前经济文化不能满足人民需要的状况之间的矛盾。这一矛盾的实质，在我国社会主义制度已经建立的情况下，也就是先进的社会主义制度同落后的社会生产力之间的矛盾。党和全国人民的当前的主要任务，就是

---

[1] 《毛泽东文集》第七卷，人民出版社 1999 年版，第 44 页。
[2] 逄先知、金冲及：《毛泽东传 1949—1976》上，中央文献出版社 2003 年版，第 511 页。
[3] 黄一兵等：《大决策——中国共产党历次全国代表大会探踪》，人民出版社 2012 年版，第 197 页。

要集中力量来解决这个矛盾,把我国尽快地从落后的农业国变为先进的工业国。"① 这一认识无疑是符合当时中国的实际的,是对社会主要矛盾的正确认识,可以说,对社会主义制度建立以后中国社会主要矛盾的科学概括是中共八大重要的理论贡献之一。

八大以后,毛泽东同志又多次表达了类似的观点。1957年2月,毛泽东同志在《关于正确处理人民内部矛盾的问题》一文中指出:"现在的情况是:革命时期的大规模的急风暴雨式的群众阶级斗争基本结束,但是阶级斗争还没有完全结束。"我们要"团结全国各族人民进行一场新的战争——向自然界开战,发展我们的经济,发展我们的文化,使全体人民比较顺利地走过目前的过渡时期,巩固我们的新制度,建设我们的新国家"②。同年3月,在南京党员干部会议上,毛泽东同志再次强调:"现在处在转变时期:由阶级斗争到向自然界斗争,由革命到建设,由过去的革命到技术革命和文化革命。"③ 这些论述是社会主义制度在我国建立起来以后我们党确定自己正确路线的政治基础。从这些论述和判断中我们可以清楚地看到,中共八大强调我国的生产力还很落后这一基本国情,强调在三大改造已基本完成的情况下,国家的主要任务应该由解放生产力变为在新的生产关系下保护和发展生产力,即由革命开始走向建设和改革。

八大对我国社会主要矛盾的分析,为实行党与国家工作重心的转移提供了根据,明确了党和政府今后的工作重心就是社会主义经济建设,这是中国自觉探索符合中国国情的社会主义道路的开始。对此,邓小平在党的十二大开幕词中对八大作了这样的评价:"一九五六年召开的党的第八次全国代表大会,分析了生产资料私有制的社会主义改造基本完成以后的形势,提出了全面开展社会主义建设的任务。八大的路线是正确的。"④ 中共中央《关于建国以来党的若干历史问题的决议》对于八大的历史地位也作出了高度的评价,指出:"八大的路线是正确的,它为新时

---

① 《中国共产党第八次全国代表大会关于政治报告的决议》,《人民日报》1956年9月28日。
② 《毛泽东文集》第七卷,人民出版社1999年版,第216页。
③ 《毛泽东文集》第七卷,人民出版社1999年版,第289页。
④ 《邓小平文选》第三卷,人民出版社1993年版,第2页。

期社会主义事业的发展和党的建设指明了方向。"①

遗憾的是八大的这一正确认识没有得到坚持，我们党对社会主要矛盾的认识在后面发生了改变。

第三节　八届三中全会开始党对社会主要矛盾的错误认识及其后果

邓小平同志在中共十二大开幕词中指出："八大的路线是正确的。但是，由于当时党对于全面建设社会主义的思想准备不足，八大提出的路线和许多正确意见没有能够在实践中坚持下去。八大以后，我们取得了社会主义建设的许多成就，同时也遭到了严重挫折。"② 中共八大对中国社会主要矛盾的判断无疑是符合实际的，以此为前提和基础的路线肯定是科学的。但是，八大以后中国的社会主义道路很快就偏离了八大确定的正确路线。这其中的原因是相当复杂的。总体而言，其原因正如邓小平同志所说，"当时党对于全面建设社会主义的思想准备不足"，具体原因至少包括以下几个方面：

一是对阶级斗争的路径依赖。1981 年 6 月 27 日中国共产党第十一届中央委员会第六次全体会议通过《关于建国以来党的若干历史问题的决议》在分析"文化大革命"产生的原因时指出："从领导思想上来看，由于我们党的历史特点，在社会主义改造基本完成以后，在观察和处理社会主义社会发展进程中出现的政治、经济、文化等方面的新矛盾新问题时，容易把已经不属于阶级斗争的问题仍然看做是阶级斗争，并且面对新条件下的阶级斗争，又习惯于沿用过去熟习而这时已不能照搬的进行大规模急风暴雨式群众性斗争的旧方法和旧经验，从而导致阶级斗争的严重扩大化。"③ 这实际上道出了中国共产党在革命胜利后面临的一个问题，那就是建设时期对革命时期的路径依赖。无论是新民主主义革命还

---

① 《十一届三中全会以来历次党代会、中央全会报告、公报、决议、决定》（上），中国方正出版社 2008 年版，第 101 页。
② 《邓小平文选》第三卷，人民出版社 1993 年版，第 2 页。
③ 《十一届三中全会以来历次党代会、中央全会报告、公报、决议、决定》（上），中国方正出版社 2008 年版，第 109 页。

是社会主义革命，阶级斗争是党领导的革命斗争的主要方式，这些革命的实质也是阶级斗争。正如毛泽东在《中国社会各阶级分析》一文开篇指出："谁是我们的敌人？谁是我们的朋友？这个问题是革命的首要问题。"① 革命的首要问题是分清敌友，团结一切可以团结的朋友，打击共同的敌人。中国共产党对阶级斗争的运用可以说是驾轻就熟，一定程度上也导致了中国共产党习惯于用阶级思维和阶级斗争的方式来解决社会主义建设中碰到的问题和困难。另外，社会主义改造刚刚完成，当时中国社会的阶级和阶级矛盾客观上是存在的，阶级矛盾尽管已不再是社会的主要矛盾，但是对于习惯了通过阶级斗争解决问题，又缺乏社会主义建设经验的中国共产党来说，很容易把阶级斗争当作得心应手的工作抓手。而且对社会主义建设过程中因利益调整而导致的人民内部矛盾的发生和激化缺乏制度化的解决之道，因而，我党仍然在以阶级斗争的思维模式来处理和解决人民内部矛盾。长达28年的革命斗争使阶级斗争深入人心，阶级斗争又是革命取得胜利的重要法宝，这使得革命胜利后在社会主义建设中，不自觉地就有了阶级斗争的路径依赖，我们看到这种路径依赖一直到改革开放之后才慢慢得以克服。到21世纪初，我们党仍然强调从"革命党"向"执政党"转型的任务，足见这种路径依赖的程度之深。

二是社会主义制度刚刚建立，虽然八大已经提出了工作重心转移的任务，但是真正实现从革命到建设的转变所要求的政治、经济、文化体制机制并没有建立起来。这种状况很容易导致用革命的行为逻辑来搞社会主义建设。由于缺乏必要的制度体系，中国共产党在领导社会主义建设的过程中，主要还是依靠党和国家领导人的个人主张，特别是核心领导人的主张来搞建设。因而即使有正确的路线，但由于缺乏相应的制度保障，路线因领导人的主张变化很快就发生了改变。当时党的核心领导者毛泽东同志对阶级斗争可以说是情有独钟，这就使得八大确立的正确路线并没有可以坚持下去的条件和基础。我们看到，党的八大之后，很快在党的八届三中全会上，毛泽东同志就改变了八大对中国社会主要矛盾的认识，认为无产阶级和资产阶级的矛盾、社会主义道路和资本主义

---

① 《毛泽东选集》第一卷，人民出版社1991年版，第3页。

道路的矛盾是当时我国社会的主要矛盾。在党的八大二次会议上，刘少奇在代表中央所作的工作报告中宣布"无产阶级同资产阶级的斗争，社会主义道路同资本主义道路的斗争，始终是我国内部的主要矛盾"①，这标志着我们党正式改变了八大对我国社会主要矛盾的正确认识。

三是对社会主义阵营中出现的问题的错误认识。苏共二十大以后，赫鲁晓夫对斯大林个人崇拜问题的批判对社会主义阵营产生了深刻影响。苏共二十大后不久东欧就爆发了"波匈事件"，"波匈事件"的真实原因是在赫鲁晓夫"揭开盖子"之后，波兰和匈牙利国内希望为在左的政治斗争中蒙冤的党员和党员干部恢复名誉，"波兹南事件"最初纯粹是由于经济原因而起的，本来和阶级斗争没有关系，更不是所谓的"反革命"，但当时党内主要领导人将"波匈事件"定性为"反革命运动"，认为这些事件是由于阶级斗争不彻底所致。对"波匈事件"原因和性质的错误认识不仅导致了八大确立的正确路线未能坚持下来，更是直接导致了随后的反右扩大化，阶级斗争的这根弦再次绷紧，大量人民内部矛盾被当作阶级矛盾来对待，最后演变为"文化大革命"这一场浩劫。

八大召开一年多后，对社会主要矛盾的正确认识开始发生改变，在八届三中全会上，毛泽东认为阶级矛盾是社会的主要矛盾，在八大二次会议上，这一判断被作为全党的判断提了出来。到八届十中全会，阶级、阶级矛盾、阶级斗争几乎成了会议的主题。在修改八届十中全会公报时，毛泽东特意加了一段话，强调无产阶级和资产阶级之间的阶级斗争，社会主义和资本主义两条道路的斗争，存在于"由资本主义过渡到共产主义的整个历史时期"，并补充强调"这个时期需要几十年，甚至更多的时间"②，而且还提出阶级斗争"从现在起，必须年年讲，月月讲，天天讲，开大会讲，开党代会讲，开全会讲，开一次会就讲，使我们对这个问题有一条比较清醒的马克思列宁主义的路线"③。在八届十中全会通过的公报中还将过渡时期的阶级斗争定义为"是马克思列宁主义早就阐明了的

---

① 刘少奇：《中国共产党中央委员会向第八届全国代表大会第二次会议的工作报告》，《法学研究》1958年第3期。
② 转引自《中国共产党历史》第二卷（下册），中共党史出版社2011年版，第710页。
③ 转引自《中国共产党历史》第二卷（下册），中共党史出版社2011年版，第711页。

一条历史规律",强调"我们千万不要忘记"①,这就是后来著名的"千万不要忘记阶级斗争"的号召。八届十中全会将一定范围内存在的阶级斗争扩大化和绝对化,彻底否定了八大对社会主要矛盾的正确认识,甚至为政治上"左"倾错误的进一步发展做了"理论准备"。而八届十中全会后加大了对社会主义时期阶级斗争理论的宣传力度,两个阶级之间的矛盾和两条路线的斗争是社会主义社会的主要矛盾的观点越来越被当作"真理"而接受,这为随后的"文化大革命"准备了"理论基础"和"社会基础"。

以1966年5月中央政治局扩大会议和同年的八届十一中全会为标志,"文化大革命"全面发动起来。这场动乱很快覆盖到了全国(除台湾之外)的每一个角落,猛烈冲击着国家政治、经济、文化生活各个方面,整个社会陷入了剧烈的冲突和动荡不安之中。到1968年9月,全国范围内(除台湾之外)的29个省、自治区、直辖市相继成立了革命委员会,举国上下形成了"全国山河一片红"的局面。就是在这种背景下,1969年4月1日至24日,中国共产党第九次全国代表大会在北京召开。

与新中国成立后召开的历次党代会不同,九大是在极其特殊的历史条件下召开的。受"文化大革命"的冲击,当时各省、自治区、直辖市党委都被造反派"踢开",地方和基层党组织也被打散,2 000多万名党员中的大多数人无法正常过组织生活,更不要说正常选举党代表了。参加九大的1 512名党代表中有很多人都不是通过正常选举程序选举产生的,而是由"革命委员会"与各造反派组织负责人协商决定,或者直接由上级部门指定的,有些党代表就是各级造反派的头目。

九大使"文化大革命"的理论与实践合法化,进一步错误认识了当时我国社会的主要矛盾,在思想上、政治上、组织上进一步强化了错误的指导方针,使我国的社会主义现代化建设遭受了重大挫折。

一是对"文化大革命"及其理论的肯定。在九大上,林彪在所作的政治报告中首先肯定"我国的无产阶级文化大革命,是一场大规模的、

---

① 转引自《中国共产党历史》第二卷(下册),中共党史出版社2011年版,第711页。

真正的无产阶级的革命"。将"文化大革命"定义为"是在无产阶级专政条件下,由我们伟大领袖毛主席亲自发动和领导的一场政治大革命,是一场上层建筑领域里的大革命"①。并对"无产阶级专政下继续革命的理论"进行了系统的阐述,为"文化大革命"作了理论和历史的论证,充分肯定了"文化大革命"取得的所谓"成绩和经验"。在中国共产党执政地位稳固、国内剥削阶级已被改造成自食其力的劳动者的情况下,九大仍然强调用马克思主义不断革命的理论和实践去解决中国在现代化建设过程中出现的问题与困难,一味地强调阶级斗争,号召用"一个阶级推翻另一个阶级",这实际上是对马克思主义基本理论的背离,也偏离了毛泽东思想的正确轨道。

二是把阶级斗争确定为我国社会的主要矛盾。林彪在九大所作的政治报告中将党的全部历史描述成"就是毛主席的马克思列宁主义路线,同党内右的和'左'的机会主义路线斗争的历史",认定"党内两条路线的对立和斗争,是社会阶级矛盾和新旧事物矛盾在党内的反映"②,而中国共产党正是在这两条路线的斗争中发展起来的。由此出发,报告对新中国成立以来特别是八大以来党的历史在许多方面作了歪曲的总结:一方面,把八大以后党在指导思想上和实践上的许多"左"的错误作为正确的加以肯定;另一方面,把党在八大以来探索适合中国情况的建设社会主义道路(包括纠"左"过程)中提出的许多正确的和比较正确的思想、政策和积极成果,作为"修正主义"加以批判③。

九大夸大了资产阶级复辟的可能性,将阶级斗争错误地定为社会的主要矛盾,因而将党和全国人民的主要任务规定为斗、批、改;片面地强调无产阶级专政的镇压剥削者反抗的职能,忽略了其在社会主义制度建立起来之后的国家建设和管理职能;将阶级斗争作为无产阶级主要矛盾,大讲特讲,忽略了社会主义的根本任务是建设,是发展生产力。不

---

① 《中国共产党第九次全国代表大会上的报告》,中华人民共和国中央人民政府:http://www.gov.cn/test/2008-06/19/content_1021031.htm。
② 《中国共产党第九次全国代表大会上的报告》,中华人民共和国中央人民政府:http://www.gov.cn/test/2008-06/19/content_1021031.htm。
③ 《中国共产党历史》第二卷(下册),中共党史出版社2011年版,第807页。

仅如此，在理论和认识上党的九大还认为阶级斗争始终存在于社会主义社会之中，认为"在任何情况下都要以阶级斗争为中心，这是'我党在整个社会主义历史阶段的基本路线'；社会上两个阶级、两条道路的斗争必然会反映到党内，党内走资本主义道路的当权派就是资产阶级在党内的代表人物；无产阶级专政下继续革命最重要的内容是要开展'文化大革命'；它的核心在于认为在无产阶级夺取政权之后，还要进行一个阶级推翻另一个阶级的'大革命'"①。

三是通过修改党章进一步强化对社会主要矛盾的错误认识。九大修改通过的党章将"无产阶级专政下继续革命的理论"作为党的指导思想写进党章，对社会主义社会的主要矛盾作了错误的论述。党章规定："社会主义社会是一个相当长的历史阶段。在这个历史阶段中，始终存在着阶级、阶级矛盾和阶级斗争，存在着社会主义同资本主义两条道路的斗争，存在着资本主义复辟的危险性，存在着帝国主义和现代修正主义进行颠覆和侵略的威胁。这些矛盾，只能靠马克思主义的不断革命的理论和实践来解决。我国的无产阶级文化大革命，就是在社会主义条件下，无产阶级反对资产阶级和一切剥削阶级的政治大革命。"党章还提出"这样的革命，今后还要进行多次"②。

九大对当时中国社会主要矛盾的错误认识是"文化大革命"这个特定历史时期的产物，它是在"无产阶级专政下继续革命"这一理论的指导下产生的。这是对八大关于社会主要矛盾正确认识的背离，集中反映了"文化大革命"对我国政治建设、思想建设、组织建设的严重破坏，这无疑是历史的倒退。它违背了马克思列宁主义、毛泽东思想的基本原理，脱离甚至歪曲了社会主义改造完成后中国的实际，在理论上和实际上都是错误的。

---

① 《中国共产党的九十年（社会主义革命和建设时期）》，中共党史出版社、党建读物出版社2016年版，第579页。
② 《中国共产党历届代表大会：一大到十八大》（中），河北人民出版社2012年版，第335页。

第四节　改革开放以来党对社会主要矛盾的认识和判断

1976年10月，党中央粉碎了"四人帮"，标志着折腾中国十年的"文化大革命"结束，随后开始了各项拨乱反正工作。1978年12月党的十一届三中全会召开，开始了党和国家历史上具有深远意义的伟大转折。十一届三中全会确立了解放思想、开动脑筋、实事求是、团结一致向前看的指导方针，果断停止了"以阶级斗争为纲"的路线，作出了把全党的工作重心转移到社会主义现代化建设上来的重要战略决策。这意味着我们党对社会主要矛盾的认识开始转变。

此后，在1979年3月30日党的理论工作务虚会上，邓小平同志就社会主义社会基本矛盾和主要矛盾进行了重要论述。邓小平同志指出，"我们反对把阶级斗争扩大化，不认为党内有一个资产阶级，也不认为在社会主义制度下，在确已消灭了剥削阶级和剥削条件之后还会产生一个资产阶级或其他剥削阶级"[①]。关于社会主义社会的基本矛盾，邓小平同志坚持毛泽东在《关于正确处理人民内部矛盾的问题》一文中的提法，即"在社会主义社会中，基本的矛盾仍然是生产关系和生产力之间的矛盾，上层建筑和经济基础之间的矛盾"[②]。同时邓小平同志对当时中国社会主要矛盾也作了新的判断和认识，他指出"至于什么是目前时期的主要矛盾，也就是目前时期全党和全国人民所必须解决的主要问题或中心任务，由于三中全会决定把工作重点转移到社会主义现代化建设方面来，实际上已经解决了。我们的生产力发展水平很低，远远不能满足人民和国家的需要，这就是我们目前时期的主要矛盾，解决这个主要矛盾就是我们的中心任务"[③]。这一认识回到了党的八大对社会主义制度建立以后社会主要矛盾的科学判断上。

在上述认识的基础上，1981年6月27日召开的党的十一届六中全会

---

① 《邓小平文选》第二卷，人民出版社1994年版，第168页。
② 《毛泽东文集》第七卷，人民出版社1999年版，第214页。
③ 《邓小平文选》第二卷，人民出版社1994年版，第182页。

通过的《关于建国以来党的若干历史问题的决议》（以下简称《决议》）充分肯定了党的八大对社会主要矛盾的提法，并对其进行了精简和提炼。《决议》强调，"在剥削阶级作为阶级消灭以后，阶级斗争已经不是主要矛盾"①。《决议》指出，"我国所要解决的主要矛盾，是人民日益增长的物质文化需要同落后的社会生产之间的矛盾。党和国家工作的重点必须转移到以经济建设为中心的社会主义现代化建设上来，大大发展社会生产力，并在这个基础上逐步改善人民的物质文化生活"②。这是对社会主要矛盾的科学把握，也正是在这一认识的指导下，中国特色社会主义道路得以形成并逐步走向成熟。

《决议》对社会主要矛盾的这一认识被写入十二大党章。十二大修改并通过的党章规定："在剥削阶级作为阶级消灭以后，我国社会存在的矛盾大多数不具有阶级斗争的性质，阶级斗争已经不是主要矛盾"，"我国社会的主要矛盾是人民日益增长的物质文化需要同落后的社会生产之间的矛盾"。要求"其他矛盾应当在解决这个主要矛盾的同时加以解决"，并强调"要严格区分和正确处理敌我矛盾和人民内部矛盾这两类不同性质的矛盾"。规定："中国共产党工作的重点，是领导全国各族人民进行社会主义现代化经济建设。"③ 将对社会主要矛盾的正确认识写入党章，更进一步提升了这一认识的权威，使其有了制度性保障。

此后一直到党的十九大前，我们党对社会主要矛盾的认识始终坚持《决议》中的表达，只是在具体矛盾的表现形式以及对解决矛盾的具体要求和战略策略作了补充和发展。党的十八大报告中仍然强调"人民日益增长的物质文化需要同落后的社会生产之间的矛盾这一社会主要矛盾没有变"④。十八大通过的党章仍然规定"在现阶段，我国社会的主要矛盾

---

① 《十一届三中全会以来历次党代会、中央全会报告、公报、决议、决定》（上），中国方正出版社 2008 年版，第 122 页。

② 《十一届三中全会以来历次党代会、中央全会报告、公报、决议、决定》（上），中国方正出版社 2008 年版，第 121 页。

③ 《十一届三中全会以来历次党代会、中央全会报告、公报、决议、决定》（上），中国方正出版社 2008 年版，第 177 页。

④ 胡锦涛：《坚定不移沿着中国特色社会主义道路前进　为全面建成小康社会而奋斗》，《人民日报》2012 年 11 月 18 日。

是人民日益增长的物质文化需要同落后的社会生产之间的矛盾"①。

第五节　中国特色社会主义进入新时代党对社会主要矛盾的新认识

党的十八大以来，在以习近平同志为核心的党中央的坚强领导下，我国取得了改革开放和社会主义现代化建设的历史性成就，中国特色社会主义进入了新时代。经过改革开放40年的努力，我国稳定解决了十几亿人的温饱问题，总体上实现小康，不久将全面建成小康社会。人民美好生活需要日益广泛，不仅对物质文化生活提出了更高要求，而且在民主、法治、公平、正义、安全、环境等方面的要求日益增长。同时，我国社会生产力水平总体上显著提高，社会生产能力在很多方面进入世界前列，更加突出的问题是发展不平衡不充分，这已经成为满足人民日益增长的美好生活需要的主要制约因素。中国共产党与时俱进，科学认识和把握这一新的国情，对社会主要矛盾作了新的概括。习近平总书记在党的十九大报告中指出："中国特色社会主义进入新时代，我国社会主要矛盾已经转化为人民日益增长的美好生活需要和不平衡不充分的发展之间的矛盾。"②我国社会主要矛盾的这一变化是关系中国特色社会主义建设全局的历史性变化，正是社会矛盾的这一变化提出了我们党在新时代的历史任务，那就是在继续推动发展的基础上着力解决好发展的不平衡不充分问题，更好地满足人民在经济、政治、文化、社会、生态等方面日益增长的需要。

---

①　张静如：《中国共产党历届代表大会：一大到十八大》（下），河北人民出版社2012年版，第619页。
②　习近平：《决胜全面建成小康社会　夺取新时代中国特色社会主义伟大胜利》，《人民日报》2017年10月28日。

第三章　新时代中国社会主要矛盾的转化

新时代是中国特色社会主义发展新的历史定位。在认识新时代社会主要矛盾的转化时，有必要回顾改革开放以来中国特色社会主义的新发展，认识改革开放以来中国特色社会主义建设的伟大成就。十八大以来，中国特色社会主义的发展呈现出新的特点，这一时期是中国特色社会主义进入新时代的承上启下的关键时期。也正是在中国特色社会主义进入新时代这一历史方位的基础上，我国社会主要矛盾发生了相应变化，由"人民日益增长的物质文化需要同落后的社会生产之间的矛盾"转化为"人民日益增长的美好生活需要和不平衡不充分的发展之间的矛盾"。

第一节　改革开放以来中国特色社会主义建设的伟大成就

十一届三中全会作出了把党的工作重心转移到经济建设上来，实行改革开放的伟大决策，这是新中国成立以来中国共产党历史上具有重要意义的伟大转折，开启了我国改革开放和社会主义现代化建设的新征程。

中国特色社会主义是改革开放以来党的全部理论和实践的主题。早在1982年党的十二大上，邓小平在开幕词中就提出"建设有中国特色的社会主义"这一时代主题。随着改革开放的推进，中国共产党领导中国人民开辟了中国特色社会主义道路，形成了中国特色社会主义理论体系，建立并不断完善了中国特色社会主义制度体系。在中国特色社会主义这一理论旗帜指导下，经过多年的发展，党和国家的面貌发生了翻天覆地的变化，中国特色社会主义建设取得了举世瞩目的伟大成就。

一、改革开放以来中国特色社会主义建设的历史回顾

中国共产党全国代表大会是中国共产党的最高领导机关，党的代表

大会通过的报告可以集中反映党和国家事业发展的成就和方向。在中国共产党全国代表大会通过的报告中，都会有对过去一段时间（通常是五年）工作的总结。每一次的党代会报告，对过去五年取得的成就的描述反映了过去五年的重大政治变化和发展取得的重大成就。从十一届三中全会召开后的十二大报告到2017年的十九大报告对过去工作的总结可以看出，沿着改革开放开辟的中国特色社会主义道路，中国特色社会主义建设取得了显著成就，如表3-1所示。

表3-1 历次党代会报告中关于中国特色社会主义建设成就的描述①

中国共产党全国代表大会	过去几年的时间跨度	党代会报告对过去几年取得成就的总结	关键词
十二大	"文革"结束，特别是十一届三中全会以来	自从一九七六年十月粉碎江青反革命集团以来,特别是党的十一届三中全会以来,经过全党全军全国各族人民的艰苦努力,我们已经在指导思想上完成了拨乱反正的艰巨任务,在各条战线的实际工作中取得了拨乱反正的重大胜利,实现了历史性的伟大转变。 [《十二大以来重要文献选编》(上),中央文献出版社2011年版,第5页。]	历史性伟大转变
十三大	从十一届三中全会开始，经过十二大，到十三大的九年	这九年,在建国以来社会主义建设取得巨大成就的基础上,开辟了党的历史发展的新阶段,国家面貌发生了深刻的变化。 [《十三大以来重要文献选编》(上),中央文献出版社2011年版,第4页。]	历史性成就

---

① 依据中国共产党第十二次全国代表大会报告至第十九次全国代表大会报告中"关于过去几年的工作总结"整理而成。

续表

中国共产党全国代表大会	过去几年的时间跨度	党代会报告对过去几年取得成就的总结	关键词
十四大	十一届三中全会以来	十一届三中全会以来,在邓小平同志建设有中国特色社会主义理论的指导下……整个国家焕发出了勃勃生机,中华大地发生了历史性的伟大变化。社会生产力获得新的解放。安定团结的政治局面不断巩固。十一亿人民的温饱问题基本解决,正在向小康迈进。我国经济建设上了一个大台阶,人民生活上了一个大台阶,综合国力上了一个大台阶。在世界风云急剧变幻的情况下,中国的社会主义制度经受住严峻的考验,显示了强大的生命力。……这十四年是真正集中力量进行社会主义现代化建设的十四年,是人民生活水平提高最快的十四年,开创了历史的新局面,取得了举世瞩目的成就。 [《十四大以来重要文献选编》(上),中央文献出版社2011年版,第1、2、8页。]	十四年的伟大实践,开创了历史的新局面,取得了举世瞩目的成就
十五大	邓小平南方谈话和党的十四大以来的五年	一九九二年邓小平南方谈话和党的十四大以来的五年,是很不寻常的五年。这是我们党领导全国各族人民,经受住八十年代末、九十年代初国际国内政治风波的严峻考验,继续沿着有中国特色社会主义道路阔步前进的五年;是进一步解放思想,开拓进取,改革开放和现代化建设事业进入新阶段的五年;是在建立社会主义市场经济体制的深刻变革进程中,妥善处理改革、发展、稳定的关系,在各个领域取得巨大成就的五年;也是在世界格局的剧烈变动中,我国国际地位显著提高的五年。 [《十五大以来重要文献选编》(上),中央文献出版社2011年版,第4—5页。]	很不寻常的五年

续表

中国共产党全国代表大会	过去几年的时间跨度	党代会报告对过去几年取得成就的总结	关键词
十六大	十五大以来的五年	十五大以来的五年,是我们高举邓小平理论伟大旗帜不断开拓创新的五年,是我们经受住各种困难和风险的考验、继续沿着中国特色社会主义道路胜利前进的五年。……五年来,我们走过了很不平凡的历程,在改革发展稳定、内政外交国防、治党治国治军各方面都取得了巨大成就。 ［《十六大以来重要文献选编》(上),中央文献出版社2004年版,第2页。］	走过了很不平凡的历程,取得了巨大成就
十七大	十六大以来的五年	十六大以来的五年是不平凡的五年。……开创了中国特色社会主义事业新局面,开拓了马克思主义中国化新境界。……党和国家工作取得新的重大成就。……总起来说,这五年,是改革开放和全面建设小康社会取得重大进展的五年,是我国综合国力大幅提升和人民得到更多实惠的五年,是我国国际地位和影响显著提高的五年,是党的创造力、凝聚力、战斗力明显增强和全党全国各族人民团结更加紧密的五年。 ［《十七大以来重要文献选编》(上),中央文献出版社2009年版,第2、5页。］	不平凡的五年
十八大	十七大以来的五年	十七大以来的五年,是我们在中国特色社会主义道路上奋勇前进的五年,是我们经受住各种困难和风险考验、夺取全面建设小康社会新胜利的五年。……五年来,我们胜利完成"十一五"规划,顺利实施"十二五"规划,各方面工作都取得新的重大成就。 ［《十八大以来重要文献选编》(上),中央文献出版社2014年版,第2页。］	新的历史性成就

续表

中国共产党全国代表大会	过去几年的时间跨度	党代会报告对过去几年取得成就的总结	关键词
十九大	十八大以来的五年	十八大以来的五年,是党和国家发展进程中极不平凡的五年。面对世界经济复苏乏力、局部冲突和动荡频发、全球性问题加剧的外部环境,面对我国经济发展进入新常态等一系列深刻变化,我们坚持稳中求进工作总基调,迎难而上,开拓进取,取得了改革开放和社会主义现代化建设的历史性成就。……五年来的成就是全方位的、开创性的,五年来的变革是深层次的、根本性的。 [《决胜全面建成小康社会 夺取新时代中国特色社会主义伟大胜利》,《人民日报》2017年10月28日。]	全方位、开创性、深层次、根本性、历史性成就

"历史性伟大转变""历史性成就""举世瞩目的成就""巨大成就""新的历史性成就"……从中国共产党全国代表大会报告一系列关键词的表述可以看出,改革开放以来,中国特色社会主义建设取得了举世瞩目的显著成就。这些成就包括政治、经济、文化、社会等方面。回顾中国特色社会主义建设的历史可以看出,改革开放以来,中国特色社会主义建设呈现出阶段性特征,在不同的历史时期面临着不同的问题,在解决这些问题的过程中,适应时代发展要求的指导思想不断产生,马克思主义中国化的内涵不断得到丰富与发展。

二、改革开放以来中国特色社会主义建设取得的伟大成就

随着改革开放的深入推进和中国特色社会主义的发展,中国特色社会主义建设逐渐形成了经济、政治、文化、社会、生态"五位一体"的总体布局,在内政外交国防、治党治国治军等方面也逐步探索和形成了丰富的经验。

第一,改革开放以来经济建设的伟大成就。十一届三中全会作出了把工作重心转移到经济建设上来的伟大决策,我国的社会主义现代化建

设逐步展开。改革首先从农村开始,实行家庭联产承包责任制,乡镇企业的异军突起促进了农村劳动力的转移。在城市,进行了经济体制改革,扩大企业经营自主权。此外,国家还开放沿海城市,创办经济特区,利用外资发展社会主义市场经济。经过 40 年的发展,改革开放创造了"中国奇迹"。1978 年,我国国内生产总值只有 3 679 亿元,随着改革开放的推进,经济总量迅速攀升,1986 年上升到 1 万亿元,2000 年突破 10 万亿元大关,2006 年超过 20 万亿元,自 2010 年起,我国的经济总量超过日本,跃居世界第二位,2017 年首次站上 80 万亿元的历史新台阶,达到 827 122 亿元,与排名第一的美国的差距迅速减小[①]。2018 年我国国内生产总值达到了 900 309 亿元人民币,突破了 90 万亿元大关,按平均汇率折算,经济总量达到 13.6 万亿美元,稳居世界第二位,见图 3-1[②]。到 2017 年,我国人均国内生产总值 59 660 元,扣除价格因素,比 1978 年增长 22.8 倍,成功由低收入国家跨入中等偏上收入国家行列[③]。

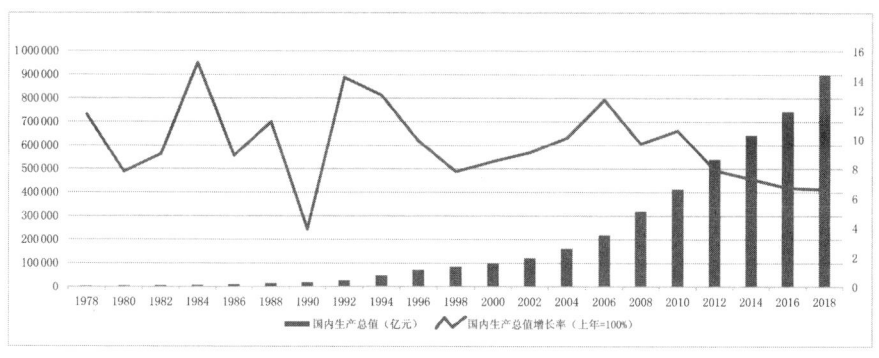

图 3-1　改革开放以来我国国内生产总值增长图[④]

---

①　数据来源参见国家统计局网站:http://www.stats.gov.cn/ztjc/ztfx/ggkf40n/201808/t20180827_1619235.html。

②　数据来源参见中国青年网:https://m.youth.cn/qwtx/xxl/201901/t20190121_11849936.htm。

③　数据来源参见国家统计局网站:http://www.stats.gov.cn/ztjc/ztfx/ggkf40n/201808/t20180827_1619235.html。

④　根据国家统计局网站相关数据绘制。

不仅如此,改革开放40年来,我国经济结构不断变革和优化,经济发展的协调性和可持续性显著增强。一是产业结构不断优化,经济增长由主要依靠第二产业带动转向依靠三次产业共同带动,农业基础地位更加稳固,工业结构不断向中高端水平迈进,服务业快速发展成为经济增长的新引擎。到2017年,服务业在国民经济中所占比重提升至51.6%,对经济增长的贡献率达到了58.8%。二是随着改革开放的深入推进,我国的需求结构也在持续改善,经济增长转向依靠消费、投资、出口协同拉动。到2017年,内需对经济增长的贡献率达到90.9%。三是经济的区域结构不断优化,地区协调发展新格局正逐步形成。2001年—2017年,中、西部地区生产总值年均实际增长11.1%和11.6%,分别快于东部地区0.1个百分点和0.6个百分点。近年来,京津冀协同发展、长江经济带发展积极推进,新的经济增长极、增长带加快形成。四是城镇化稳步推进,城乡发展协调性增强。到2017年末,我国常住人口城镇化率达到了58.52%,户籍人口城镇化率达42.35%[①]。这表明我国正逐步从以农村为主的传统社会转向以城镇为主的现代社会。

这40年来经济发展的另一个突出成就就是基础产业和基础设施跨越式发展,实现了供给能力从短缺匮乏到丰富充裕的飞跃。农业基础地位不断强化,主要农产品产量跃居世界前列。工业生产能力不断提升,现代工业体系逐步建立。到2017年,我国钢材产量达到10.5亿吨,汽车产量达到2 902万辆。移动通信手持机和微型计算机设备更是从无到有,从有到强,到2017年手机产量达到18.9亿台,计算机设备达到3.1亿台[②]。交通运输建设成效显著,水陆空综合运输网络已经形成。能源生产能力大幅增强,2017年,我国能源生产总量达到35.9亿吨标准煤,比1978年增长4.7倍。2017年末,全国发电装机容量达17.8亿千瓦,比1978年末增长30.1倍。水电、风电、太阳能发电装机和核电在建规模稳居世界第一,成为全球非化石能源的引领者。西气东输、西电东送等能

---

① 数据来源参见国家统计局网站:http://www.stats.gov.cn/ztjc/ztfx/ggkf40n/201808/t20180827_1619235.html。

② 数据来源参见国家统计局网站:http://www.stats.gov.cn/ztjc/ztfx/ggkf40n/201808/t20180827_1619235.html。

源运输大动脉建设取得巨大成就,极大地缓解了东部地区经济发展与能源供给之间的矛盾①。

这40年我国经济发展的开放性越来越强,全方位开放新格局逐步形成。具体体现在以下几个方面。一是贸易规模稳步扩大,到2017年,货物进出口总额达到4.1万亿美元,居世界第一位;而且服务贸易快速发展,到2017年,服务进出口总额达到6 957亿美元,稳居世界第二。二是贸易结构不断优化,竞争力持续提升,进出口商品不断向"优进优出"转变,两头在外、大进大出的加工贸易在东南沿海地区迅速发展。2017年,进出口总额中一般贸易占比上升至56.3%,加工贸易占比下降至29.0%。三是外商投资规模和领域不断扩大,中国已成为吸引全球投资的热土。2017年,我国实际使用外商直接投资达到1 310亿美元,比1984年增长91.3倍,年均增长达到14.7%。从投资领域来看,随着我国对外开放领域的扩大和产业结构的升级,外商直接投资领域不断扩展,近年来服务业逐渐成为外商投资的新热点。2017年服务业吸收外资占比提高至72.8%。四是对外投资合作快速发展。随着改革开放的推进,我们逐步从以"引进来"为主,走向"引进来"和"走出去"并重,特别是加入世界贸易组织以后,"走出去"步伐显著提速。到2017年,我国对外直接投资额(不含银行、证券、保险)达到了1 201亿美元,比2003年增长41.1倍,年均增长30.6%②。党的十八大以来中国提出了"一带一路"倡议,并着力推进这一倡议落地,建设成效显著。目前,100多个国家和国际组织以不同形式参与"一带一路"建设,80多个国家及国际组织同我国签署了合作协议。五是积极参与和推动经济全球化。改革开放以来我国先后恢复了在国际货币基金组织和世界银行的合法席位,加入世界贸易组织,与亚洲、大洋洲、拉美、欧洲、非洲多个国家和地区建设数十个自贸区。近年来,中国又积极倡议建立亚洲基础设施投资银行和设立丝路基金,主办了"一带一路"国际合作高峰论坛、亚太经合

---

① 数据来源参见国家统计局网站:http://www.stats.gov.cn/ztjc/ztfx/ggkf40n/201808/t20180827_1619235.html。

② 数据来源参见国家统计局网站:http://www.stats.gov.cn/ztjc/ztfx/ggkf40n/201808/t20180827_1619235.html。

组织（APEC）北京峰会、二十国集团（G20）领导人杭州峰会、博鳌亚洲论坛等主场国际性的经济论坛，推动了全球化的发展，积极推动全球治理体系变革，为全球经济发展贡献中国智慧和中国方案。

第二，改革开放以来政治建设的伟大成就。改革开放实现了思想路线的拨乱反正，我国民主法治建设的进程不断加快。"党的十一届三中全会实现的伟大转折，深刻影响着生产关系和上层建筑的各个方面，也改变着人们的活动方式、思维方式。党中央认真总结和汲取以往党和国家在政治生活中的经验教训，开始提出政治体制改革问题，努力探索具有中国特色的政治体制和具体制度。"①

中共十二大提出，要努力建设高度的社会主义民主，"社会主义的物质文明建设和精神文明建设，都要靠继续发展社会主义民主来保证和支持"②。十三大指出"发展社会主义商品经济的过程，应该是建设社会主义民主政治的过程。不进行政治体制改革，经济体制改革不可能最终取得成功"③，并提出了实行党政分开，进一步下放权力，改革政府工作机构，改革干部人事制度，建立社会协商对话制度，完善社会主义民主政治的若干制度，加强社会主义法治建设等要求。十四大指出，政治体制方面，九十年代改革和建设的主要任务是"积极推进政治体制改革，使社会主义民主和法制建设有一个较大的发展"④。十五大指出，"我国经济体制改革的深入和社会主义现代化建设跨越世纪的发展，要求我们在坚持四项基本原则的前提下，继续推进政治体制改革，进一步扩大社会主义民主，健全社会主义法制，依法治国，建设社会主义法治国家"⑤。十六大报告指出，"坚持和完善社会主义民主制度"，"加强社会主义法制建设"，"改革和完善党的领导方式和执政方式"，"改革和完善决策机制"，

---

① 《中国共产党的九十年（改革开放和社会主义现代化建设新时期）》，中共党史出版社、党建读物出版社2016年版，第705页。

② 《十一届三中全会以来历次党代会、中央全会报告、公报、决议、决定》（上），中国方正出版社2008年版，第147页。

③ 《十一届三中全会以来历次党代会、中央全会报告、公报、决议、决定》（上），中国方正出版社2008年版，第300页。

④ 《江泽民文选》第一卷，人民出版社2006年版，第235页。

⑤ 《江泽民文选》第二卷，人民出版社2006年版，第28页。

"深化行政管理体制改革"，"推进司法体制改革"，"深化干部人事制度改革"，"加强对权力的制约和监督"，"维护社会稳定"①。十七大报告提出要"坚定不移发展社会主义民主政治"②。十八大报告提出要"坚持走中国特色社会主义政治发展道路和推进政治体制改革"③。党的十九大报告重申："要长期坚持、不断发展我国社会主义民主政治，积极稳妥推进政治体制改革，推进社会主义民主政治制度化、规范化、程序化。"④

改革开放以来，经过40年的探索，中国共产党带领人民找到了一条符合中国国情、能够满足中国现代化建设需要的社会主义政治发展道路。建立和完善了中国特色社会主义民主政治制度。这主要表现在以下方面：一是总体上而言，中国特色社会主义民主政治取得显著成就，民主选举、民主决策、民主管理、民主监督逐步发展完善，人民的政治参与积极而理性，整个社会安定团结，中国特色社会主义民主政治的优越性逐渐显现。二是中国特色社会主义法治建设取得巨大成就，中共十五大提出"依法治国"基本方略，中共十八届四中全会提出"全面依法治国"，致力于建设中国特色社会主义法治体系和社会主义法治国家。三是中国特色社会主义政治制度不断完善，人民代表大会制度、多党合作和政治协商制度、民族区域自治制度、基层民主制度不断完善和发展。四是协商民主越来越成为极富中国特色的社会主义民主形式，广泛多层制度化的协商民主制度体系正在逐步形成；政党协商、人大协商、政府协商、政协协商、人民团体协商、基层协商以及社会组织协商等各个领域的协商民主探索卓有成效地展开；协商民主的观念、意识和文化氛围正在逐步养成⑤。五是党的集中统一领导进一步加强。党的组织基础和执政基础得到扩大和巩固，民主执政、科学执政、依法执政的执政方式形成，党内

---

① 《在中国共产党第十六次全国代表大会上的报告》，中国共产党历次全国代表大会数据库：http://cpc.people.com.cn/GB/64162/64168/64569/65444/4229119.html。
② 《十一届三中全会以来历次党代会、中央全会报告、公报、决议、决定》（下），中国方正出版社2008年版，第920页。
③ 《十八大以来重要文献选编》（上），中央文献出版社2014年版，第19页。
④ 习近平：《决胜全面建成小康社会 夺取新时代中国特色社会主义伟大胜利》，《人民日报》2017年10月28日。
⑤ 转引自俞可平等：《中国的治理变迁（1978—2018）》，社会科学文献出版社2018年版，第12—13页。

民主充分发展,执政党和各民主党派的政治协商进一步制度化,全面从严治党深入推进,党的政治纪律和集中统一领导不断加强。

经过40年的改革和建设,党的领导人民当家作主依法治国有机统一的社会主义民主制度逐步完善,这既是中国特色社会主义发展完善的重要内容,同时为中国特色社会主义的发展提供了坚实的政治基础,也为人类政治文明进步提供了中国智慧和中国方案。

第三,改革开放以来文化建设的伟大成就。改革开放以来,中国共产党在领导中国特色社会主义建设的伟大实践中,高度重视文化建设。改革开放以来的每一次党的代表大会都以其创新的文化建设思想推动了中国特色社会主义文化建设理论的发展。从社会主义精神文明建设,到中国特色社会主义文化建设,再到社会主义文化强国建设,中国共产党的文化建设的理论不断完善,日益走向成熟。党的十二大提出了物质与精神"两个文明"一起抓的战略方针,党的十三大把"精神文明"确定为有中国特色的社会主义建设的重要目标,党的十四大则强调物质文明和精神文明都搞好才是有中国特色的社会主义,党的十五大提出了建设有中国特色社会主义文化的命题,党的十六大把"文化更加繁荣"确定为全面建设小康社会的基本目标之一,党的十七大明确提出了"推动社会主义文化大发展大繁荣"的战略目标,党的十八大提出扎实推进文化强国建设的战略,并把文化建设纳入"五位一体"的社会主义建设的总体格局之中,党的十九大则提出了坚定文化自信,推动社会主义文化繁荣兴盛的伟大使命,见表3-2。

表3-2 改革开放以来历次党代会报告对文化建设重要性的认识①

中国共产党全国代表大会	党的全国代表大会报告对文化建设重要性的认识
十二大	努力建设高度的社会主义精神文明
十三大	争取马克思主义在中国的新胜利
十四大	把社会主义精神文明建设提高到新水平
十五大	有中国特色社会主义的文化建设

① 依据中国共产党第十二次至第十九次全国代表大会报告中对文化发展的表述整理而成,参见中国共产党第十二次至第十九次全国代表大会报告。

续表

中国共产党全国代表大会	党的全国代表大会报告对文化发展重要性的认识
十六大	文化建设和文化体制改革
十七大	推动社会主义文化大发展大繁荣
十八大	扎实推进社会主义文化强国建设
十九大	坚定文化自信，推动社会主义文化繁荣兴盛

改革开放40年来，中国特色社会主义文化建设事业取得的辉煌成就主要体现在以下几个方面：

一是中国特色社会主义意识形态得到不断巩固。意识形态决定着文化的前进方向和发展道路。改革开放以来，在文化建设领域始终坚持马克思主义的指导地位不动摇，通过大力推进马克思主义中国化，在毛泽东思想的基础上，先后形成了邓小平理论、"三个代表"重要思想、科学发展观以及习近平新时代中国特色社会主义思想等重大理论成果。这些与时俱进的马克思主义中国化理论成果和指导思想，科学回答了改革开放各个时期的一系列重大问题。中国共产党正是用这些中国化的马克思主义成果引领时代发展潮流，指导中国特色社会主义事业，使得中国特色社会主义成为人民的共同理想。

二是社会主义核心价值观的培育和践行成效明显。改革开放之初，中国共产党就创造性地提出建设社会主义精神文明的战略任务，确定了"两手抓、两手都要硬"的战略方针。2006年10月，党的十六届六中全会通过的《中共中央关于构建社会主义和谐社会若干重大问题的决定》，第一次明确了"建设社会主义核心价值体系"这个重大命题和战略任务。2011年10月，党的十七届六中全会作出了《中共中央关于深化文化体制改革推动社会主义文化大发展大繁荣若干重大问题的决定》，在党的历史上第一次明确提出"建设社会主义文化强国"的战略目标。党的十八大报告明确提出"三个倡导"，即"倡导富强、民主、文明、和谐，倡导自由、平等、公正、法治，倡导爱国、敬业、诚信、友善，积极培育社会主义核心价值观"，对社会主义核心价值观作了新概括。党的十九大报告把"坚持社会主义核心价值体系"作为新时代坚持和发展中国特色社会主义的基本方略之一。经过持续不断的发展创新，不断的培育和践行，社会主义核心价值观日益成为全体人民共同的价值追求，成为全民族奋发向上、团结和睦的精神纽带。

三是文化事业建设不断加强，文化产业发展成绩显著。改革开放40年来，在党的坚强领导下，我们坚持社会主义先进文化的前进方向不动摇，不断深化文化体制改革，努力建立健全现代文化市场体系，构建和完善公共文化服务体系，文化产业发展迅速，文化强国建设稳步推进。40年来，各级政府、各部门切实履行在文化领域的公共服务职能，不断加强现代公共文化服务体系建设，关注文化民生，强弱项补短板，努力保障人民群众基本文化权益，初步建立了覆盖城乡的公共文化服务体系。到2017年，全国共有群众文化机构44 521个，比1978年增加37 628个，增长5.5倍，1979年—2017年年均增长4.9%。其中，博物馆4 721个，比1978年增加4 372个，增长12.5倍，年均增长6.9%；公共图书馆3 166个，比1978年增加1 948个，增长1.6倍，年均增长2.5%[①]。如图3-2所示。

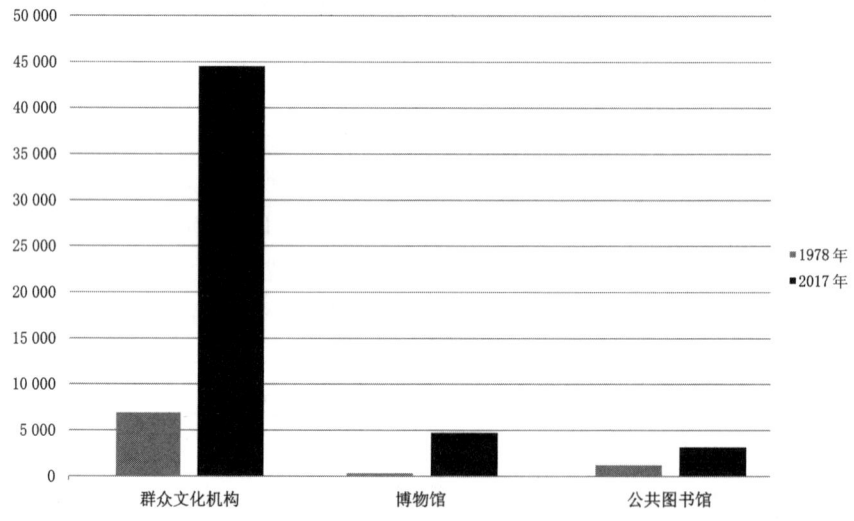

图3-2　1978年—2017年基本公共文化设施增长图

---

① 数据来源参见国家统计局网站：http://www.stats.gov.cn/ztjc/ztfx/ggkf40n/201809/t20180913_1622703.html。

文化产业规模迅速扩大，特别是新型文化业态快速崛起，2017年我国文化产业实现增加值 35 462 亿元，比 2004 年增长 9.3 倍；2005 年—2017 年年均增长 19.7%（未扣除价格因素影响，下同），比同期 GDP 现价年均增速高 6.3 个百分点，文化产业呈现出快速增长的态势。而在文化产业类别中，以"互联网＋"为主要形式的文化信息传输服务业等新型文化业态发展迅猛，2016 年实现增加值 3 687 亿元，比 2013 年增加 1 884 亿元；2014 年—2016 年年均增长 26.9%，占文化产业增加值的比重为 12.0%。文化创意和设计服务业呈现蓬勃发展势头，2016 年实现增加值 5 843 亿元，比 2013 年增加 2 127 亿元。不仅如此，文化还发挥了很好的就业拉动作用。截至 2016 年底，我国文化产业法人单位共吸纳就业人员 2 178 万人，占全社会就业人员的比重达到 2.8%[1]。

四是哲学社会科学取得了长足的发展。改革开放 40 年来党中央高度重视哲学社会科学的发展，"文化大革命"结束后，邓小平明确指出"科学当然包括社会科学"[2]。江泽民则提出"理论问题，不管是自然科学理论，还是社会科学理论，都很重要"[3]。2002 年在考察中国人民大学时，江泽民强调"各级党委和政府要关心哲学社会科学的发展，积极创造支持科学探索、鼓励学术创新的社会环境和学术氛围"[4]。胡锦涛要求"一定要从党和国家事业发展全局的战略高度，把繁荣发展哲学社会科学作为一项重大而紧迫的战略任务切实抓紧抓好，推动我国哲学社会科学有一个新的更大发展，为中国特色社会主义事业提供强有力的思想保证、精神动力和智力支持"[5]。2016 年 5 月，习近平总书记发表《在哲学社会科学工作座谈会上的讲话》，强调指出，"坚持和发展中国特色社会主义，必须高度重视哲学社会科学"，"着力构建中国特色哲学社会科学，在指

---

[1] 数据来源参见国家统计局网站：http://www.stats.gov.cn/ztjc/ztfx/ggkf40n/201809/t20180913_1622703.html。
[2] 《邓小平文选》第二卷，人民出版社 1994 年版，第 48 页。
[3] 江泽民：《加强党的理论建设》，《人民日报》1991 年 6 月 16 日。
[4] 江泽民：《必须大力促进我国哲学社会科学事业的发展繁荣》，《人民日报》（海外版）2002 年 4 月 29 日。
[5] 《胡锦涛在中共中央政治局第十三次集体学习时强调　始终坚持马克思主义的指导地位　大力推进哲学社会科学繁荣发展》，《人民日报》2004 年 5 月 30 日。

导思想、学科体系、学术体系、话语体系等方面充分体现中国特色、中国风格、中国气派"①。正是在党中央高度重视下,党的十一届三中全会以来,我国哲学社会科学进入了繁荣发展的新时期。经过改革开放40年的建设和发展,我国哲学社会科学学科体系不断健全,研究队伍不断壮大,研究水平和创新能力不断提高,马克思主义理论研究和建设工程取得丰硕成果。

五是文化"走出去"成绩斐然,中国文化的国际影响力大幅度提升。2017年,我国文化产品进出口总额达到971亿美元,占全国货物进出口总额的2.4%。随着我国改革开放不断深入,中华文化逐渐突破语言障碍、文化和意识形态差异,在国际话语体系中占据越来越重要的位置,逐步构建起"讲好中国故事、展现中国风貌"的国际传播新体系。截至2016年底,我国国际广播电台在全球拥有101家海外整频率播出电台,每天播出近3 000小时节目,覆盖50多个国家的首都或主要城市约5亿人口;在海外建有地区总站、驻外记者站、节目制作室、广播孔子课堂等近100个机构和4 115个听众俱乐部,汉语覆盖全球98%以上的受众。2016年,国际广播电台受众反馈(互动)总量达5 530万;开设社交媒体账号228个,粉丝总数8 117万;媒体日均阅听量约2 600万②。

第四,改革开放以来社会建设的伟大成就。改革开放以来,中国共产党始终坚持以人民为中心的发展理念,社会建设取得重大成就,主要表现在以下几个方面:

一是教育事业取得了历史性成就,发生了历史性变革。改革开放40年来,我国确立了教育优先发展的战略地位,党的教育方针不断丰富和发展,教育现代化持续推进,13亿多中国人民的思想道德素质和科学文化素质全面提升,教育总体发展水平跃居世界中上行列,成为全世界规模最大、发展速度最快、发展潜力最大、特色最为鲜明的教育。在教育规模上,目前我国有各级各类学校51.4万所,在校生2.7亿人,教育规模位居世界首位。教育管理的科学化制度化水平大幅度提升,已形成比

---

① 习近平:《在哲学社会科学工作座谈会上的讲话》,《人民日报》2016年5月19日。
② 《改革开放40年》编写组:《改革开放40年》,中国统计出版社2018年版,第248页。

较完备的教育法律体系，以政府办学为主体、全社会积极参与、公办和民办共同发展的格局基本形成，中央和地方、政府和学校之间教育职责权限逐步理清，考试招生制度更加科学。教育体系不断完善，每个人受教育的权利得到更好更有力的保障。教育对外开放的规模和程度大幅度扩大，"引进来"与"走出去"同步提高[①]。

二是卫生健康事业取得长足发展，人民群众的健康水平大幅度提高。改革开放以来，中国的卫生健康事业以改革开放为动力，与经济社会同步发展，走出了一条中国特色的卫生健康事业改革发展之路，取得了前所未有的成就。医疗改革全面推进；医疗服务体系进一步健全，服务能力大幅度提升；基本公共卫生服务均等化扎实推进，卫生健康法律体系不断健全；重大疾病防控与爱国卫生运动实施成效显著，卫生应急体系日益健全；国家卫生健康投入力度持续加大；卫生健康科技创新成果不断涌现，健康产业蓬勃发展；卫生与健康领域的国际合作交流不断深化，我国在全球卫生外交中话语权进一步提升。经过40年的发展，我国人均预期寿命由1978年的68.2岁，增加到了2017年的76.7岁；死亡率则由改革开放之初1991年的50.2‰下降到2017年的6.8‰。我国居民健康水平总体上优于中高收入国家平均水平。城乡居民健康差异进一步缩小，健康公平持续改善[②]。

三是就业总量持续增长，就业结构进一步优化。改革开放以来，随着经济体制由计划经济体制向市场经济体制的转变，就业方式也发生了转变。改革开放以来就业体制经历了从"统包统配"到"双向选择"的过渡阶段（1977—1984），从计划分配到社会选择就业制度的探索阶段（1985—1992），以及"双向选择，自主择业"制度的逐步确立和完善阶段（1993年至今）[③]。经过不断深化改革，逐步打破了计划经济体制障碍，充分调动了人民群众的创造精神，促进了就业规模的持续增加，就业结构也不断得到优化。到2017年末，就业人员总量达到了77 640万人，比

[①] 参见陈宝生：《中国教育：波澜壮阔四十年》，《人民日报》2018年12月17日。
[②] 《改革开放40年》编写组：《改革开放40年》，中国统计出版社2018年版，第250页。
[③] 赵世奎、文东茅：《三十年来高校毕业生就业制度变革的回顾与现行制度的分析》，《中国高教研究》2008年第8期。

1978年增加了37 488万人，增长了93.0%。40年来失业水平总体保持在较低水平。不仅如此，40年来我国就业人员的城乡产业以及所有制结构持续优化，就业人员的素质也不断提升。到2017年，我国城镇就业占比提高到54.7%，且服务业成为我国就业第一大产业。到2017年，我国第一、二、三产业就业人数分别是20 944万、21 824万和34 872万，分产业就业比重分别为27.0%、28.1%和44.9%；而1978年第一、二、三产业就业人数分别为28 318万、6 945万和4 890万，占比分别是70.5%、17.3%和12.2%。40年来我国就业结构还有一个显著变化就是非公有制经济成为吸纳就业的主渠道，1978年我国城镇就业人口几乎全部集中在国有和集体企业，占比高达99.8%；而到2017年城镇私营企业、个体经济吸纳的城镇就业人数已经过半。改革开放40年来我国就业领域的另一个突出成就就是劳动力市场从无到有，日渐完善，逐步确立了用人单位和劳动者在劳动力市场的主体地位；就业服务体系逐步健全，到2017年底，就业服务全行业共有人力资源服务机构3.02万家[1]。

四是在社会保障方面，社会保障制度不断健全完善。改革开放以来，随着社会主义市场经济体制的确立，社会保障制度也进行了相应的变革，党和国家出台了一系列社会保障的政策和法规，在养老保险、住房保障、失业保险、社会救济等方面出台了一系列政策，基本形成了比较完善的社会保障制度体系。社会保障项目日趋完备，覆盖城乡社会的社会保障体系基本建立；社会保险覆盖范围不断扩大，到2017年末，全国基本养老保险参保人员人数有91 548万，基本医疗保险参保人员人数有117 681万（见表3-3），失业、工伤、生育保险参保人员人数分别有18 784万、22 724万、19 300万。全社会享受社会保险待遇的人数不断增长，待遇水平稳步提高。2017年末，全国领取基本养老保险待遇人数达到了26 624万，全国城乡居民月人均养老水平达到125元[2]。总之，改革开放40年来，我国已实现由城镇职工的"单位保障"向统筹城乡的"社会保

---

[1] 数据来源参见《改革开放40年》编写组：《改革开放40年》，中国统计出版社2018年版，第200—211页。

[2] 数据来源参见《改革开放40年》编写组：《改革开放40年》，中国统计出版社2018年版，第284页。

"障"的根本性转变，覆盖城乡居民的多层次社会保障体系基本建立，民生保障网不断织密扎牢，走出一条中国特色的社会保障道路。

表 3-3　改革开放以来我国社会发展主要指标①

指　　标	单位	1978年绝对量	2017年绝对量	2017年比上年增长（%）	2013年—2017年平均增速（%）	1979年—2017年平均增速（%）
年末总人口	万人	96 259	139 008	0.5	0.5	0.9
城镇人口	万人	17 245	81 347	2.6	2.7	4.1
乡村人口	万人	79 014	57 661	−2.2	−2.1	−0.8
城镇人口占总人口比重	%	17.9	58.5	—	—	—
研究与试验发展经费支出	亿元	—	17 606	12.3	11.3	—
专利授权数	万件	—	184	4.7	7.9	—
在校学生数						
研究生	万人	1.1	264*	33.2	8.9	15.1
普通本专科	万人	86	2 754	2.1	2.9	9.3
普通高中	万人	1 553	2 375	0.3	−0.8	1.1
初中	万人	4 995	4 442	2.6	−1.4	−0.3
普通小学	万人	14 624	10 094	1.8	0.8	−0.9
出国留学人员	万人	0.1	61	11.7	8.8	18.3
公共图书馆	个	1 218	3 166	0.4	0.6	2.5
博物馆	个	349	4 721	14.9	9.0	6.9
医疗卫生机构床位数	万张	204	794	7.1	6.8	3.5
医院床位数	万张	110	612	7.6	8.0	4.5
卫生技术人员数	万人	246	899	6.3	6.1	3.4
执业（助理）医师	万人	98	339	6.2	5.3	3.2
参加基本养老保险人数	万人	—	91 548	3.1	3.0	—
参加基本医疗保险人数	万人	—	117 681**	58.2	17.0	—

注：以上中国数据不包含港澳台地区。

*2017年在校研究生数指标口径发生变化，增加了非全日制研究生。

**参加基本医疗保险人数 2017 年绝对量包括已整合的新型农村合作医疗数据。

---

① 参见国家统计局：《经济社会发展统计图表：改革开放 40 年辉煌成就（社会篇）》，《求是》2019 年第 2 期。

第五，生态文明建设的伟大成就。改革开放以来，我国环境保护事业全面推进，生态文明建设成效初显。改革开放40年来，我国的环境保护事业从无到有，不断发展，环境保护理念开始深入人心，党和国家先后实施了一系列环境保护的战略举措，不断提高环境保护的制度化水平，先后出台了一系列法律法规和政策措施，对环境保护的投入也大幅增加，环境污染治理要求越来越高，生态环境保护建设不断加强。经过40年的治理和改善，我国生态恶化的趋势得到了遏制，城乡居民生活环境已经有大幅度的改善，正在向"美丽中国"迈进。在环保投入方面，2016年，我国环境污染治理投资总额达到了9 220亿元。林业投资到2016年已达到4 510亿元，林业生态建设稳步发展，自然生态保护加强，到2016年我国全国自然保护区达到2 750个，自然保护区面积达到14 733万公顷。荒漠化沙化的治理和控制取得了明显的成效。在环境污染治理方面，主要污染物减排任务落实到位，大气污染防治不断强化，全国环境空气质量形势总体向好。2017年全国338个地级及以上城市中，空气质量达标的城市占比近30%。水污染防治也在稳步推进，地表水水质总体情况得到改善。2016年，全国23.5万千米的河流水质状况评价结果显示，全年Ⅰ类水河长占评价河长的6.5%，Ⅱ类水河长占48.3%，Ⅲ类水河长占22.1%，Ⅳ类水河长占9.6%，Ⅴ类水河长占3.7%，劣Ⅴ类水河长占9.8%。全国118个主要湖泊共3.1万平方千米，全年总体水质为Ⅰ~Ⅲ类的湖泊有28个，Ⅳ~Ⅴ类湖泊有69个，劣Ⅴ类湖泊有21个，分别占评价湖泊总数的23.7%、58.5%和17.8%[①]。水质总体而言有大幅度改善。在城乡居民生活环境改善方面，城市环境基础设施水平有较大幅度提高。2016年，城市污水处理率为93.4%，比2000年提高59.1个百分点；城市生活垃圾无害化处理率为96.6%，比2000年提高38.4个百分点。农村人居环境也在逐步改善。2016年，全国建制镇用水普及率为83.9%，污水处理率为52.6%，生活垃圾无害化处理率为46.9%。全国乡用水普及率为71.9%，污水处理率为11.4%，生活垃圾无害化处理率为17.0%。全国农村卫生厕所普及率为80.3%，比2000年提高35.5个

---

① 数据来源参见《改革开放40年》编写组：《改革开放40年》，中国统计出版社2018年版，第324页。

百分点。总体来看，改革开放以来，国家着力加强城乡环境综合治理，优化城市资源配置，转变农村发展方式，城乡人居环境持续改善①。

第六，在国防和军队建设方面，改革开放40年来，我们始终坚持党对人民军队的绝对领导，不断创新党的军事理论和军事指挥理论，明确军队建设发展的战略方向，坚定不移走中国特色精兵之路，不断推进国防和军队现代化建设，推进人民军队实现革命性的重塑。

一是走出了一条中国特色的精兵之路。改革开放以来，我国进行了多次裁军。1981年年底，军队总人数由602.4万人减少到450万人；1982年精简整编，人民解放军总员额减少到400万人；1985年再次裁军百万，全军员额减为305万人；党的十五大决定三年内再裁减军队员额50万；2003年9月，党中央决定2005年前再裁减军队员额20万，军队总员额控制在230万以内；2015年9月，在中国人民抗日战争暨世界反法西斯战争胜利70周年纪念大会上，习主席宣布裁军30万，将人民解放军的总员额控制在200万以内②。在坚持减少数量的同时，重点突出提高军队质量。改革开放以来，我国的军队建设重点实现了以下三个方面的优化：一是着力优化军兵种结构，压减陆军规模，组建战略支援部队，使军兵种结构更好适应国家安全战略和军事战略需求；二是着力优化军兵种内部力量结构，统筹传统作战力量与新型作战力量发展，推动了军兵种建设战略转型；三是着力优化力量布局，依据不同战略方向安全需求和作战任务，调整力量配置重心，建立海外保障基地，构建了积极防御的军事战略布势③。

二是走出了一条中国特色的强军之路。改革开放40年来，党中央科学把握军事技术发展对战争形态和国家安全带来的机遇和挑战，积极推进中国特色军事变革，我军进入机械化、信息化复合发展的新阶段。我军武器装备有了长足进步，军事实力得到极大增强，科技兴军取得重大

---

① 数据来源参见《改革开放40年》编写组：《改革开放40年》，中国统计出版社2018年版，第325页。

② 数据来源参见新浪网：《改革开放40年国防和军队建设取得的伟大成就与启示》，http://k.sina.com.cn/article_5338340917_13e309e3502000db7k.html。

③ 转引自李大光：《中国特色的强军之路——纪念改革开放40周年》，《中华魂》2018年第12期。

成效。航空母舰、第四代坦克、第五代战斗机、高超音速导弹等"大国重器"实现零的突破,新型主战坦克、武装直升机、大型舰船、高性能战斗机等一大批骨干装备批量列装部队,基本建成要素齐全、功能完整的武器装备体系,走出了一条有中国特色的武器装备发展道路。

三是开创了一条中国特色的军民融合发展之路。推进军民融合发展是当今世界军事变革的重要内容,党中央把握住这一世界军事变革的新态势,在党的十七大上提出推进中国特色军民融合式发展,党的十八大将军民融合发展上升为国家战略。军民融合发展战略开始以坚实的步伐向前推进。

第七,改革开放以来党的建设方面取得的伟大成就。改革开放以来,中国共产党把始终坚持加强和改善党的领导作为党的建设的目标和中心任务,科学认识长期执政、改革开放和市场经济条件下执政党面临的风险考验,把保持党的先进性和纯洁性,保持党同人民群众的血肉联系作为执政党建设的重点。不断推进马克思主义中国化的视野和高度,积极探索共产党执政规律、社会主义建设规律以及人类社会发展规律。凸显党要管党、从严治党的意志和决心,着力净化党内政治生态,用"踏石留印,抓铁有痕"的决心和态度强力正风肃纪,整治形式主义、官僚主义、享乐主义和奢靡之风,以零容忍态度严厉惩治腐败。使党的革命性在改革开放中得到不断的锻造,始终是中国人民和中华民族走向复兴的主心骨。

改革开放以来,党的建设取得的卓越成就主要体现在以下几个方面:

一是党的思想建设与时俱进的推进。改革开放以来,中国共产党始终不忘初心、毫不放松地抓好党内思想建设工作,始终坚持与时俱进,不断根据实践的发展和时代的需要进行理论创新,坚持以马克思主义为指导,并在实践中不断推进马克思主义中国化,推动马克思主义理论创新,用马克思主义中国化的最新成果武装全党。改革开放以来,我们党先后形成了邓小平理论、"三个代表"重要思想、科学发展观和习近平新时代中国特色社会主义思想等马克思主义中国化的重大理论与思想成果,发展了马克思主义。正如党的十九大所指出的,改革开放以来,我们取得的一切成绩和进步的根本原因,归结起来就是:开辟了中国特色社会主义道路，形成了中国特色社会主义理论体系，确立了中国特色社会主义制度，发展了中国特色社会主义文化。可以说，没有党的创新理论的指导，就没有今天中国特色社会主义取得的伟大成就。可以说，改革开放以来中国共产党探索出一条具有中国特色的马克思主义政党思想建设的道路，为党的执政能力建设提供了有力的思想保证。

二是党的组织建设成绩斐然。改革开放以来中国共产党根据世情、国情和党情的变化，着力推进党的组织建设。首先是实现党的组织和党的工作的全覆盖，特别是适应新形势下，新的社会阶层、新的社会组织、新的生产生活形态的变化，不断创新组织设置形式，保证党的组织和党的工作无空白、无死角。其次是根据党员队伍变化，积极探索新的方法来加强对党员的管理、教育，努力推动党员不断地接受教育，建立健全保持先进性的长效机制，提高党员的政治和业务素质，使各地、各个领域的党员能够充分发挥先锋模范作用。再次是基层党组织的建设全面加强，党的创造力、战斗力和凝聚力得到有效提升，党的执政基础更加坚实，党的执政地位更加牢固。最后是努力培养选拔党和人民需要的好干部，适应改革开放和现代化建设要求的执政骨干队伍不断壮大。截至2017年12月31日，中国共产党党员总数为8 956.4万名，中国共产党现有基层组织457.2万个，全国8 439个城市街道、31 726个乡镇、100 602个社区（居委会）、547 152个建制村已建立党组织，覆盖率均超过99%。全国187.7万个非公有制企业已建立党组织，占非公有制企业总数的73.1%；30.3万个社会组织已建立党组织，占社会组织总数的61.7%[1]。

三是党的作风建设成效明显。我们党始终高度重视作风建设，改革开放以来，针对党面对的风险和挑战，中国共产党把党的作风建设当作执政党建设的重中之重，坚持不懈地抓党的作风建设。早在改革开放之初，邓小平就指出：新时期党风建设要恢复我们党的优良作风。根据党的历史方位的新变化，党的十四大更是将"执政党的党风，党同人民群众的联系，是关系党生死存亡的问题"[2]写进了党章，把党的作风建设提

---

[1] 数据来源参见中组部网站：《2017年中国共产党党内统计公报》，http://news.12371.cn/2018/06/30/ARTI1530340432898663.shtml。

[2] 《江泽民文选》第一卷，人民出版社2006年版，第220页。

升到关系到党和国家生死攸关的战略高度。党的十八大以来，以习近平同志为核心的党中央更加注重管党治党工作，将作风建设作为党政工作的重大突破。通过不懈的努力，党的作风建设取得了明显的成效。

四是党的制度建设成果丰硕。改革开放以来，中国共产党高度重视党的制度建设，改革开放之初邓小平在《党和国家领导制度的改革》的重要讲话中就强调，领导制度、组织制度问题更带有根本性、全局性、稳定性和长期性。党的十四届四中全会提出要特别注重制度建设。党的十六大提出要把思想建设、组织建设和作风建设有机结合起来，把制度建设贯穿其中，并纳入党的建设总体布局。党的十七大明确提出以健全民主集中制为重点加强制度建设，党的制度建设逐步走向科学化、规范化。党的十八大以来，以习近平同志为核心的党中央更是站在战略和全局的高度，把加强党内法规制度建设作为全面从严治党的长远之策、根本之策。经过40年的建设，党的制度建设的整体水平得到了大幅度提高。党的组织法规不断完善，全面从严治党的组织制度基础不断夯实；领导法规逐渐健全，为党的领导活动在制度轨道上推进提供了可靠的保证；党的自身建设法规日益完善，党的创造力、凝聚力、战斗力显著增强；党的监督保障法规持续加强，党内良好的政治生态和政治文化正在形成。

改革开放以来，我国在政治、经济、文化、社会等领域取得了巨大成就，社会主义市场经济体制与中国的社会主义制度相结合，在坚持"四项基本原则"的前提下，中国特色社会主义焕发出新的生机与活力，中国特色社会主义建设取得了举世瞩目的显著成就。中国人民的生活实现了由贫穷到温饱，再到整体小康的跨越式转变；中国社会实现了由封闭、贫穷、落后和缺乏生机到开放、富强、文明和充满活力的历史巨变。

当然我国的改革开放和社会主义现代化建设还存在许多不足，正如党的十九大报告指出的那样，"必须清醒看到，我们的工作还存在许多不足，也面临不少困难和挑战。主要是：发展不平衡不充分的一些突出问题尚未解决，发展质量和效益还不高，创新能力不够强，实体经济水平有待提高，生态环境保护任重道远；民生领域还有不少短板，脱贫攻坚任务艰巨，城乡区域发展和收入分配差距依然较大，群众在就业、教育、医疗、居住、养老等方面面临不少难题；社会文明水平尚需提高；社会矛盾和问题交织叠加，全面依法治国任务依然繁重，国家治理体系和治理能力有待加强；意识形态领域斗争依然复杂，国家安全面临新情况；一些改革部署和重大政策措施需要进一步落实；党的建设方面还存在不少薄弱环节。这些问题，必须着力加以解决"①。改革开放只有进行时，没有完成时。解决这些问题，需要继续全面深化改革，推进国家治理体系和治理能力现代化。

历史地来看，我国改革开放的伟大事业仍在进行中。在新的历史阶段上回望改革开放，可以看到，改革开放以来，中国特色社会主义建设取得了举世瞩目的成就。基于已取得的成就，我国的改革开放进入了新的发展阶段，中国特色社会主义进入了新时代，这是我国发展新的历史方位。

第二节 党的十八大以来中国特色社会主义的新发展

党的十八大以来，在以习近平同志为核心的党中央的集中统一领导下，中国特色社会主义建设取得了全方位的、开创性的伟大成就。中国社会发生了许多深层次和根本性的伟大变革。新一届党中央以巨大的政治勇气和强烈的责任担当，提出一系列新理念新思想新战略，出台一系列重大方针政策，推出一系列重大举措，推进一系列重大工作，解决了许多长期想解决而没有解决的难题，办成了许多过去想办而没有办成的大事，推动了党和国家事业发生历史性变革，使中国特色社会主义进入了新时代。

十八大以来，中国特色社会主义的新发展集中体现为形成了中国特色社会主义事业"五位一体"总体布局，形成了治国理政的"四个全面"战略布局，形成了中国特色社会主义的"四个自信"三大方面。

一、中国特色社会主义事业"五位一体"的总体布局全面推进

一是中国特色社会主义经济建设成绩斐然。十八大以来党中央提出

---

① 习近平：《决胜全面建成小康社会 夺取新时代中国特色社会主义伟大胜利》，《人民日报》2017年10月28日。

了经济发展进入新常态的科学判断,坚持创新、协调、绿色、开放、共享的新发展理念。将供给侧结构性改革作为经济领域改革的主线,提出把加快完善使市场在资源配置中起决定性作用和更好发挥政府作用作为经济工作的主线。正是这一系列新的改革理念和措施,使党的十八大以来,中国特色社会主义经济的发展取得了辉煌的成就。在全球经济增长乏力的情况下,我国的经济仍然保持中高速增长,增速在世界主要国家中名列前茅。2017年中国国内生产总值达到827 122亿元,占世界经济的比重为15%左右,稳居世界第二,对世界经济增长贡献率超过30%,与排名第一的美国的差距在逐步缩小。随着供给侧结构性改革的深入推进,我国的经济结构不断优化,以数字经济和智能化产业为代表的新兴产业发展迅速;基础设施建设快速推进,城镇化的规模和质量都有所提升,经济发展多极发力,区域均衡性进一步增强。随着创新驱动发展战略的展开和推进,国家创新能力大幅度提升,创新型国家建设取得了显著成就。经济领域的开放范围、开放程度和开发质量都有大幅度提升,开放性的经济新体制逐步健全。

二是中国特色社会主义政治建设稳步推进。十八大以来以习近平同志为核心的党中央,直面矛盾和问题,励精图治,着力推进中国特色社会主义民主政治向前发展。十八大以来政治领域最为突出的成就是取得了反腐败斗争的伟大胜利,以习近平同志为核心的党中央以强烈的历史责任感、深沉的使命忧患意识和顽强的意志品质,大力推进党风廉政建设和反腐败斗争,在这场"输不起的斗争"中向党和人民交出了一份优异的答卷。正如王岐山在参加十九大湖南代表团讨论时所说,十八大以来,习近平总书记"校正了党和国家前进的航向"①。反腐败斗争压倒性态势的形成与巩固,为推进中国特色社会主义民主政治发展奠定了良好的政治基础和条件。

十八大之后,习近平同志在党的十八届一中全会上讲话中就指出:"我们要继续发展社会主义民主政治,坚定不移走中国特色社会主义政治

---

① 《王岐山在参加党的十九大湖南省代表团讨论时强调:旗帜鲜明坚持党的领导,兑现对人民的庄严承诺》,新华网: http://www.xinhuanet.com/politics/19cpcnc/2017-10/19/c_1121828096.htm。

发展道路，坚持党的领导、人民当家作主、依法治国有机统一，继续积极稳妥推进政治体制改革，坚持和完善人民代表大会制度、中国共产党领导的多党合作和政治协商制度、民族区域自治制度以及基层群众自治制度，巩固和发展最广泛的爱国统一战线，发展更加广泛、更加充分、更加健全的人民民主。"[1] 此后，十八届三中全会提出了促进国家治理体系和治理能力现代化的发展目标，用国家治理现代化这一战略目标统领中国特色社会主义建设。十八届四中全会提出全面依法治国的制度框架，指出要建设中国特色社会主义法治体系，建设社会主义法治国家。

十八大以来，以习近平同志为核心的党中央致力于推进国家治理体系现代化，为国家与社会的政治建设发展开辟了一条崭新的道路。在党的十八大报告中"治理"就成为一个高频概念，提出了"坚持依法治国是党领导人民治理国家的基本方略"，强调"要更加注重改进党的领导方式和执政方式，保证党领导人民有效治理国家"，"更加注重发挥法治在国家治理和社会管理中的重要作用"等现代治理理念。在党的十八届三中全会上，以习近平同志为核心的党中央正式提出了"推进国家治理体系和治理能力现代化"的治国理政新目标。在这一目标的指引下，十八大以来中国特色社会主义民主法治建设迈出重大步伐，突出体现在以下几个方面：首先是全面加强了党的领导、人民当家作主、依法治国有机统一的制度建设，逐步完善了中国特色社会主义民主政治的制度体系和运行机制。进一步改革和完善了新时代党的领导体制机制，推动社会主义民主不断发展，党内民主更加广泛，社会主义协商民主全面展开，爱国统一战线巩固发展，民族宗教工作创新推进。其次是社会主义法治建设取得了显著成就，科学立法、严格执法、公正司法、全民守法深入推进，法治国家、法治政府、法治社会建设相互促进的局面初步形成，中国特色社会主义法治体系日益完善，全社会法治观念明显增强。国家监察体制改革试点取得实效，行政体制改革、司法体制改革、权力运行制约和监督体系建设有效实施。

三是中国特色社会主义文化建设大步向前。可以说十八大以来中国

---

[1] 习近平：《全面贯彻落实党的十八大精神要突出抓好六个方面工作》，《求是》2013年第1期。

特色社会主义文化迎来了大发展大繁荣的时代。十八大以来，以习近平同志为核心的党中央高度重视文化的价值引领作用，提出了社会主义核心价值，重视传统文化的丰厚滋养作用，提出要"努力实现传统文化的创造性转化、创新性发展"①；重视意识形态安全稳定，强调捍卫马克思主义和中国特色社会主义的共同理想，坚持和巩固党对意识形态工作的领导；重视加强文化体制改革，强调文化体制改革是全面深化改革的重要组成部分；重视人民在文化建设中的主体作用，坚持以人民为中心的创作导向。习近平总书记指出，"社会主义文艺，从本质上讲，就是人民的文艺"②。经过七年的建设，党对意识形态工作的领导进一步加强；党的理论创新全面推进，马克思主义中国化进一步推进，极大地丰富和发展了二十一世纪的马克思主义，马克思主义在意识形态领域的指导地位更进一步彰显；中国特色社会主义和中国梦深入人心，社会主义核心价值观和中华优秀传统文化得到广泛弘扬。总之，在以习近平同志为核心的党中央的坚强领导下，文化领域"主旋律更加响亮，正能量更加强劲，文化自信得到彰显，国家文化软实力和中华文化影响力大幅提升，全党全社会思想上的团结统一更加巩固"③。

四是中国特色社会主义社会建设的全面推进。十八大以来，以习近平同志为核心的党中央始终坚持以人民为中心的发展理念，提出了一系列社会建设的新理念和新思路，积极推进以保障民生为重点的社会建设，落实了一大批惠民举措，人民群众的获得感显著增强。

在社会建设理念方面，习近平总书记指出："人民对美好生活的向往，就是我们的奋斗目标。"④ 提出了以人民为中心的发展理念，凸显了社会建设的价值追求和基本方向。十八大以来党中央突出用新的发展理念规范和指导社会建设。在党的十八届五次全体会议上，习近平强调指出，实现"十三五"时期国民经济和社会发展目标，破解发展难题，厚植发展优势，必须牢固树立并切实贯彻创新、协调、绿色、开放、共享

---

① 《习近平谈治国理政》第二卷，外文出版社2017年版，第313页。
② 《习近平谈治国理政》第二卷，外文出版社2017年版，第314页。
③ 习近平：《决胜全面建成小康社会 夺取新时代中国特色社会主义伟大胜利》，《人民日报》2017年10月28日。
④ 《十八大以来重要文献选编》（上），中央文献出版社2014年版，第69页。

的发展理念。这是关系我国发展全局的一场深刻变革。社会建设领域必须贯彻五大发展理念，努力把创新、协调、绿色、开放、共享贯穿到社会建设各个环节，切实做到创新社会建设方式、协调社会建设项目、实现绿色社会建设、开放社会建设过程、共享社会建设成果。以科学的发展理念指导社会建设的同时，十八大以来党中央还注重不断创新社会建设思路和方式，习近平总书记强调要实现经济发展和民生改善良性循环，实现人与人、人与经济活动、人与环境和谐共存的良好局面；强调要坚定不移走中国特色社会主义社会治理之路，善于把党的领导和我国社会主义制度优势转化为社会治理优势，着力推进社会治理系统化、科学化、智能化、法治化，不断完善中国特色社会主义社会治理体系，确保人民安居乐业、社会安定有序、国家长治久安。

  以科学的社会建设为指导，经过不懈的努力，社会建设成就显著。其一，也是最为突出的成就，是脱贫攻坚战取得决定性进展，随着精准扶贫的稳步推进，6 000多万贫困人口稳定脱贫，贫困发生率从12％下降到4％以下。其二是教育事业全面发展，教育发展水平步入世界中上行列，教育发展能力不断提升，中西部和农村教育明显加强，教育公平持续改善。其三是就业状况持续改善，十八大以来，就业规模不断扩大，就业结构持续优化，创业带动就业能力显著增强，劳动者素质明显提高，就业质量进一步提升。积极的就业政策效果明显，创业带动就业的作用突出，就业形势保持稳定，成为经济运行中的突出亮点。其四是城乡居民收入大幅度增加，党的十八大以来，我国人均国民总收入不断迈上新台阶，居民收入增长超过了经济发展速度，中等收入群体持续扩大。其五是社会保障体系更加完善，覆盖城乡居民的社会保障体系基本建立，人民健康和医疗卫生水平大幅提高，保障性住房建设稳步推进。其六是社会治理体系更加完善，社会大局保持稳定，国家安全全面加强。

  五是中国特色社会主义生态文明建设整体发力。党的十八大明确提出大力推进生态文明建设，努力建设美丽中国，实现中华民族永续发展。七年来，在以习近平同志为核心的党中央的坚强领导下，生态文明建设稳步推进，"绿水青山就是金山银山"的生态理念深入人心，生态文明建设的顶层设计和制度体系建设速度加快，环境污染的治理和防控强力推进,绿色发展取得了明显的成效,全国生态环境质量持续改善,一幅美丽中国新画卷正徐徐展开。

十八大以来,党中央充分认识到生态文明建设的重要性,习近平总书记指出"保护生态环境应该而且必须成为发展的题中应有之义"[①]。强调要像保护眼睛一样保护生态环境,像对待生命一样对待生态环境,提出树立"绿水青山就是金山银山"的强烈意识。把生态文明建设作为统筹推进"五位一体"总体布局重要内容,谋划开展了一系列根本性、开创性、长远性工作,推动生态环境保护发生历史性、转折性、全局性变化。

十八大以来,中国发布实施大气、水、土壤污染防治三大行动计划,污染治理力度之大前所未有;环境基础设施建设加速推进,成为全世界污水处理、垃圾处理能力最大的国家。生态文明建设和保护的制度体系不断完善,治理能力明显提升。环境财政、环境价格、生态补偿、环境权益交易、绿色税收、绿色金融、环境市场、环境与贸易、环境资源价值核算、行业政策等内容的环境经济政策框架体系已基本建立。中央环境保护督察、省以下环保机构监测监察执法垂直管理制度改革、按流域设置环境监管和行政执法机构、生态环境损害赔偿制度改革试点等一批具有标志性、支柱性的改革举措陆续推出;环境保护法、大气污染防治法、水污染防治法、环境影响评价法、环境保护税法等一系列法律完成制定或修订,生态文明建设的法治保障体系逐步建立。十八大以来,我国还加大了化解钢铁、煤炭等过剩产能和淘汰落后产能的工作力度,单位 GDP 能耗不断降低,资源能源效率不断提升。能源消费结构发生积极变化,中国成为世界利用新能源、可再生能源第一大国。经过七年多的艰苦努力,全党全国贯彻绿色发展理念的自觉性和主动性显著增强,美丽中国的优美画卷正徐徐展开。

二、党中央治国理政的"四个全面"战略布局协调展开

十八大以来,以习近平同志为核心的党中央努力开创中国特色社会主义新布局,先后提出全面建成小康社会、全面深化改革、全面依法治国、全面从严治党的重要思想,形成了治国理政的"四个全面"战略布局。十八大报告提出了全面建成小康社会的奋斗目标,十八届三中全会

---

① 《习近平谈治国理政》第二卷,外文出版社 2017 年版,第 392 页。

以全面深化改革为主题,提出了促进国家治理体系和治理能力现代化的发展目标,十八届四中全会部署全面依法治国,提出了建设中国特色社会主义法治体系、建设社会主义法治国家的目标,十八届六中全会以全面从严治党为主题,审议通过了《关于新形势下党内政治生活的若干准则》和《中国共产党党内监督条例》,全面从严治党的力度空前加大。"四个全面"战略布局是新形势下中国特色社会主义的新发展,是新时代中国共产党治国理政的伟大战略布局。

一是全面建成小康社会进入决胜阶段。彻底消除贫困、改善民生、逐步实现共同富裕,是中国特色社会主义的本质要求,也是十八大以来以习近平同志为核心的党中央大力推进的工作。全面建成小康社会,是我们党对全国人民的庄严承诺。十八大以来,习近平总书记高度重视扶贫工作,先后主持召开17次重要扶贫会议,参加25次扶贫调研,入户看望群众57户[1]。党中央紧紧围绕脱贫攻坚的责任、政策、投入、动员、监督、考核等主要方面,基本形成了"四梁八柱"的制度体系,为打赢脱贫攻坚战提供了有力的制度保障。在扶贫实践中,党中央多措并举,群策群力,动员一切力量,把精准扶贫、脱贫当作当前最大的政治任务,把精准扶贫工作作为全面建成小康社会的中心任务来抓,充分发挥各级党委和政府在扶贫攻坚中的引领作用,加大财政扶贫投入力度,实施贫困村提升、职业教育培训、扶贫小额信贷、易地扶贫搬迁等多元化的精准扶贫工程,以产业促脱贫。至2017年,六千多万贫困人口稳定脱贫,贫困发生率从10.2%下降到4%。贫困地区的经济社会得到了全面发展,脱贫能力显著提升,贫困群众内生能力不断增强,精神面貌焕然一新。不仅为2020年实现全面建成小康社会的目标打下了坚实的基础,更是为全球减贫事业作出重大贡献。联合国秘书长古特雷斯在给2017减贫与发展高层论坛的贺信中盛赞中国减贫方略,认为中国的经验可以为其他发展中国家提供有益借鉴[2]。

---

[1] 《全面建成小康社会 一个都不能少》,人民论坛网:http://www.rmlt.com.cn/2017/1006/498455.shtml。

[2] 《联合国秘书长:中国减贫经验为发展中国家提供有益借鉴》,中国扶贫在线:http://f.china.com.cn/2017-10/11/content_50034841.htm。

二是全面深化改革深入推进。习近平总书记在庆祝中国共产党成立95周年大会上发表重要讲话指出:"改革开放是决定当代中国命运的关键抉择,是党和人民事业大踏步赶上时代的重要法宝。"① 在省部级主要领导干部"学习习近平总书记重要讲话精神,迎接党的十九大"专题研讨班开班式上,习近平总书记再次强调,"党的十八大以来的5年,是党和国家发展进程中很不平凡的5年。……我们坚定不移全面深化改革,推动改革呈现全面发力、多点突破、纵深推进的崭新局面"②。

党的十八大以来,面对复杂的国际国内形势,以习近平同志为核心的党中央高举中国特色社会主义的大旗,谋篇布局,部署全面深化改革。为了有效领导和推进全面深化改革,党中央成立中央全面深化改革领导小组,负责改革总体设计、统筹协调、整体推进和督促落实。分别在党的十八届三中、四中、五中、六中全会上规划和部署了相关领域的改革任务,并通过定期召开深化改革领导小组会议,部署推动重点改革和相关工作。在改革过程中,党中央坚持问题导向,从体制机制层面入手,把解决突出问题和规划长远制度建设结合起来,把重点突破和整体推进相结合。既突出试点探路,也强调面上推动改革。注重用法律制度巩固改革创新成果,深入推进政治、经济、文化、设施、生态等各领域各环节的全面改革,重大改革方案不断出台,重大举措有力展开。着力增强改革系统性、整体性、协同性,压茬拓展改革广度和深度,推出1 500多项改革举措,重要领域和关键环节改革取得突破性进展,主要领域改革主体框架基本确立。

三是全面依法治国开辟了新境界。十八届四中全会指出,"依法治国,是坚持和发展中国特色社会主义的本质要求和重要保障,是实现国家治理体系和治理能力现代化的必然要求,事关我们党执政兴国,事关人民幸福安康,事关党和国家长治久安"③,强调"全面建成小康社会、实现中华民族伟大复兴的中国梦,全面深化改革、完善和发展中国特色

---

① 习近平:《在庆祝中国共产党成立95周年大会上的讲话》,《党的文献》2016年第4期。
② 习近平:《高举中国特色社会主义伟大旗帜 为决胜全面小康社会实现中国梦而奋斗》,《人民日报》2017年7月28日。
③ 《中共中央关于全面推进依法治国若干重大问题的决定》,《人民日报》2014年10月29日。

社会主义制度,提高党的执政能力和执政水平,必须全面推进依法治国"[1]。围绕这一要求,党的十八大以来,全面依法治国在各领域各环节深入推进,一系列重大举措有力展开。

十八大以来,党中央将全面依法治国纳入"四个全面"战略布局,将其作为协调推进"四个全面"战略布局的重要法治保障;把建设中国特色社会主义法治体系、建设社会主义法治国家作为全面依法治国的总目标;坚持依法治国、依法执政、依法行政共同推进,法治国家、法治政府、法治社会一体建设;全面推进科学立法、严格执法、公正司法和全民守法;坚持依法治国与制度治党、依规治党统筹推进、一体建设。经过多年的努力,全面依法治国创造了新的辉煌成就,法治中国建设实现了历史性的大发展。理论上,科学地回答了中国特色社会主义法治建设的方向、领导力量、建设目标、建设路径等一系列重大问题,为全面依法治国、建设社会主义法治国家提供了根本遵循和行动指南。实践上,中国特色社会主义法治体系建设成绩突出,中国特色社会主义法律体系日益完备。法治政府建设提速,依法行政进入"快车道"。

四是全面从严治党成效卓著。治国必先治党,治党务必从严,从严必依法度。十八大以来,以习近平同志为核心的党中央带领全党推进全面从严治党,开辟了管党治党新境界,取得了党的建设新成就。在理论上,十八大以来,习近平总书记坚持将马克思主义无产阶级政党理论与中国特色社会主义实际相结合,不断探索,大胆创新,创造性地提出一系列关于马克思主义执政党建设的新思想新观点和新论断,科学回答了新的历史条件下"建设一个什么样的党、怎样建设党"这一党的建设根本问题,形成了较为系统的马克思主义执政党建设理论体系,为坚持党的领导、推进全面从严治党提供了根本遵循和科学指导。在实践上,坚持把全面从严治党纳入"四个全面"战略布局中考量,凸显党的建设在国家治理中的关键地位,强调治党与治国的有机统一;将党的政治建设放在首位,严肃党内政治生活,净化党内政治生态,强调党内政治生活

---

[1] 《中共中央关于全面推进依法治国若干重大问题的决定》,《人民日报》2014年10月29日。

的政治性、时代性、原则性和战斗性；增强全党的"四个意识"，坚决维护党中央的权威，巩固党的团结统一；加强党的思想建设，突出理想信念教育，增强全党的道路自信、理论自信、制度自信和文化自信；坚定不移地贯彻和坚持党管干部的原则，紧紧抓住"关键少数"，大力培养选拔党和人民需要的好干部，建设高素质的执政骨干队伍；推动全面从严治党向基层延伸，夯实执政的组织基础；狠抓作风建设，着力解决作风方面的突出问题，端正党风政风，密切党群关系；狠抓反腐败工作不松懈，坚持有腐必反、有贪必肃，"老虎""苍蝇"一起打，形成了反腐败斗争的压倒性态势；强化制度治党、依规治党，着力推进党的建设制度改革，编密扎紧制度的笼子，为全面从严治党提供了有力的制度保证。

总之，党的十八大以来，以习近平同志为核心的党中央团结和带领全国各族人民，齐心协力，协调推进"四个全面"战略布局，取得了辉煌的成就。全面建成小康社会迈出坚实步伐，全面深化改革扎实深入推进，全面依法治国展现新局面，全面从严治党取得显著成效。经过改革开放以来，特别是党的十八大以来的建设和发展我国已进入全面建成小康社会决胜阶段，中国特色社会主义的发展进入新时代。

三、全党和全国各族人民的中国特色社会主义道路自信、理论自信、制度自信和文化自信大幅度提升

十八大报告明确提出中国特色社会主义的道路自信、理论自信、制度自信，并强调"全党要坚定这样的道路自信、理论自信、制度自信"[①]。2016年7月1日，在庆祝中国共产党成立95周年大会上，习近平总书记指出，"坚持不忘初心、继续前进，就要坚持中国特色社会主义道路自信、理论自信、制度自信、文化自信，坚持党的基本路线不动摇，不断把中国特色社会主义伟大事业推向前进"[②]，明确将"三个自信"拓展为"四个自信"。

自"四个自信"提出以来，习近平总书记在不同的场合一再强调要坚持"四个自信"。2016年10月21日，习近平总书记在纪念红军长征胜

---

① 《十八大以来重要文献选编》（上），中央文献出版社2014年版，第13页。
② 《习近平谈治国理政》第二卷，外文出版社2017年版，第36页。

利80周年大会上的讲话中对坚持"四个自信"的基本内涵进行了高度概括，他指出："我们要坚信，中国特色社会主义道路是实现社会主义现代化的必由之路，是指引中国人民创造自己美好生活的必由之路。中国特色社会主义理论体系是指导党和人民沿着中国特色社会主义道路实现中华民族伟大复兴的正确理论，是立于时代前沿、与时俱进的科学理论。中国特色社会主义制度是当代中国发展进步的根本制度保障，是具有鲜明中国特色、明显制度优势、强大自我完善能力的先进制度。中国特色社会主义文化积淀着中华民族最深层的精神追求，代表着中华民族独特的精神标识，是中国人民胜利前行的强大精神力量。"[1] 2016年11月30日，习近平总书记在中国文联十大、中国作协九大开幕式上的讲话中进一步论述了坚持"四个自信"的伟大意义，他强调："实现中华民族伟大复兴，必须坚定中国特色社会主义道路自信、理论自信、制度自信、文化自信。""坚定文化自信，是事关国运兴衰、事关文化安全、事关民族精神独立性的大问题。"[2]2017年7月26日，习近平总书记在省部级主要领导干部专题研讨班上的重要讲话中，进一步强调了坚持"四个自信"目标任务。他强调要通过"牢固树立中国特色社会主义道路自信、理论自信、制度自信、文化自信，确保党和国家事业始终沿着正确方向胜利前进"[3]。

十八大以来，在以习近平同志为核心的党中央的坚强领导下，中国特色社会主义建设取得了辉煌成就，中华民族实现了从站起来到富起来、从富起来到强起来的伟大转变，中国特色社会主义事业呈现出光明而广阔的前景，这使得中华儿女更加清醒地认识到中国特色社会主义道路是立足中国国情、反映时代发展要求、符合人类社会发展规律的正确道路。这使得中国人民更加具有道路自信和道路自觉，坚信我们不能走封闭僵化的老路，更不能走改旗易帜的邪路，只有坚定不移地沿着中国特色社会主义道路前进，才能实现民族复兴的伟业。

中国特色社会主义的发展，离不开中国共产党人坚持不懈地把马克

---

[1] 《习近平谈治国理政》第二卷，外文出版社2017年版，第51页。
[2] 《习近平谈治国理政》第二卷，外文出版社2017年版，第349页。
[3] 《习近平谈治国理政》第二卷，外文出版社2017年版，第59页。

思主义与中国建设实际相结合,不断进行理论创新,逐步形成中国特色社会主义科学理论体系,并坚持用这一科学理论体系为指引,从而使中国特色社会主义始终沿着正确航向前行。中国特色社会主义事业取得的伟大成就,使中国人民坚信中国特色社会主义理论是指导党和人民沿着中国特色社会主义道路实现中华民族伟大复兴的正确理论。特别是党的十八大以来,以习近平同志为核心的党中央在推进中国特色社会主义发展的过程中,逐步形成了习近平新时代中国特色社会主义思想,开辟了当代中国马克思主义发展新境界,展现出马克思主义政治家非凡的理论勇气和探索精神。这一伟大思想的创立更进一步坚定了人民的中国特色社会主义理论自信。

十八大以来,中国特色社会主义事业的发展充分证明,中国特色社会主义制度体系是当代中国发展进步的根本制度保障,它是具有鲜明中国底色、明显制度优势和强大自我完善能力的先进制度。正是改革开放以来,特别是十八大以来的伟大发展成就,使中国人民坚信中国特色社会主义制度能充分激发全党全国各族人民的创造活力,万众一心跟党走,共同致力于推进中华民族伟大复兴的宏伟事业。这些伟大成就也使人民充分相信,中国特色社会主义制度能够更好地解放和发展社会生产力,从而推动经济社会全面发展;只有中国特色社会主义制度才能维护和促进社会公平正义;也只有中国特色社会主义制度才能有效地维护和巩固民族团结,实现国家的最终统一。人民对中国特色社会主义制度优越性的高度自信,必将坚定中国人民沿着中国特色道路走向民族伟大复兴的信心。

中国特色社会主义的"特色"之一就在于它深深地植根于中华优秀文化,可以说中国特色社会主义文化既是中国特色社会主义的重要组成部分,更是中国特色社会主义的显著标志,正是中华民族的优秀文化基因赋予了我们的社会主义道路"中国特色"。中国特色社会主义是中国共产党把马克思主义基本原理同中国实际相结合的产物,而这个"中国实际"主要方面之一就是中华优秀传统文化,马克思主义中国化的过程,可以说就是马克思主义同中国传统文化精华相融合的过程。中国特色社会主义能够取得辉煌成就,正是因为这条道路深深地熔铸于中华优秀文化的生命力、创造力和凝聚力。而中国特色社会主义取得的辉煌成就则充分说明了中华优秀文化的先进性和生命力，这无疑更进一步坚定了中国人民的文化自信。正如习近平总书记指出："文化自信，是更基础、更广泛、更深厚的自信，是更基本、更深沉、更持久的力量。"① 中华儿女更加坚定的文化自信必将转化为推动新时代中国特色社会主义发展，实现中华民族伟大复兴的澎湃动力。

第三节　新时代及其内涵

十九大报告指出，十八大召开以来，"五年来的成就是全方位的、开创性的，五年来的变革是深层次的、根本性的。五年来，我们党以巨大的政治勇气和强烈的责任担当，提出一系列新理念新思想新战略，出台一系列重大方针政策，推出一系列重大举措，推进一系列重大工作，解决了许多长期想解决而没有解决的难题，办成了许多过去想办而没有办成的大事，推动党和国家事业发展发生历史性变革"②。这些伟大成就的取得，标志着中国特色社会主义发展进入了一个新的阶段，上升到了一个新的层次，正是在这个意义上，习近平总书记在党的十九大报告中指出，"经过长期努力，中国特色社会主义进入了新时代，这是我国发展新的历史方位"③。

这里的"新时代"，并不是历史学意义上的新时代，而是指中国特色社会主义的发展阶段发生了变化，中国特色社会主义发展的形式显现出了新的特点。"新时代"的时代转变是一个由量变到质变的过程，是指中国特色社会主义建设的成就积累到一定程度，发生了质的变化。这个变化是改革开放40年来的一脉相承，但在执政方式、发展方式、发展要求上又有所不同。

之所以说中国特色社会主义进入新时代，一是基于中国特色社会主

---

① 《习近平谈治国理政》第二卷，外文出版社2017年版，第349页。
② 习近平：《决胜全面建成小康社会　夺取新时代中国特色社会主义伟大胜利》，《人民日报》2017年10月28日。
③ 习近平：《决胜全面建成小康社会　夺取新时代中国特色社会主义伟大胜利》，《人民日报》2017年10月28日。

义建设所取得的伟大成就。经过中国共产党带领全国各族人民的不懈奋斗,"党的面貌、国家的面貌、人民的面貌、军队的面貌、中华民族的面貌发生了前所未有的变化,中华民族正以崭新姿态屹立于世界的东方"①。二是基于中国共产党的理论创新实现了新的飞跃。十八大以来,以习近平同志为核心的党中央提出了一系列治国理政的新理念新思想新战略,把中国特色社会主义推向了一个新的发展阶段。三是基于我国社会主要矛盾发生了变化,已经转化为人民日益增长的美好生活需要同不平衡不充分的发展之间的矛盾。四是基于党的奋斗目标有了新要求,"从现在到二〇二〇年,是全面建成小康社会决胜期","从十九大到二十大,是'两个一百年'奋斗目标的历史交汇期"②。在这一关键的承上启下的时间点,中国共产党的奋斗目标有了新要求,中国特色社会主义进入新时代。

中国特色社会主义进入新时代,从中华民族的历史发展来看,意味着中华民族实现了从站起来、富起来到强起来的伟大飞跃,即新中国的成立意味着中国人民站起来,改革开放以来开辟的中国特色社会主义道路意味着中国人民富起来,进入新时代意味着中华民族强起来。从科学社会主义的发展来看,意味着科学社会主义的发展在二十一世纪的中国焕发出强大的活力,表明科学社会主义在我国的发展进入了新时代。从世界历史发展来看,意味着中国所开辟的中国特色社会主义道路给世界其他国家提供了借鉴,为解决人类问题贡献了中国智慧和中国方案。

新时代的本质内涵是在中国特色社会主义发生历史转变的条件下,中华民族实现强起来的发展目标的时代,是中国共产党带领全国各族人民实现中华民族伟大复兴的中国梦,在全面建成小康社会的基础上,分两步走建成富强民主文明和谐美丽的社会主义现代化强国的时代。从历史发展来看,"这个新时代,是承前启后、继往开来、在新的历史条件下继续夺取中国特色社会主义伟大胜利的时代"。从实践主题来看,"是决胜全面建成小康社会、进而全面建设社会主义现代化强国的时代"。从时

---

① 习近平:《决胜全面建成小康社会 夺取新时代中国特色社会主义伟大胜利》,《人民日报》2017年10月28日。
② 习近平:《决胜全面建成小康社会 夺取新时代中国特色社会主义伟大胜利》,《人民日报》2017年10月28日。

代任务来看，"是全国各族人民团结奋斗、不断创造美好生活、逐步实现全体人民共同富裕的时代"。从民族性来看，"是全体中华儿女勠力同心、奋力实现中华民族伟大复兴中国梦的时代"。从世界性来看，"是我国日益走近世界舞台中央、不断为人类作出更大贡献的时代"[①]。

第四节　新时代中国社会主要矛盾转化及其本质

党的十九大报告指出，"中国特色社会主义进入新时代，我国社会主要矛盾已经转化为人民日益增长的美好生活需要和不平衡不充分的发展之间的矛盾"。我国社会主要矛盾转化是一个具有全局性、战略性的重大政治判断，是基于我国社会发展新的历史定位作出的准确判断。社会主要矛盾变化的重大判断是关系全局的历史性决定，具有深厚的理论依据、历史依据和现实依据。它集中反映了我国社会发展新的阶段性特征，为新时代中国特色社会主义现代化建设提出了明确的目标任务，是制定党和国家大政方针、战略规划的重要依据。

一、新时代我国社会主要矛盾转化的基本依据

1981年，中国共产党十一届六中全会通过的《关于建国以来党的若干历史问题的决议》明确指出："在社会主义改造基本完成以后，我国所要解决的主要矛盾，是人民日益增长的物质文化需要同落后的社会生产之间的矛盾。"[②] 此后，该论述成为定式，为十九大之前的历届党代会报告所延续。党的十九大关于新时代我国社会主要矛盾转化的重要论断，是以习近平同志为核心的党中央对马克思主义矛盾学说的具体运用，是对中国共产党主要矛盾理论的新发展，更是对党和国家事业的新变化，特别是对我国社会供需现状和趋势的变化作出的系统总结与精准研判。

第一，它是马克思主义矛盾学说在中国特色社会主义进入新时代的具体运用。

---

① 习近平：《决胜全面建成小康社会　夺取新时代中国特色社会主义伟大胜利》，《人民日报》2017年10月28日。

② 《中国共产党中央委员会关于建国以来党的若干历史问题的决议》，人民出版社1981年版，第54页。

马克思主义矛盾学说认为，社会是充满矛盾的有机体，在社会发展中矛盾无处不有、无时不在，正是社会矛盾的运动变化推动着社会的发展变化。在《〈政治经济学批判〉序言》中，马克思根据他对纷繁复杂的社会现象和人类社会的历史演进的长期研究，揭示了决定人类社会发展的基本矛盾。他指出，"人们在自己生活的社会生产中发生一定的、必然的、不以他们的意志为转移的关系，即同他们的物质生产力的一定发展阶段相适合的生产关系。这些生产关系的总和构成社会的经济结构，即有法律的和政治的上层建筑竖立其上并有一定的社会意识形式与之相适应的现实基础。物质生活的生产方式制约着整个社会生活、政治生活和精神生活的过程"[①]。马克思这段精辟的论断，概括了社会构成的两对基本矛盾，即生产力与生产关系、经济基础与上层建筑的矛盾。这两对矛盾贯穿社会始终并决定社会性质和社会发展水平。在其矛盾运动中，矛盾的主要方面规定和制约着其他矛盾，解决主要矛盾的过程就是人类社会由低级向高级发展的过程。同时，社会的主要矛盾不是一成不变的，而是随着社会经济文化的发展变化而不断发展变化的，社会主要矛盾的每一次发展变化都会对社会历史发展进程进行一次重新定位，提出新的发展任务，明确新的发展目标，确定新的价值追求。

党的十八大以来，以习近平同志为核心的党中央系统总结我国社会发展的最新变化，科学研判中国特色社会主义所处的最新历史方位，并在党的十九大上作出我国社会主要矛盾发生转化的科学论断。这是中国共产党人坚持和运用马克思主义矛盾学说的基本原理，紧密结合我国改革开放和社会主义现代化建设实际而作出的重大政治判断，既是马克思主义矛盾学说在实践中的具体运用，更是马克思主义矛盾学说在实践中的创新发展。

第二，它是对中国共产党关于社会主要矛盾理论的继承和发展。

对社会主要矛盾进行科学研究和判断，并在此基础上确定党的主要任务和宏伟目标，是中国共产党在革命、建设和改革各个历史时期统一思想、团结奋斗、凝聚人心的宝贵经验。新民主主义革命时期，我们党

[①] 《马克思恩格斯选集》第2卷，人民出版社1995年版，第32页。

以唯物主义的科学态度正确地分析了山河破碎、战乱频仍的半殖民地半封建中国因主权的沦丧而带来的社会腐败、人心颓废和面临民族解体的社会矛盾全局，牢牢把握帝国主义与中华民族、封建主义与人民大众这一社会主要矛盾，制定了一种真正有益于无产阶级革命愿望与解放意志的新民主主义革命总路线，从而保证了革命的顺利发展并最终夺取了新民主主义革命的伟大胜利。新中国成立前后，中国共产党清醒地认识到中国社会主要矛盾已经转变为工人阶级与资产阶级的矛盾，社会主义道路与资本主义道路的矛盾，才确定了社会主义革命的对象、任务，制定了适合中国国情的战略和策略，在中国建立了社会主义制度，实现了中华民族有史以来最为广泛而深刻的社会变革。在中共十一届三中全会这一重大历史转折关头，以邓小平同志为代表的中国共产党人重新对中国国情进行认识，到中共十一届六中全会作出中国社会的主要矛盾是"人民日益增长的物质文化需要同落后的社会生产之间的矛盾"[①] 这一判断，中国共产党才确定了正确的基本路线，开启改革开放和现代化建设的伟业，极大激发了广大人民群众的创造性，极大解放和发展了社会生产力，极大增强了社会发展活力，人民生活显著改善，综合国力显著增强，国际地位显著提高。

党的历史告诉我们，能否科学分析判断中国社会的主要矛盾，关系到党能否正确认识和判断革命，确定建设和改革的主要任务，确定正确的路线方针和政策，实现各个阶段的基本纲领。党的十九大对中国社会主要矛盾变化的科学论断再次体现了中国共产党善于认识历史进程的与时俱进的理论品格，体现了以习近平同志为代表的当代中国共产党人的理论思维达到了新境界。

第三，它是我国社会发展进入新时代的特征体现和经验总结。

经过改革开放40年的快速发展，特别是党的十八大以来，中国特色社会主义取得了举世瞩目的成就，我国社会的面貌发生了巨大变化。我国的经济实力、科技实力、综合国力进入世界前列，经济总量稳居世界

---

① 《十一届三中全会以来历次党代会、中央全会报告、公报、决议、决定》（上），中国方正出版社2008年版，第121页。

第二位，国际地位明显提升，国际影响力显著增强，人民群众的生活环境不断优化、生活水平不断提升、生活质量不断改善，实现了中华民族从站起来到富起来的历史性飞跃。

按照马克思主义人的全面发展理论分析，人的需要满足是由低级向高级不断变化发展的，一般遵循着从物质需要的满足到精神需要的满足，再到自由全面发展需要的满足的发展规律。从当前我国社会经济发展的现实来看，我国人民群众已经解决了温饱，总体实现了小康，正迈步进入决胜全面小康的历史进程之中，人民群众在追求物质文化满足的同时，更加注重民主法治、公平正义、安全稳定、人与自然和谐发展等方面的需要与满足。客观现实也表明，随着社会的发展，人民群众的需求也在不断发生变化，需要的内容更加丰富，需要的质量更加提升，需要的形式更加多元，需要的满足更加个性化。我国社会发展的现实成为以习近平同志为主要代表的中国共产党人提出新时代我国社会主要矛盾转化这一科学论断的直接依据。

二、新时代中国社会主要矛盾转化是变与不变的统一

社会主要矛盾反映的是我国在不同历史阶段人民群众的期望、需求（需求侧）和经济社会发展状况（供给侧）之间的对立统一关系，是确立国家大政方针，促进经济社会发展的重要依据。我国社会主要矛盾转化是对党和国家事业发展起引领和指导作用的重大战略判断，是变与不变的统一。一方面，经过70年的社会主义建设，尤其是改革开放40年来的快速发展，我国社会主要矛盾的需求和生产两个方面各自发生了重大变化，呈现出一些新的特征。另一方面，从社会发展的关键变量看，中国社会发展仍然没有超出社会主义初级阶段范畴，距社会主义现代化强国的目标还有很长的奋斗路程要走。"人民日益增长的美好生活需要和不平衡不充分的发展之间的矛盾"[①] 这一当前社会的主要矛盾仍然是社会主义初级阶段这个历史区间内的矛盾。只有从变与不变的辩证关系中深刻把握我国社会主要矛盾之"变"与基本国情、国际地位之"不变"的辩证

---

① 习近平：《决胜全面建成小康社会 夺取新时代中国特色社会主义伟大胜利》，《人民日报》2017年10月28日。

统一，才能有效克服社会主要矛盾变化的认识误区，把握新时代我国社会主要矛盾转化的真义。

（一）新时代我国社会主要矛盾的"变"

改革开放以来，我国生产力水平得到显著提升，综合国力和国际竞争力极大增强，经济总量稳居世界第二，从生产力到生产关系、从经济基础到上层建筑都发生了意义深远的重大变化。尤其是党的十八大以来，我们党始终坚持把人民对美好生活的向往作为自己的奋斗目标，全面深化改革，解决了许多长期想解决而没有解决的难题，办成了许多过去想办而没有办成的大事，在扶贫减贫、改善民生等领域取得了显著成就，总体上实现了小康并即将全面建成小康社会。人民美好生活需要日益广泛，社会主要矛盾也随之呈现出一系列新情况、新变化、新特点。

第一，"人民日益增长的物质文化需要"发生了变化。从主要矛盾的主体来看，人的需要总是随着经济社会的发展和国家现代化建设的进步而不断发展变化的。一种需要满足了又会产生新的需要。改革开放40年来，我国人民的需要得到了前所未有的拓展和提升。人民生活从短缺经济下的温饱不足发展到许多生活消费品已从短缺变为过剩，十几亿人温饱问题解决了，总体上实现了小康，全面小康也即将建成。人民不仅希望物质文化需求进一步得到满足，而且民主权利、社会公平、公共安全、生态环境等方面的需求也愈益成为人民更迫切的新的需求。因此，"物质文化需要"一词已经无法准确描述人民的全方位需求，而"美好生活的需要"则能够更加客观真实地反映当前人民需求的时代特点。把原来的"人民日益增长的物质文化需要"变为"人民对美好生活的需要"，拓宽了人民需要的领域和范围，更符合现在和将来人民需要日益多样化和多元化发展趋势，也体现了我们党对人民群众期盼关切的及时回应。

第二，"落后的社会生产"发生了变化。无论是1956年党的八大，还是1981年党的十一届六中全会《关于建国以来党的若干历史问题的决议》，都将我国社会主要矛盾中的另一方表述为"落后的社会生产"，而这一表述和判断主要是指当时我国社会生产力水平还比较低、物质和文化产品还较为匮乏的实际。"落后的社会生产"有两层含义：一是指生产本身落后，包括生产规模狭小、生产工具简陋、生产方式落后等；二是指社会生产落后于社会需要，相对人们的需要而言，社会生产是落后的。

回顾改革开放走过的40年路程，中国的发展速度和成就堪称世界发展史上的奇迹。从人均GDP不到200美元，上升到2017年的近9500美元；从一个绝对贫困的国家，变成一个欣欣向荣的世界第二大经济体。党的十八大到党的十九大这五年，我国GDP总量从54万亿元增长到82万亿元，稳居世界第二位，城镇新增就业年均超过1300万人，特别是供给侧结构性改革持续深入，经济结构不断优化，发展的质量效益稳步提升；城镇化率年均提高1.2%，现接近60%；科技成果丰硕，"天宫"、"蛟龙"、"悟空"、"墨子"、5G、大飞机等重大科技成果相继问世，形成了"天眼"探空、"嫦娥"探月、"蛟龙"探海的立体式科技探测体系。同时，中国经济不仅实现自身跨越式发展，更成为全球经济增长的"主引擎"。特别是2008年国际金融危机爆发以来，中国对全球经济增长的年均贡献率超过30%，已经成为稳定世界经济、推动世界经济发展的重要力量。因此，"落后的社会生产"这个过往表述显然已经不符合实际情况了。

第三，解决和处理社会主要矛盾的方法和途径发生了变化。当国家处在生产落后、经济短缺、物质匮乏，人民群众尚未解决温饱的阶段，解决社会主要矛盾的根本途径是用大力发展生产力的办法，改变"落后的社会生产"，扩大物质基础，满足人们物质需求。随着经济的发展，社会主要矛盾的阶段性新变化要求矛盾的解决不能再局限于改变"落后的社会生产"这一单一手段或途径了，而应全面推进整个国家的现代化建设，即物质文明建设、精神文明建设、政治文明建设、社会文明建设和生态文明建设，全方位、宽领域、高质量地满足人民群众日益增长的物质文化需要、民主政治需要、社会和谐需要、生态环保需要和安全保障需要等多种需要。在解决和处理社会主要矛盾的方法和途径上，不仅要从过去突出强调发展社会生产转向全面推进整个现代化建设，而且要在从单纯注重做大"蛋糕"转向做大"蛋糕"的同时重视分好"蛋糕"，进一步推进供给侧结构性改革，实施乡村振兴发展战略，区域协调发展、可持续发展战略，特别是要坚决打好防范化解重大风险、精准脱贫、污染防治的攻坚战，如期全面建成小康社会，不断满足人民群众日益增长的美好生活需要。

总之,从"物质文化需要"到"美好生活需要",从"落后的社会生产"到"不平衡不充分的发展",关注的光圈变大了,问题的对焦却更精准。这一关系全局的历史性变化,是对五年来中国发展历史性成就和变革的深刻总结,也是对近40年来改革发展成果的历史回应,更是对未来中国发展方向、发展目标的精准定位。

(二)新时代我国社会主要矛盾的"不变"

任何事物的发展都是从量变到质变的过程,量变是质变的前提和必要准备。在根本的性质不变的前提下,即在量变阶段,还会发生部分质变,这部分质变就显示出事物发展的阶段性。习近平总书记在党的十九大报告中明确指出:"我国仍处于并将长期处于社会主义初级阶段的基本国情没有变,我国是世界最大发展中国家的国际地位没有变。"① 这"两个没有变"既是对我国发展历史方位的准确把握,也是我们理解新矛盾的钥匙,更是我们化解新矛盾和实现新目标必须牢牢立足的最大实际。"两个没有变"深刻说明了新时代中国特色社会主义的主要矛盾只是发生了阶段性的量变,并没有发生根本性的质变,它仍然是具有鲜明社会主义初级阶段性质的主要矛盾,仍然是在世界最大发展中国家发展过程中产生的主要矛盾,只不过相较于过去,它有了新的时代特征和表现形式。因此,要把从战略定力上讲的"没有变"和具体实践中的"不断变"区别开来。在看到中国社会主要矛盾"变"的同时,还要看到其性质上的"不变"。

第一,社会主要矛盾转化没有改变我国社会主义仍然处在初级阶段的实际。我国社会主义初级阶段,是指我国在生产力落后、市场经济不发达条件下建设社会主义必然要经历的特定阶段。党的十一届三中全会以后,中国共产党人继承马克思主义经典作家关于社会主义发展阶段的思想,深刻总结世界上第一个社会主义国家建立以后的历史发展,特别是中国社会主义建设曲折发展的历史经验和教训,从社会性质和发展程度相统一的角度,作出了"我国正处于并将长期处于社会主义初级阶段"的科学判断,从整体上解决了我国社会主义发展的现实起点问题。党的

---

① 习近平:《决胜全面建成小康社会 夺取新时代中国特色社会主义伟大胜利》,《人民日报》2017年10月28日。

十三大召开前夕,邓小平在会见意大利共产党领导人的谈话中强调:"我们党的十三大要阐述中国社会主义是处在一个什么阶段,就是处在初级阶段,是初级阶段的社会主义。社会主义本身是共产主义的初级阶段,而我们中国又处在社会主义的初级阶段,就是不发达的阶段。一切都要从这个实际出发,根据这个实际来制订规划。"① 社会主义初级阶段的显著特征是什么?邓小平曾明确指出,社会主义初级阶段的显著特征是"不发达"。这个"不发达"主要是指生产力不发达,但又不仅仅是指生产力不发达,而是包括人民生活的方方面面,具体表现为生产力水平不先进、综合国力不强大、人民生活水平不高、社会有效供给不足、社会结构与地区发展不平衡等等。

改革开放以来,虽然我国发展取得了翻天覆地的变化,从生产力到生产关系、从经济基础到上层建筑都发生了意义深远的重大变化,但总的说来,我国还没有从根本上摆脱不发达的状态,仍然带有社会主义初级阶段的明显特征。社会主要矛盾的跃迁或深化,并没有改变我国的基本国情。比如,我国工业化的历史任务没有完成,总体上仍处于工业化的中期阶段,产业结构层次低,发展方式粗放;城乡之间、区域之间发展很不平衡,差距较大;城乡二元结构的状况没有根本改变,城市化水平较低,城镇化质量不高;人均国内生产总值在全球的排名仍然比较靠后,还属于中等收入国家;自主创新能力不强,总体科学技术水平、国民教育水平和文化素质还不高;等等。以上这些问题说明,发展仍是解决我国一切问题的关键。新时代我国社会矛盾的转变并没有改变我国社会主义初级阶段的基本国情,社会主义初级阶段仍然是当前把握我国发展历史方位的出发点。甩掉了"落后"的帽子并不等于进入了发达阶段,发达与不发达是相对应的,而落后和不发达是两个有差别的概念。这就决定了我们"必须坚持以经济建设为中心,坚持以人民为中心的发展思想,聚精会神抓好发展这个党执政兴国的第一要务,实现更高质量、更有效率、更加公平、更可持续的发展"②,而绝不能脱离现实、盲目乐观。

第二,社会主要矛盾转化没有改变我国的国际地位。国际地位指的

---

① 《邓小平文选》第三卷,人民出版社1993年版,第252页。
② 《习近平关于社会主义经济建设论述摘编》,中央文献出版社2017年版,第11页。

是一个国家在国际关系体系中所处的位置，它是实现国家利益的基础，也是衡量一个国家综合国力的重要标准。改革开放以来，伴随着综合国力和国际竞争力的提升，我国的国际地位和国际影响力得到显著提升，尤其是党的十八大以来，以习近平同志为核心的党中央统筹国内国外两个大局，带领中国坚持走和平发展道路，探寻全球治理的新渠道；秉持"和平发展"愿景，构建健康稳定的大国关系框架；秉持"共商、共建、共享"原则，积极推进"一带一路"建设，发起成立亚洲基础设施投资银行等新型多边金融机构；秉持"亲、诚、惠、容"周边外交理念，深化同周边国家的互利合作和互联互通；秉持"开放包容、合作共赢"的精神，持之以恒推进经济、政治、人文合作；走出一条以打造"人类命运共同体"为目标遵循，以构建合作共赢的"新型伙伴关系"为核心内涵，以"一带一路"倡议为践行路径的中国特色大国外交之路，不断为解决全球问题贡献中国智慧。当今中国，前所未有地接近世界舞台的中心，国际影响力空前提升。

欣喜之余，我们还要清醒地看到，不管是从人均GDP、国民可支配收入、创新能力，还是发展的质量和可持续性等方面来看，我们和发达国家还存在不小的差距，实现中等发达国家发展水平的目标仍然任重道远。一方面，虽然我国经济总量已跃居世界第二，进入了中等收入国家行列，但人均国内生产总值仍排在世界第70位左右，仅相当于全球平均水平的2/3、美国的1/7，远低于发达国家水平。同世界发达国家相比，我国的自主创新能力还不强，在一些科技领域已接近或达到世界先进水平，但整体水平与发达国家尚有较大差距。另一方面，从国际局势来看，虽然我国国际话语权稳步提升，并成为新体系下国际力量的平衡者，但仍然没有根本扭转在国际政治经济关系中受发达国家制约的状况。中国进入更加全面开放的时代的同时，也进入了西方媒体丑化中国、妖魔化中国、西化中国、分化中国的空前挑战时代[1]。客观来讲，中国在世界上的形象很大程度上仍是"他塑"而非"自塑"，在国际上还处于"有理说不出，说了传不开，传开叫不响"的尴尬境地。

---

[1] 胡鞍钢：《中国道路与中国梦想》，浙江人民出版社2013年版，第61页。

因此，无论从劳动生产率、国土生产率、人均占有率，还是生产力质量看，我国在世界上仍居中等发展水平，称不上"发达国家"，是名副其实的发展中国家，这种国际地位将会在很长一段时间内保持不变。

第三，主要矛盾转化没有改变党在社会主义初级阶段的基本路线。如前所述，人们的需要发生了重大变化。但"变"中仍然有其"不变"的两个方面：一方面，物质需要还远远没有得到根本解决，仍然是需要的重要内容。当我们说今天的财富已大大丰富、人民群众的生活水平也大大提高时，我们主要是相对于过去长期的缺衣少食而言。实际上，人们的物质需要远远不止于此，比如相当一部分人的住和行还没有解决或没有根本解决。与发达的东部沿海和城市并存的还有地域更广的落后的中西部和农村，有些地区和部分人群甚至连基本生存的物质需要问题还尚未完全解决。另一方面，发展生产仍是新时代满足人民美好生活的基本前提。人民对美好生活的需要是一个内涵与外延都极其丰富的范畴，但人民日益增长的美好生活需要的满足最终也必须建立在充分的物质基础之上。虽然"落后的社会生产"已经不再是我国社会主要矛盾的主要方面，虽然我国社会生产已经彻底甩掉了"落后"的帽子，但发展问题依然突出。主要矛盾的转化并不意味着矛盾的淡化或缓和，而是以一种更复杂、更全面的形式呈现出来。

社会主义的基本矛盾没有变，决定了我们仍处于社会主义初级阶段，也就决定了发展仍是解决我国一切问题的关键。因此，我们要继续坚持以"一个中心，两个基本点"为主要内容的社会主义初级阶段的基本路线，坚持稳中求进工作总基调，贯彻新发展理念，为人民的政治、文化、社会、法制、生态等各方面多层次美好生活需要奠定坚实的物质基础。关于这一点，我们必须保持清醒的认知。

第五节　社会主要矛盾的转化是中国特色社会主义进入新时代的主要依据

党的十九大之所以作出"中国特色社会主义进入新时代"的重大政治判断，根本依据正在于社会主要矛盾已经发生转化这一基本的历史事实。或者说，正是基于对社会主要矛盾已经发生转化这一基本历史事实及时而准确的把握，才有了中国特色社会主义进入新时代这一科学定位。在新时代中国特色社会主义的大背景下，我们应该更加准确、全面地把握当前我国社会主要矛盾的基本特点。

第一，"人民日益增长的美好生活需要"全面超越了过去"人民日益增长的物质文化需要"的内涵和外延。

"人民日益增长的美好生活需要"从字面上来理解，其展现了在内容及发展程度上量的提升和质的飞跃。众所周知，中国特色社会主义是从物质极为匮乏、商品异常短缺的历史条件下起步的。在商品短缺、物质匮乏的时代，所谓人民日益增长的"物质文化需要"，更多的是物质层面的需要，是解决吃饭穿衣等基本生存问题。与此相比，人民日益增长的"美好生活需要"，则是既包含又超越了物质需要的更高级、更宽泛的需要。

对于"美好生活需要"，党的十九大报告是这样阐述的："人民美好生活需要日益广泛，不仅对物质文化生活提出了更高要求，而且在民主、法治、公平、正义、安全、环境等方面的要求日益增长。"[①] 这里有两层意思：一是人民需要的内涵大大扩展。"美好生活需要"已经不仅仅表现为满足基本生活的物质文化这些硬性需要，还表现为在此基础上衍生出的人民的参与感、公平感、安全感、幸福感、获得感等软性需要。人民的需要，已经从物质文化领域扩大到物质文明、精神文明、社会文明、制度文明和生态文明各个领域。二是人民需要的层次大大提升。在告别了短缺经济时代后，人民追求质量更高的生活，比如更好的教育、更稳定的工作、更满意的收入、更可靠的社会保障、更高水平的医疗卫生服务、更舒适的居住条件、更优美的环境、更丰富的精神文化生活。这些需求是多样化、个性化、多变性、多层次的。换言之，人民的"美好生活需要"，不仅包括物质文化上的满足，也包括"民主、法治、公平、正义、安全、环境等方面"的内容；不仅对物质文化生活提出了更高要求，而且对民主法治、公平正义等的要求日益增长，人民需要的层次大大提升。这是中国特色社会主义进入新时代的一个显著特征。

[①] 习近平：《决胜全面建成小康社会 夺取新时代中国特色社会主义伟大胜利》，《人民日报》2017年10月28日。

第二，同"落后的社会生产"相比，"不平衡不充分的发展"是层次更高、领域更广的发展问题。

社会主要矛盾和社会主义所处历史阶段的关系问题，是一个复杂的理论和实践问题。党的十九大报告对我国社会主要矛盾表述的转变，客观地反映了现阶段我国社会需求和社会生产两方面的实际变化。把握社会主要矛盾变化，关键是全面准确理解"不平衡不充分的发展"。

所谓发展不平衡，从区域发展上看，有的地方快一些，有的地方慢一些，生产力布局还不平衡，比如城市和乡村，东部和西部。从发展各领域来看，既有达到甚至引领世界先进水平的生产力，也有大量传统的和相对落后的生产力；既存在产能过剩的情况，又存在有效供给不足的问题，特别是在群众就业、教育、医疗、居住、养老等方面面临不少难题，社会文明和生态文明建设领域还有不少明显的短板。从发展成果的共享看，不同群体之间也有不平衡，比如收入分配差距依然较大，贫富差别比较明显，社会上存在不少困难群众和弱势群体，还有 3 000 多万贫困人口尚未脱贫。

所谓发展不充分，主要指创新能力不够强，实体经济水平有待提高，发展的能力和水平还需要加强，发展质量和效益还不高，转变发展方式还处于攻坚阶段，客观上还存在发展不够稳定和不持续的情况。这就要求社会生产必须向形态更高级、结构更复杂、分工更合理、产品更精细、供给更有效的方向发展；这就要求激发全社会创造力和发展活力，努力实现更高质量、更有效率、更加公平、更可持续的发展。

新的社会主要矛盾的产生，意味着中国告别了物质需要占主导地位的时代，迎来了更加多样化的"美好生活需要"占主导地位的时代，体现的是中国社会发展划时代的进步。与此同时，划时代的进步也给我们带来了前所未有的挑战。"不平衡不充分的发展"问题的解决过程会更复杂，遇到的问题会更多，遭受的挑战会更大，需要的努力会更为艰辛，这也对新时代党的执政使命提出了更高的要求。

第三，从当前社会主要矛盾的内部关系看，"不平衡不充分的发展"已经成为满足"人民日益增长的美好生活需要"的主要制约因素，在矛盾中居于主导地位。

马克思主义唯物辩证法认为,任何社会都是在矛盾运动中发展的。其中,社会主要矛盾居主要地位、起支配作用,具有根本性和全局性的特征,其存在和发展影响和制约着社会其他矛盾,因而既是划分社会不同发展阶段的根本依据,也是不同社会发展阶段的主要特征。只有准确把握社会主要矛盾,才能准确把握社会的基本特征,从而制定既符合实际而又具有前瞻性的奋斗目标和根本任务,达到有效化解社会矛盾、实现社会稳定的目的。

90多年来,我们党正是根据不同时期社会主要矛盾的特点,及时确定新的奋斗目标,制定新的发展战略,从而推动中华民族实现了从站起来到富起来再到强起来的历史性飞跃。现在,人民日益增长的需要已经不再简单局限于物质和文化两方面,也不能再把社会生产笼统说成是落后的;制约人民日益增长的美好生活需要的主要因素,已经变成发展的不平衡不充分问题。正是因为这些新情况,使我国社会主要矛盾发生了转化,在社会主义初级阶段中明显产生了一个新的阶段,中国特色社会主义由此进入了新时代。

第四,从未来社会矛盾的发展方向来看,这一主要矛盾将在当前和今后一个比较长的时期内存在。

社会主要矛盾转化是一个从量变到质变的渐进过程,社会主要矛盾的解决也是一个复杂的长期过程。从改革开放近40年的历史进程看,我国社会主要矛盾的转化,归根结底是来自社会生产力突飞猛进的发展。然而,随着我国改革进入攻坚期和深水区,各种深层次矛盾叠加涌现。前进道路上,我们面临的挑战和风险仍然很严峻,实现到本世纪中叶建成富强民主文明和谐美丽的社会主义现代化强国的第二个百年目标依然任重道远。

作为中国特色社会主义理论体系宝库中的思想和认识利器,我国社会主要矛盾转化的这一著名论断基于我国仍处于并将长期处于社会主义初级阶段的基本国情没有变,我国是世界最大发展中国家的国际地位没有变的现实状况的科学精准判断。在社会主义初级阶段,区域发展、城乡发展、经济与社会发展、人与自然和谐发展之间不平衡不充分的严峻现实问题仍将长期存在,地区差距、行业群体收入差距在一定时空某些时段还可能存在拉大、加剧的趋势。人民"美好生活需要"是个动态的增量，即使旧矛盾解决了，新的矛盾又会继续产生。因此，社会主要矛盾的解决不可能一蹴而就，人民日益增长的美好生活需要和不平衡不充分的发展之间的矛盾将会贯穿我国社会主义初级阶段的整个过程和社会生活的各个方面。我们要着眼于实现第二个百年奋斗目标的本世纪中叶来估计这一矛盾存在的长期性，并以永不懈怠的精神状态和一往无前的奋斗姿态迎接新挑战、开启新征程。

第六节　对新时代社会主要矛盾的新判断表明了我们党的使命与担当

办好中国事情，关键在党，关键在党要有矢志不渝地直面问题并解决问题的使命和担当。从解决温饱到全面小康，人民的需求更加多元，层次不断提升。显然，与之前的社会主要矛盾相比较，新的社会主要矛盾解决起来难度更大，也更为复杂。勇于把这一矛盾变化揭示出来，中国共产党以这样的方式展现着高度的使命自觉和责任担当。

一、实事求是的精神

实事求是作为中国共产党的思想路线，是中国化马克思主义的精髓和灵魂，是党执政兴国的基本前提和根本保证。90多年来，我们党始终坚持实事求是的精神，不断推动马克思主义基本原理与中国革命、建设和改革的具体实际相结合，成功地开辟了具有中国特色的革命和建设道路，推动马克思主义中国化取得了举世瞩目的成就。毛泽东指出："'实事'就是客观存在着的一切事物，'是'就是客观事物的内部联系，即规律性，'求'就是我们去研究。我们要从国内外、省内外、县内外、区内外的实际情况出发，从其中引出其固有的而不是臆造的规律性，即找出周围事变的内部联系，作为我们行动的向导。"① 邓小平也指出："过去我们搞革命所取得的一切胜利，是靠实事求是；现在我们要实现四个现代化，同样要靠实事求是。"② 党的十八大以来，以习近平同志为核心的党中央坚持将实事求是作为带领全党和广大人民群众科学把握共产党执政

---

① 《毛泽东选集》第三卷，人民出版社1991年版，第801页。
② 《邓小平文选》第二卷，人民出版社1994年版，第143页。

规律、社会主义建设规律、人类社会发展规律的基本遵循和重要法宝。2013年12月，习近平在纪念毛泽东诞辰120周年座谈会上发表重要讲话，再次强调"实事求是，是马克思主义的根本观点，是中国共产党人认识世界、改造世界的根本要求，是我们党的基本思想方法、工作方法、领导方法。不论过去、现在和将来，我们都要坚持一切从实际出发，理论联系实际，在实践中检验真理和发展真理"[①]。

面对国内外形势的复杂深刻变化和广大人民群众的现实利益诉求，以习近平同志为核心的党中央深刻认识和准确把握我国社会发展中存在的不平衡不充分、收入分配差距较大、生态环境有待改善等一系列现实问题，创造性地作出我国社会主要矛盾发生转化的重大政治判断，并系统回答了新时代解决社会主要矛盾的方向与重点。对我国社会主要矛盾转化的新认识是新一代中国共产党人立足中国社会现实问题，在五年成就与当前发展的历时共时双维把握中，在对21世纪中国特色社会主义关于改革发展稳定、内政外交国防、治党治国治军等一系列现实问题和实践困境的观察反思中逐渐形成的理论概括和思想结晶，不仅进一步创造性地推进了马克思主义中国化的理论成果，更充分彰显与释放了马克思主义的真理光芒。

二、直面矛盾的勇气

今天，我们比历史上任何时期都更接近、更有信心和能力实现中华民族伟大复兴的目标。同时，随着中国特色社会主义进入新时代，我国的社会主要矛盾发生转化，党在治国理政中面临的复杂形势和任务变得更加艰巨。矛盾是客观存在的，但并不等于说我们对这些矛盾和问题无所适从、无能为力。任何矛盾问题的产生和消亡都有其自身的发展规律，能不能化解这些矛盾，关键看我们党有没有直面矛盾的勇气和勇于担责的魄力。如果整日沉迷于既已取得的成就而沾沾自喜，一味粉饰太平、盲目乐观，矛盾必将由小变大，积少成多，最终给党和国家事业带来严重破坏。为此，习近平总书记在党的十九大报告中强调："我们党要团结

---

① 习近平：《在纪念毛泽东同志诞辰120周年座谈会上的讲话》，《人民日报》2013年12月27日。

带领人民有效应对重大挑战、抵御重大风险、克服重大阻力、解决重大矛盾,必须进行具有许多新的历史特点的伟大斗争,任何贪图享受、消极懈怠、回避矛盾的思想和行为都是错误的。"①

适应新时代我国社会主要矛盾变化,党的十九大报告明确提出坚持和发展新时代中国特色社会主义的十四条基本方略:明确坚持和发展中国特色社会主义,总任务是实现社会主义现代化和中华民族伟大复兴,在全面建成小康社会的基础上,分两步走在本世纪中叶建成富强民主文明和谐美丽的社会主义现代化强国;明确新时代我国社会主要矛盾是人民日益增长的美好生活需要和不平衡不充分的发展之间的矛盾,必须坚持以人民为中心的发展思想,不断促进人的全面发展、全体人民共同富裕;明确中国特色社会主义事业总体布局是"五位一体",战略布局是"四个全面",强调坚定道路自信、理论自信、制度自信、文化自信;明确全面深化改革总目标是完善和发展中国特色社会主义制度、推进国家治理体系和治理能力现代化;明确全面推进依法治国总目标是建设中国特色社会主义法治体系、建设社会主义法治国家;明确党在新时代的强军目标是建设一支听党指挥、能打胜仗、作风优良的人民军队,把人民军队建设成为世界一流军队;明确中国特色大国外交要推动构建新型国际关系,推动构建人类命运共同体;明确中国特色社会主义最本质的特征是中国共产党领导,中国特色社会主义制度的最大优势是中国共产党领导,党是最高政治领导力量,提出新时代党的建设总要求,突出政治建设在党的建设中的重要地位。这既体现出新一届党中央直面矛盾变化的勇气,也是中国共产党人勇于承担责任,敢于化解矛盾的勇气和担当。

三、勇担使命的担当

近代以来,中华民族面临两大根本任务:一是求得民族独立和人民解放,二是实现国家繁荣富强和人民共同富裕。中国共产党自诞生之日起就一直致力于完成这两大历史使命,带领中国人民克服艰难险阻,从胜利走向新的胜利。以新中国的成立为标志,中国共产党带领中国人民

---

① 习近平:《决胜全面建成小康社会 夺取新时代中国特色社会主义伟大胜利》,《人民日报》2017年10月28日。

完成了"民族独立和人民解放"这一历史使命。改革开放以来,历史的潮流将中华民族的发展推向了更高的起点,历代中国共产党人在深入推进改革开放中,在始终坚持中国特色社会主义道路中,带领全国各族人民向着更伟大的历史使命前进。

党的十八大以来,以习近平同志为核心的党中央根植中华传统文化沃土,承接近代以来的历史使命,立足全面建成小康社会和宏大国际视野,明确提出"实现中华民族伟大复兴的中国梦"这一宏伟战略目标,带领全国各族人民向着"国家富强、民族振兴、人民幸福"的伟大历史使命奋力进发。正如习近平总书记所说:"实现中华民族伟大复兴,就是中华民族近代以来最伟大的梦想。这个梦想,凝聚了几代中国人的夙愿,体现了中华民族和中国人民的整体利益,是每一个中华儿女的共同期盼。"[①]

中国梦归根结底是每一个中国人的梦。中国梦要靠一个个实实在在的民生问题的改善,一个个人民福祉的达成来最终实现。然而,由于我国发展的不平衡不充分,新时代人民群众在物质文化极大丰富的基础上产生的日益增长的美好生活需求还无法得到有效满足,这已经成为满足人民日益增长的美好生活需要的主要制约因素。这些矛盾解决不好,会严重影响"两个一百年"奋斗目标的完成。因此,进行反思和总结,及时提出问题、解决矛盾十分迫切。党的十九大对社会主要矛盾的新认识,适应了新时代社会发展的基本规律,把满足人民的美好生活需要作为新时代全党奋斗目标,并专门对新时代党的历史使命作出新的概括,体现出我们党不忘初心、勇担使命的庄严承诺。

四、解决问题的自信

习近平总书记指出:"有问题不可怕,可怕的是不敢直面问题,找不到解决问题的思路。"[②] 中国共产党在90多年的革命、建设和改革开放历程中,推动了国家建设现代化、民生福祉改善和党的现代化,形成了包括理论自信、制度自信、道路自信、文化自信的中国自信,实现了中华民族从站起来、富起来到强起来的历史性飞跃。我们党从来都不回避矛

---

① 中共中央文献研究室:《习近平关于实现中华民族伟大复兴的中国梦论述摘编》,中央文献出版社2013年版,第3页。

② 习近平:《坚定引领世界经济和全球化正确方向》,《人民日报》2017年1月21日。

盾，而是敢于直面问题，并致力于找到解决问题的思路方法。党的十九大对社会主要矛盾的新认识，正是彰显了中国共产党直面问题、解决问题的强大自信。

这种自信，彰显着党解决问题、推动发展、应对风险、纠正错误的能力。这种自信是由党的领导和党的建设中的革命性、先进性、科学性、创造性特点支撑的，也是由中国"五位一体"发展所取得的伟大成就、十八大以来党领导开辟的中国特色社会主义事业新成就和引领的新时代熔铸而成的。

这种自信，源于党对人类社会发展规律、社会主义建设规律和党的执政规律的科学理解、准确把握和大胆探索，源于革命性、实践性和科学性相统一的政治过程。它表明我们党有能力形成符合时代需要的政党目标及其实现路径，有能力运用先进理论和实践经验解释并展现政治发展，形成发展道路，明确发展阶段，解决社会矛盾，并由此获得社会支持和参与。

这种自信，反映了党实现自我净化、自我完善、自我革新、自我提高的能力。任何政党在自身发展和执政过程中，都不可避免会出现这样那样的问题。"中国共产党之所以伟大，不在于不犯错误，而是从不讳疾忌医，敢于直面问题，具有自我修复的能力。"① 党的十八大以来，以习近平同志为核心的党中央牢牢把握加强党的执政能力建设、先进性和纯洁性建设这条主线，深入推进全面从严治党，以自我革命的政治勇气着力解决党自身存在的突出问题，保证了党在新时代社会主要矛盾解决过程中的坚强领导核心地位。

这种自信，最终体现为党性和人民性的统一。人民的拥护和支持是党治国理政的最牢固根基，党在推进中华民族伟大复兴的过程中厚植人民永远跟党走的根基，通过深入群众、组织群众和动员群众实现了党在不同历史阶段的目标，在依靠和服务人民群众中密切了党和人民群众的血肉关系。习近平总书记始终坚持以人民为中心的价值追求，将人民对美好生活的向往作为奋斗目标，从而获得了解决新时代社会主要矛盾问题的不竭动力。

---

① 王岐山：《全面从严治党 承载起党在新时代的使命》，《人民日报》2016年11月8日。

第四章　新时代我国社会主要矛盾的科学内涵及其表现

党的十九大对我国社会主要矛盾的转化作了科学的概括，正确理解新时代我国社会主要矛盾的科学内涵及其在现实中的具体表现，是我们探索解决这一矛盾的前提和基础，也是我们正确认识新时代中国特色社会主义的重要前提。因此，我们必须全面、系统、科学地认识和把握新时代我国社会主要矛盾的内在要素及其相互关系，正确认识这一新的社会矛盾对新时代中国特色社会主义建设的影响和规定性。

第一节　人民日益增长的美好生活需要的内涵及其特点

一、新时代"美好生活"的科学内涵

党的十九大报告指出，"中国特色社会主义进入新时代，我国社会主要矛盾已经转化为人民日益增长的美好生活需要和不平衡不充分的发展之间的矛盾"[1]。这是对于我国已经延续了30多年关于社会主要矛盾表述的首次转化。早在中国共产党第十八届中央委员会第一次全体会议后的记者招待会上，习近平总书记就首次提出了"人民对美好生活的向往，就是我们的奋斗目标"[2]。进入新时代，美好生活这一概念被提升到战略高度，成为下一阶段我国社会主义现代化建设的核心目标。

美好生活这一概念由来已久，一直以来被广泛应用于各种语境之中，常代表人们对理想、幸福生活的一种描述。从学理基础上而言，美好生

---

[1]　习近平：《决胜全面建成小康社会　夺取新时代中国特色社会主义伟大胜利》，人民出版社2017年版，第11页。
[2]　《习近平谈治国理政》，外文出版社2014年版，第4页。

活这个概念主要是在哲学范畴中被探讨的,同时也见于社会学、心理学、政治学、生态学等领域。社会学家关注幸福或美好生活的社会评价指标体系,政治学家以幸福等理念作为执政方略,心理学家则关注个体幸福的内心指数。有意思的是,美好生活这个概念,一方面具有哲学视域中阳春白雪的理性之光,另一方面也因为关注个体与日常,浸透了亲民与务实的气息。

相当一部分对美好生活概念的探讨都是从哲学范畴上来看的。一方面,对美好生活的表述与历史唯物主义中有关生产与生活、人类社会发展规律、马克思主义发展观与幸福观等方面的内容相对应。首先,美好生活符合历史唯物主义中关于生活方式的理论要求。马克思认为,生产方式在更大程度上是人们生活方式的体现,生产与生活是统一的。正如《德意志意识形态》中指出,"人们用以生产自己的生活资料的方式,首先取决于他们已有的和需要再生产的生活资料本身的特性。这种生产方式不应当只从它是个人肉体存在的再生产这方面加以考察。更确切地说,它是这些个人的一定的活动方式,是他们表现自己生命的一定方式、他们的一定的生活方式。个人怎样表现自己的生命,他们自己就是怎样。因此,他们是什么样的,这同他们的生产是一致的——既和他们生产什么一致,又和他们怎样生产一致"[①]。这表明马克思的历史唯物主义关注的始终是现实的人及其历史过程,人的特有生命活动形式和存在方式是生产,因而人的现实生活是围绕生产活动而展开,而生产活动归根结底服务于人的生活。其次,对美好生活的追求是马克思主义形成和发展的重要动力。马克思主义认为共产主义最终的奋斗目标就是解放全人类,实现人的自由而全面发展,因为"无产阶级的运动是绝大多数人的,为绝大多数人谋利益的独立的运动"[②],对美好生活的追求是人类社会发展的基本价值取向,也是全人类的共同目标。最后,从关于马克思主义发展观和幸福观的论述来看,美好生活的提出充分体现了马克思主义理论体系中价值立场的人民性与正义性。马克思主义幸福观认为,劳动是创造幸福的源泉,幸福是物质与精神的统一,是个体与社会的契合,是人

---

① 《马克思恩格斯选集》第1卷,人民出版社2012年版,第147页。
② 《马克思恩格斯选集》第1卷,人民出版社2012年版,第411页。

的自由全面发展，这在本质上就是美好生活的体现。从马克思主义发展观角度来看，社会发展是一种自然历史过程，人的自觉活动在社会发展中起着重要的作用，而人的发展是社会发展的核心和最高目标。这种科学的发展理论将个人需要和社会发展有机结合起来，充分论证了美好生活是人类社会发展的根本追求。

古今中外的哲人大都对美好生活有自己的思考。苏格拉底向往着"至善的生活"，柏拉图崇尚构建真、善、美一体的理想生活，而在《政治学》中，亚里士多德设想了一个理想的城邦，在那里有良好的秩序，人们追求正义。奥古斯丁的"上帝之城"、近代哲学家构建的"理性王国"、海德格尔赞美的"诗意栖居的生活"、莫尔的"乌托邦"、康帕内拉的"太阳城"、约翰逊的"伟大社会"，以及费尔巴哈对人追求幸福生活欲望的肯定，都是哲学家们以理性思维和人文价值观，基于自己的生活体验对生活这一哲学核心命题的探讨。对美好生活的追求也贯穿在中国传统文化与社会发展的历史中。儒家思想表述中的"大同世界"就具有平等、正义、和谐的理念，孔子将自己对美好生活的表述体现在克己复礼、推己及人、安贫乐道等个体修养中；道家的美好生活是老子口中"小国寡民"式的生活，是一种没有战争和剥削、人人平等、各得其所、安居乐业、恬淡和美的生活；佛家的美好生活则强调"超脱"，以个体修行逃离至彼岸世界。可以说一部人类历史，就是对美好生活的追求史。

美好生活这一概念是社会科学领域共同关注的话题。与美好生活相近的幸福（感）、幸福生活这些相似概念由来已久，常被用来解释、代替美好生活，而且这些相关研究已有一定的规模。在新时代美好生活提出以后，以往有关社会发展目标的表述，如和谐社会、小康社会，也有必要对它们进行考察和比较。因此，厘清美好生活与这些概念的区别是讨论美好生活内涵的前提。在这里，我们选取了常见的与美好生活概念表述相似或相关的几个概念来进行论述，包括：幸福（生活）、小康社会、和谐社会、获得感、幸福感、安全感。

幸福，包括由此引申的幸福感、幸福指数（指标）、幸福生活都是此前较为常见的类似概念。相当多的学者关注了马克思主义中的幸福观，有学者认为马克思话语体系中的幸福源于劳动，人的幸福是物质与精神的统一；个体幸福和社会幸福是辩证统一的，幸福最终的实现方式是人的自由全面发展①。有学者认为马克思主义的幸福观包括经济幸福、政治幸福、文化道德幸福、生态幸福和幸福的旨归五个方面。其中经济幸福是物质基础，政治幸福是保障，文化道德幸福是精神动力，生态幸福是幸福的自然条件，而这一切的幸福旨归是实现人的自由全面发展②。

也有学者从幸福的一般含义入手，探究幸福的本质，力求从根本上概括幸福的实质性内涵。如丁心镜认为，幸福就是"生活得好"，幸福具有鲜明的主体性，是个体的"活性体现"，是在实现个人愿望和需求时的一种生理、心理、伦理、精神的和谐平衡的正生态，是主体与社会、自然相互协调、天人合一的自知、自觉、自主、自为、自由的理想境界。因此，现代主体的幸福包括生理幸福、心理幸福、伦理幸福和精神幸福四个方面，而构建现代主体幸福系统，需要建立教育、家庭和社会的幸福生态系统③。也有学者将幸福的本质总结为真善美的和谐统一，认为幸福是主客观的统一体，既强调客观基础，又考量个体的主观感受。幸福的特征可以总结为终极性、和谐性两方面，其中终极性表现为它的自成目的性，和谐性则体现为人的生存发展之"完满"，和谐是幸福的应有之义④。

还有一部分学者认为幸福具有一定的主观性，如何衡量幸福的感知度事关幸福如何实现，主要关注了幸福如何评价和衡量的操作性问题。学者梁兴辉通过一系列针对幸福指数的测量方法进行综合分析，得出GDP仍然是影响幸福指数主要因素的结论，研究也指出，社会公平，尤其是收入分配也对幸福指数有着显著的影响；另外社会保障、公民参与的扩大也与幸福指数呈现正相关关系⑤。汤凤林则归纳了中国居民的幸福感影响因素，共提炼了包括经济发展状况、通货膨胀程度、社会整体就业形势、政府公共政策、宪政民主、城镇化程度、环境质量、气候条件

---

① 陈亚玲、胡爱丽：《马克思的幸福观及其当代价值》，《甘肃社会科学》2014年第4期。
② 喻包庆：《马克思恩格斯的幸福观及其当代启示》，《江汉论坛》2014年第5期。
③ 丁心镜：《现代社会生活的幸福解读》，《求索》2014年第8期。
④ 王艺：《试论幸福的本质》，《青海社会科学》2012年第6期。
⑤ 梁兴辉、车娟娟：《幸福指数测量方法研究综述》，《山西财经大学学报》2012年第S4期。

等宏观层面的经济社会因素以及微观层面的年龄、性别、收入水平、健康状况、婚姻状况、教育程度、宗教信仰和社会信任等个体特征因素[①]。对照幸福（生活）等相关概念的研究来看，其实质内核与美好生活是一致的，都旨在追求一种令人满足的、理想的生活；但是纵观幸福（生活）的表述，这些概念更多地体现了主观性、形而上学性，较为笼统，其对生活本身的关注度、具体性有所欠缺。

全面建设小康社会、构建和谐社会也是我国在社会主义现代化建设进程中提出的，二者与美好生活的概念具有内在的一致性和发展的延续性。可以肯定的是，美好生活的提出并不是对小康社会及和谐社会的否定和替代，而是在此基础上的进一步完善，实现美好生活是与全面建设小康社会、促进社会和谐同时进行、共同完成的。

首先，关于小康社会，最早是邓小平同志在1979年12月6日会见日本首相大平正芳时使用"小康"来描述中国式现代化的。他说："我们要实现的四个现代化，是中国式的四个现代化。我们的四个现代化的概念，不是像你们那样的现代化的概念，而是'小康之家'。到本世纪末，中国的四个现代化即使达到了某种目标，我们的国民生产总值人均水平也还是很低的。要达到第三世界中比较富裕一点的国家的水平，比如国民生产总值人均一千美元，也还得付出很大的努力。就算达到那样的水平，同西方来比，也还是落后的。所以，我只能说，中国到那时也还是一个小康的状态。"[②] 1984年，他又进一步补充说："国民生产总值人均达到八百美元，就是到本世纪末在中国建立一个小康社会。"[③]

20世纪90年代中期，国家统计局会同国家计委和农业部共同制定了《全国人民小康生活水平的基本标准》《全国农村小康生活水平的基本标准》和《全国城镇小康生活水平的基本标准》三套小康标准。此后，这些标准成为衡量全国人民跨入小康的基本条件。学界在对小康社会这一概念也开展了相关研究，有学者认为，小康社会是衡量国民生活水平状况时使用的概念，属于经济的范畴。国民生活水平的状况，一般分为贫

---

① 汤凤林、甘行琼：《中国居民幸福感影响因素分析》，《统计与决策》2013年第24期。
② 《邓小平文选》第二卷，人民出版社1994年版，第237页。
③ 《邓小平文选》第三卷，人民出版社1993年版，第54页。

困、温饱、小康、富裕四个级别。而对国民生活水平状况的衡量，目前主要从恩格尔系数和GDP标准两方面参照。恩格尔系数在40%到50%之间就是小康水平。而据邓小平的观点，人均GDP达到800美元就算进入小康水平。按照这样的考评标准，我国人民的生活水平都已经达到小康水平①。也有学者指出，小康是中国的一个特有概念，国际上对小康（社会）并没有明确的概念和定义。小康的含义、目标和实现，也是中国共产党在领导社会主义现代化建设的过程中，结合实践的发展和研究不断深入的过程②。

党的十六大报告指出，在20世纪末我国"人民生活总体上达到小康水平"，并提出了"全面建设小康社会"的宏伟目标。总体达到小康社会，是指小康社会的初级阶段，是不全面的、不平衡的小康。党的十八大报告首次正式提出"全面建成小康社会"。"建设"与"建成"一字之差，但意义深远。全面建成小康社会是党和国家到2020年的奋斗目标，是全国各族人民的根本利益所在。

其次，关于和谐社会，最早由党的十六大报告第一次将"社会更加和谐"作为重要目标提出，十六届四中全会又进一步提出构建和谐社会的任务。"民主法治、公平正义、诚信友爱、充满活力、安定有序、人与自然和谐相处"这六个方面是和谐社会的主要内容。和谐社会强调的是一种关系维度，既包括社会关系的和谐，也包括人与自然关系的和谐，体现了民主与法治的统一、公平与效率的统一、活力与秩序的统一、科学与人文的统一、人与自然的统一。

小康社会与和谐社会是相关、相通、相联系的，二者有机地结合在社会主义现代化建设中，互为条件和基础。"美好生活"的提出，是在全面建设小康社会和构建社会主义和谐社会的基础上提出的，只有全面建设小康社会，人民安居乐业才能实现美好生活；也只有构建社会主义和谐社会，以人为本，实现社会的发展与稳定，才能实现美好生活。

---

① 黄静、钱素华：《"全面建设小康社会"思想的深刻内涵》，《云南社会科学》2003年第S1期。
② 丁俊萍、赵光元：《小康社会与和谐社会若干关系探析》，《武汉大学学报》（哲学社会科学版）2007年第5期。

十九大报告指出,"到建党一百年时建成经济更加发展、民主更加健全、科教更加进步、文化更加繁荣、社会更加和谐、人民生活更加殷实的小康社会,然后再奋斗三十年,到新中国成立一百年时,基本实现现代化,把我国建成社会主义现代化国家"①。"美好生活"的提出首先是实事求是的,是渐进的,是在我国社会主义现代化建设目标一个个完成的前提下提出的新任务;同时与小康社会、和谐社会相比,"美好生活"的提出强调了对人民生活视角的关注,也是由宏观到微观、由总体到具体、由社会到个人的描述方式的转变,体现了中国共产党在带领全国人民实现民族复兴和人民幸福中务实、坚定的态度。

此外,获得感、幸福感和安全感也是美好生活内涵的应有之义,十九大报告指出,"不断满足人民日益增长的美好生活需要,不断促进社会公平正义,形成有效的社会治理、良好的社会秩序,使人民获得感、幸福感、安全感更加充实、更有保障、更可持续"②。在这三个概念中,获得感居于核心地位,不仅在内涵上更加全面、务实,也有更高的统领意义。2015年2月27日,习近平总书记在主持召开中央全面深化改革领导小组第十次会议时首次提出,"把改革方案的含金量充分展示出来,让人民群众有更多获得感"③。所谓获得感,是指要让人民群众感受到改革和发展带来的物质和精神生活水平的提高,满足人民群众对更好的民生和社会发展的期盼。

"幸福感是一个社会心理层面的指标,主要表现为感性层面的情绪体验和内心感受,是一个非常个体化的主观指标",而"获得感既涉及发展速度,也涉及发展质量,既要考虑到发展效益,也要考虑到发展成本。……获得感的内容既包括有形的、客观的、硬性的指标,比如GDP的增长、生活水平提高等内容,又包括无形的主观的柔性的指标,如公正法治、自由平等、人格尊严等内容"④。与幸福感相比,获得感

---

① 习近平:《决胜全面建成小康社会 夺取新时代中国特色社会主义伟大胜利》,人民出版社2017年版,第27页。
② 习近平:《决胜全面建成小康社会 夺取新时代中国特色社会主义伟大胜利》,人民出版社2017年版,第45页。
③ 《习近平谈治国理政》第二卷,外文出版社2017年版,第102页。
④ 康来云:《获得感:人民幸福的核心坐标》,《学习论坛》2016年第12期。

"更具操作性与外部指向性"①。

十九大报告中还提出安全感的概念,将其与获得感、幸福感并列。在这三者之中,安全感是最为基本的生活需求。"个体层面上,安全感源自于生命安全、财产安全;社会层面上,安全感源自于社会治安、交通安全、生活安全和生产安全;国家层面上,安全感源自于主权和领土安全、政治和军事安全、经济和文化安全、生态和信息安全;人类层面上,安全感源自于经济安全、粮食安全、环境安全以及健康安全等。"② 安全感是一种"稳定、安全的心理需求","不仅是对生命和财产获得客观保障的需要,也是在物质需求满足之后所需的心理安全感,还是个人可持续发展的需要"③。

在这三者之中,获得感强调了实际的得到,是指将改革开放的成果为人民所共享,让人民切实体会对劳动果实的拥有;安全感则是对这种既有得到的保障性和持续性的确保,而幸福感则是基于获得感和安全感共同满足之后对当下生活产生的一种满足和喜悦的具体感知。关于获得感、幸福感和安全感之间的关系,我们需要认识到:第一,这三个概念都有自身独立、明确的含义,虽有交织但不可替代。例如,虽然没有获得一定不会幸福,但获得的增加也并不能带来幸福感的绝对提升,获得多不等于幸福指数高,获得与幸福二者并不是绝对的正相关关系。因为幸福感不仅有赖于安全感的存在,也与社会整体的环境和发展水平、个体差异性有关。第二,三者互相制约,互相影响。没有获得感,幸福感和安全感就失去了基础;仅有获得感,但没有安全作保障,获得也可能会失去,更无从谈起幸福感。第三,获得感、幸福感和安全感这三个概念对美好生活的概念是一种整体性揭示,具有内在的逻辑关系。其中,获得感是幸福感和安全感形成的基础,安全感是形成幸福感的重要条件,获得感与安全感共同作用于个体幸福感的产生。

基于以上梳理,我们对幸福生活可以做如下把握:首先,美好生活

---

① 邢占军、牛千:《获得感:供需视阈下共享发展的新标杆》,《理论学刊》2017年第5期。
② 黄秋生、刘寅:《新时代的美好生活及其实现——习近平新时代中国特色社会主义思想的价值追求》,《南华大学学报》(社会科学版)2018年第1期。
③ 石晶:《新的美好生活,新的感受期盼——当前公众获得感幸福感安全感状况及影响因素调查报告》,《国家治理》2017年第44期。

的内涵是一个既强调客观物质基础，又关注个体精神需求的概念，是一个针对个体生活进行描述的主客观相统一的概念。无论是获得感、幸福感还是安全感，虽然都强调了感受，但都是主观见之于客观的综合性概念。其次，美好生活的内涵在层次上是一个基于个体生活体验基础的对社会成员的整体性生活状态的描述，美好生活一方面比和谐社会和小康社会更强调社会成员的个体性，强调真实的感受和切实的获得感，同时相较于同样侧重个体感受的幸福（生活）来说，又体现了对社会的整体评价。最后，相对于以往我们对社会发展的目标和规划而言，美好生活是一个更丰富更完善的概念，美好生活比和谐社会和小康社会有着更多的要求，前者侧重了社会关系和秩序稳定，后者则重视经济指标；同时美好生活相对于只是强调发展思路的科学发展观而言也有着更为切实和具体的解读，有着对社会发展更为全面的描述。

二、新时代"美好生活"的内在规定性

第一，新时代美好生活的内涵是建立在马克思主义唯物史观基础上的。唯物史观认为：社会历史的发展有其自身固有的客观规律。物质生活的生产方式决定社会生活、政治生活和精神生活的一般过程，社会存在决定社会意识。因此，新时代美好生活的内涵首先是立足于现实、立足于中国现阶段基本国情的，而不是脱离现实基础的幻想。经过改革开放40年的历程，中国的发展已经达到了一个新的高度，发生了质的飞跃。经过长期努力，中国特色社会主义进入了新时代，我国已经告别了物质匮乏的时代，用"落后的社会生产"来描述我国的现状也不符合实际，社会生产资料和生活资料已经实现了丰富的供给，文化日益繁荣。人民的生活不仅已经实现了温饱，而且目前也不再是生活需要能不能满足的问题，而是如何提高生活水平和质量的问题。美好生活的提出，是中国共产党在实事求是的精神指导下，依据我国现阶段的经济基础，立足于上层建筑所提出的兼具历史性与现实性的发展愿景。

第二，新时代美好生活的内涵是客观性和主观性的统一。美好生活不仅要有切实的物质条件和现实基础，也包括主体的精神世界和内心感受，这种主客观条件有机地统一于美好生活的概念中。从客观性来讲，美好生活的内涵是在尊重历史发展、社会基础、国情、地域等现实基础中得以体现的。首先，美好生活的提出是尊重当前社会主义现代化建设进程的，是在实现温饱基础上展望更有质和量的生活水平的规划，这种阶段性意味着美好生活的内涵既不是摆脱落后状态的低标准，也不是不切实际的空想，而是在尊重物质基础条件上的科学判断和预见。这也决定了美好生活不是一蹴而就的小台阶，而是稳步且长期的奋斗目标。其次，美好生活内涵的客观性还体现在它的标准和要求具有一定的差异性，而且这种差异性是多层次、多领域的。例如要尊重地区发展的差异性、不同行业的差异性、社会各个阶层在发展与需求上的差异性，甚至具体到不同的个体中，也存在职业、性别、年龄、受教育程度等因素带来的对美好生活的不同解读。从主观性来讲，因为美好生活是一种由外而内的心理体验，因而也强调了主体在精神层面的主观因素。美好生活是一种宏观的、社会层面的描述，但是最终是具体落实在每一个社会成员身上的，因而美好生活体现了一定的个体性，或者说主体性。因此，不同的社会主体对美好生活的理解有所不同，这使得美好生活的内涵呈现出个体间的差异性，并以多元化的形态存在和发展。党的十九大报告提出，"使人民获得感、幸福感、安全感更加充实、更有保障、更可持续"[①]，这"三感"作为主观感受的描述，是对美好生活的整体性阐释，是在社会发展客观基础上对美好生活内在体验的完整揭示。"获得感是幸福感和安全感形成的基础，幸福感和安全感是人民群众获得感满足后的表现形式，获得感与安全感共同作用于个体幸福感的产生。"[②]

第三，新时代美好生活的内涵体现了中国共产党的宗旨和党性。首先，美好生活的内涵与中国共产党的宗旨和目标是一致的，并且这种一致性也贯穿中国社会主义现代化建设的进程。马克思关于无产阶级实现"人的解放"和"人的自由全面发展"的目标，为全世界无产阶级和社会主义发展指明了方向，同时也指出了人类对美好生活向往的必然性和应然性。从邓小平同志的"三个有利于"价值目标的确立和社会主义本质

---

① 习近平：《决胜全面建成小康社会 夺取新时代中国特色社会主义伟大胜利》，《人民日报》2017年10月28日。

② 石晶：《新的美好生活，新的感受期盼——当前公众获得感幸福感安全感状况及影响因素调查报告》，《国家治理》2017年第44期。

的明确，到江泽民"三个代表"重要思想的提出，以及胡锦涛的"科学发展观"的新方略，再到习近平总书记新时代美好生活的提出，中国共产党始终坚持以马克思主义为指导，将社会的发展和人民的幸福生活作为自己的奋斗目标，更在中国的社会主义现代化建设实践中不断地将美好生活的实质精神发扬、实践、传承。这种一以贯之的主线思想从未动摇，充分体现了中国共产党的人民性，也体现了中国共产党时刻关注时代发展与对人民需求的及时回应。其次，美好生活最大的本质是坚持以人民为中心，始终以人民的立场来领导中国社会主义事业的发展。中国共产党是中国工人阶级的先锋队，也是中国人民和中华民族的先锋队，这就决定了党的性质和根本宗旨是为人民服务。以人民为中心的立场是中国共产党的阶级性、民族性、党性的具体体现，是中国共产党的根本政治立场。为中华民族谋复兴，为中国人民谋幸福，是中国共产党的初心和使命。实现人民群众的美好生活，满足最广大群众的根本利益，就是不忘初心，就是始终坚持以人民立场，为了人民、服务人民。

第四，新时代美好生活的内涵反映了新的发展观。习近平在"一带一路"国际合作高峰论坛圆桌峰会上谈到"历史总是伴随着人们追求美好生活的脚步向前发展的"[①]。在人类社会的历史进程中，人类总是在不断地创新发展观，赋予发展新的目标和价值。纵观改革开放40年的历程，也是我们党发展观不断变化的过程。改革开放初期，面对人口多底子薄的国情，因为急于摆脱贫穷，我们最初的发展观主要是以经济增长为核心的发展观，这种以追求GDP增长为导向的发展观在促进了经济发展的同时，也带来了严重的社会问题：贫富差距的扩大、自然资源的消耗、生态环境的恶化、公平正义等价值观的削弱。20世纪90年代，国际社会逐渐从狂热追求经济增长回归对人自身发展的理性思考。中国也意识到了单一发展观的局限性，为了实现经济持续稳定的发展，江泽民同志提出了实施可持续发展战略，充分考虑未来发展和后代人的利益。胡锦涛则提出了科学发展观，提出"坚持以人为本，树立全面、协调、可

---

① 习近平：《在"一带一路"国际合作高峰论坛圆桌峰会上的闭幕辞》，《人民日报》2017年5月16日。

持续的发展观,促进经济社会和人的全面发展"①,在可持续发展战略的基础上实现了以科学为纲的发展观的重大变革。从科学发展观开始,中国的发展摒弃了以单纯追求经济增长为核心的单一发展观,迈向了强调综合发展的科学发展观,也开始将发展的视角对准人、以人为本,追求人的全面发展。以习近平同志为核心的党中央,在全球化的国际背景下,在中国特色社会主义发展进入新阶段,中国经济社会发展处于关键性转型的新时期,提出了"创新、协调、绿色、开放、共享"的五大发展理念。五大发展理念"是生产力与生产关系、发展手段与发展目的、人类社会与自然环境、当前利益和长远利益、发展速度和发展动力的统一"②,是对我国发展观的又一次提升和飞跃,是对社会发展的经济规律、自然规律、社会规律的深化认识。新时代的五大发展理念不仅明确了发展从属于人的目的性,把握了发展从属于美好生活的工具性,也将发展观提升至有史以来最系统、最完整的高度。坚持以人民为中心的五大发展理念,是解决新的社会主要矛盾的关键,是注重满足人民对美好生活向往的新的发展观。

三、新时代美好生活的具体内容

习近平总书记指出:"我们的人民热爱生活,期盼有更好的教育、更稳定的工作、更满意的收入、更可靠的社会保障、更高水平的医疗卫生服务、更舒适的居住条件、更优美的环境,期盼孩子们能成长得更好、工作得更好、生活得更好。"③ 这一论述实际上解释了美好生活是具体的、多方面的。

第一,生产力高度发达,人民经济生活富裕。邓小平曾经指出:"在社会主义国家,一个真正的马克思主义政党在执政以后,一定要致力于发展生产力,并在这个基础上逐步提高人民的生活水平,这就是建设物质文明。"④ 美好生活的获得绝不是个体纯粹空洞的精神想象,需要现实

---

① 《十六大以来重要文献选编》(上),中央文献出版社 2005 年版,第 465 页。
② 方凤玲、白暴力:《五大发展理念对马克思主义发展观的丰富和发展》,《福建论坛》(人文社会科学版) 2017 年第 5 期。
③ 《习近平谈治国理政》,外文出版社 2014 年版,第 4 页。
④ 《邓小平文选》第三卷,人民出版社 1993 年版,第 28 页。

条件的满足和支持，需要回到客观的语境中建构切实的日常生活，而这一切的基础就是社会生产的发达、社会财富的增加、人民生活的富裕和收入的增加，以及消灭贫困。十九大报告指出："坚持按劳分配原则，完善按要素分配的体制机制，促进收入分配更合理、更有序。鼓励勤劳守法致富，扩大中等收入群体，增加低收入者收入，调节过高收入，取缔非法收入。坚持在经济增长的同时实现居民收入同步增长、在劳动生产率提高的同时实现劳动报酬同步提高。"[①] 在人民论坛2017年组织的专题问卷调查中，超过半数的受访者（54.9%）表示对收入很在乎，"富裕殷实"也被超过三分之一的受访者（34.1%）选择用来描述心中的美好生活[②]。另一调查中也发现，经济发展水平依然是提升公众获得感、幸福感、安全感这"三感"的重要基础，经济发展水平最高的东部地区，其"三感"水平均高于经济发展水平最低的西部地区[③]。美好生活是由外而内的，是人民在物质丰富基础上内心所产生的满足和愉悦。需要指出的是，人民收入的增加对于个体而言，不仅是纵向的增加，也是横向的增加，即不仅实现个体收入相对于以往的收入实现了增加，相较于其他社会成员也实现了收入差距的缩小。因为社会财富的公平分配是影响人民美好生活的一个重要因素，收入差距的扩大会造成社会的不稳定和个体幸福感的降低。

第二，民主法制健全，政治生活公平正义。民主是现代政治文明的核心，法治是国家治理现代化的基本取向。美好生活必然落实在公民个体权利的实现和保证之上，是在一个拥有公正廉明、合理正义的社会制度之中实现的。只有社会对公民在民主和法制建设中足够尊重，赋予和保障公民的各项权利、保障公民广泛而有序的政治参与，满足人民对公共权力和公共服务的需求，这样的社会才能给予每个成员追求自由美好生活的选择和信心，也就是我们常说的在社会中拥有"有尊严的生活"。

---

① 习近平：《决胜全面建成小康社会 夺取新时代中国特色社会主义伟大胜利》，人民出版社2017年版，第46—47页。
② 赵鑫洋、石玉：《社会主要矛盾转化，公众对美好生活有哪些新期待》，《国家治理》2017年第43期。
③ 石晶：《新的美好生活，新的感受期盼——当前公众获得感幸福感安全感状况及影响因素调查报告》，《国家治理》2017年第44期。

美好的政治生活坚持人民民主、坚持依法治国，要求法律面前人人平等，每个公民在宪法和法律规定的范围内，都享有宪法和法律赋予的自由和权利，国家保护每个公民的自由和人权。正如罗尔斯所说："正义是社会制度的首要德性，正像真理是思想体系的首要德性一样。"① 经济社会的发展、人类文明的进步，一个重要的标志就是社会制度和执政党的执政理念对公正、民主等基本价值的回应和实践，国家的法律体系完善、法治观念深入人心。社会公正所代表的制度环境甚至很多时候超过了收入带给人民的影响，社会公正要比涨工资能带来更普遍、更持久、更具有真实意义的幸福感。前东欧国家人民的收入在当时不能算低，但人民的幸福感却比不上一些虽然贫穷但却相对政治自由、人民可以批评不公正分配制度的国家。中国共产党作为广大人民群众的利益代表，建设民主法治的社会秩序、提供公平正义的社会制度是党治国理政的重要目标。

第三，精神文明丰富多彩，文化生活繁荣发展。文化是民族生存和发展的重要力量，人区别于动物的一个重要本质特点在于人是有思想有意识的个体存在，因此理性、美好的精神生活是人的本质追求。精神生活的状况，不仅关涉到人的层次和境界，也直接反映了个体生活质量的高低，所以美好生活应该包括丰富多彩的精神文化生活。在《自然辩证法》中，恩格斯将人的需要对象分为生活资料、享受资料和发展资料。如今人民的生活需要不再仅仅是生活资料的需要，享受资料和发展资料的需求欲望上升，成为主导性需要。如果说物质文化需求指的是马斯洛的生理与安全需要，那么人民对美好生活的向往则更加倾向于关注情感和归属需要②。满足人民群众日益增长的美好生活需要，不再只是温饱和小康，而是社会供给在质和量上的显著提升，是全面的社会主义现代化，是物质文明发达基础上所体现的精神文明大发展。文化生活的繁荣发展首先是丰富多样、多层次的，能够满足人民群众的不同需求；其次文化产品的提供也是更具质量和品质的，是国家文化产业规模性、专业性的

---

① 约翰·罗尔斯：《正义论》，何怀宏、何包钢、廖申白译，中国社会科学出版社 2009 年版，第 3 页。

② 黄秋生、刘寅：《新时代的美好生活及其实现——习近平新时代中国特色社会主义思想的价值追求》，《南华大学学报》（社会科学版）2018 年第 1 期。

呈现；再次，美好的文化生活是实现了本土化与世界化、传统性与现代性相结合，在保留本民族的优秀传统文化的基础上，积极扬弃了国外的文化内容，并且融入世界发展潮流的先进文化；最后，美好的文化生活也意味着整个社会文化的均衡发展。

第四，执政清正廉明，社会治理高度现代化。美好生活虽然是一种新的价值叙事，但无论是作为社会成员的个体感受也好，还是整个社会层面的宏观发展程度也好，都有赖于计划性、导向性、系统性的建设和实施，而这就需要一个强有力的领导力。同样，在国家治理现代化的话语框架下，美好生活也本能地需要并追求先进的执政和良善的政体，美好生活追求的是国家治理、社会治理、执政党治理的全面优化与有效协调。需要指出的是，政治生活的公平正义强调的是政治的价值导向和社会氛围相比，这里我们更强调的是执政党对国家和社会的领导，因为建设人民美好生活是党和政府的历史责任。因此，一方面，建设美好生活的关键在党，党是我们事业的坚强领导核心，我们需要"不断增强党的政治领导力、思想引领力、群众组织力、社会号召力，确保我们党永葆旺盛生命力和强大战斗力"[①]，成为更好的执政党。美好生活需要中国共产党在全面从严治党的道路上走得更坚定，更好地代表人民的利益，全心全意为人民服务，在治国理政的道路中始终发挥积极的领导力。另一方面，美好生活也需要一个更高效廉洁的政府，秉承现代化的执政理念，切实消除体制与机制中的痼疾，提供更丰富完善的制度产品和政策产品，更高效地回应社会发展的需求；同时坚持依法全面地履行政府职能，着力加强和创新社会治理，保持社会的和谐稳定。

第五，民生建设完善有序，个体生活更有保障。发展是人类永恒的主题，人类在改善生存和生活环境、实现自身进步和发展的过程中是积极的、自觉的。美好生活的提出与马克思主义对"日常生活"的重视是一致的，将发展回归到个体与日常中，也回归到发展的目的和初衷上。"民生工作离老百姓最近，同老百姓生活最密切。要持之以恒把民生工作抓好，发扬钉钉子精神，有坚持不懈的韧劲，推出的每件事都要一抓到

---

① 习近平：《决胜全面建成小康社会　夺取新时代中国特色社会主义伟大胜利》，人民出版社2017年版，第16页。

底，一件事情接着一件事情办，一年接着一年干，锲而不舍向前走，做到件件有着落、事事有回音，让群众看到变化、得到实惠。"① 党的十九大报告强调要注重"在发展中保障和改善民生""在发展中补齐民生短板""增进民生福祉是发展的根本目的"，突出了民生建设的重大意义，并在十九大报告的第八个部分专门提出了增进民生福祉的七大任务。美好生活对民生福祉提出了以下几个要求：第一是全面性，即实现生活水平在范围上的扩展。民生关乎人民最广泛、具体的生活领域，是学有所教、劳有所得、病有所医、老有所养和住有所居，是涉及教育、就业与收入、社会保障、脱贫、健康、社会治理、国家安全七个方面的协同推进、系统整合和共同发展，是一个全面发展、均衡发展的生活水平。第二是充分性，也即生活水平在层次上的提升。民生福祉的供给反映着社会的发展程度和水平，是新时代中国特色社会主义发展成果的体现。美好生活不仅仅是满足基本生活的温饱，是衣食住行各个方面综合水平更丰富、更多样、更高品质的提升，例如就老百姓的吃而言，不再是吃得饱，而是吃得好、吃得安全，这就是充分的意义。

第六，生态文明发展，人人享有绿色健康的生活。亨廷顿曾经警告人类，增长和发展是内涵与意义完全不同的两个范畴，前者仅仅意味着"物质量"的扩大，甚至也许对社会有害。而法国著名经济学家在《新发展观》一书中指出，发展是"可持续与动态平衡的""以人为中心的"，所谓发展必须是不以损害当前和后代的生活水平为前提的。美好生活是一种人与自然和谐相处的生活，是科学发展观指引下的美丽中国，是可持续发展的生态文明国度。习近平曾指出："我们既要绿水青山，也要金山银山。宁要绿水青山，不要金山银山，而且绿水青山就是金山银山。"② 以往粗放型、造成资源短缺和环境破坏的经济增长方式必须摒弃，美好生活所具备的是良好的生态保护、优美的居住环境，以及能源的节约利用和农业的健康发展。近年来的大气污染问题、饮食安全问题日益成为人民最为关心的社会公共问题，人们对洁净空气和健康饮食的需求是对

---

① 《习近平谈治国理政》第二卷，外文出版社 2017 年版，第 361 页。
② 《习近平总书记系列重要讲话读本（2016 年版）》，学习出版社、人民出版社 2016 年版，第 230 页。

美好生活向往的基本和重要组成部分。美好生活就是坚持创新、协调、绿色、开放、共享的发展理念，把生态、环保、低碳和循环的要求和国家民族长远发展、人民的利益放在首要位置，就是让文明、健康、科学、绿色的日常生活方式成为人民的普遍选择和幸福来源。

第七，国家安定有序，人际关系和谐友善。十九大报告明确指出，要"实现社会充满活力又和谐有序"，和谐是比安定更高的层次要求，更加强调了关系维度的和睦协调，这是社会发展的一个重大进步。美好生活不仅是国家和社会的安定有序，也是社会个体成员之间的一种良善的关系。从宏观层面而言，安全和稳定是发展的前提，也是美好生活的基本条件。美好生活的安全感是基于国家的主权完整、国家的领土安全、中国在国际上地位的提高、国内社会秩序的安定和谐。十九大报告指出："必须坚持国家利益至上，以人民安全为宗旨，以政治安全为根本，统筹外部安全和内部安全、国土安全和国民安全、传统安全和非传统安全、自身安全和共同安全，完善国家安全制度体系，加强国家安全能力建设，坚决维护国家主权、安全、发展利益。"[①]从微观层面而言，社会成员的幸福感很大程度上与个体在群体中的互动关系有关，日常生活是个体活动的重要领域，深受人际交往等社会关系的影响。因此美好生活从个体角度而言意味着良善的社会价值观和道德信仰、健康的社会风尚、诚信公平的行业风气、和谐友爱的人际关系。如此，才能更好地实现社会融合和社会团结，不仅为社会治理打下了坚实的基础，也能增强人民的获得感、幸福感与安全感。

这七个方面互相联系、互相促进，共同构成了新时代美好生活的综合面相，从多维度描述了美好生活在经济、政治、文化、执政、民生、生态、社会关系各个方面的标准。

四、新时代"美好生活"提出的时代意蕴

第一，美好生活的提出是马克思主义在中国当代的新发展。"一切民族都将走向社会主义，这是不可避免的，但是一切民族的走法却不会完

---

① 习近平：《决胜全面建成小康社会 夺取新时代中国特色社会主义伟大胜利》，人民出版社2017年版，第24页。

全一样，在民主的这种或那种形式上，在无产阶级专政的这种或那种形态上，在社会生活各方面的社会主义改造的速度上，每个民族都会有自己的特点。"① 中国特色社会主义理论体系正是马克思主义与中国道路相结合的产物。马克思主义与中国的新民主主义革命相结合，使中国人民获得了解放，建立了社会主义新中国。40 年前开启的改革开放标志着中国发展进入了一个崭新的时代，同时也开启了马克思主义在中国发展的新时期，使中国摆脱了落后和贫穷，成为富强、民主、文明的社会主义现代化国家。"马克思主义必定随着时代、实践和科学的发展而不断发展，不可能一成不变，社会主义从来都是在开拓中前进的。"② 新时代美好生活的提出是中国共产党人进入新的历史时期、面对新的社会主要矛盾所提出的新构想，是马克思主义精神与中国社会主义现代化建设进程的新结合。党的十九大通过的《中国共产党章程（修正案）》和《关于〈中国共产党章程（修正案）〉的决议》均明确指出："习近平新时代中国特色社会主义思想是对马克思列宁主义、毛泽东思想、邓小平理论、'三个代表'重要思想、科学发展观的继承和发展，是马克思主义中国化最新成果。"③ 美好生活的提出，是将中国的社会发展与人民的生活追求相结合，是实现社会进步和人的全面发展的统一，为中国的发展指明了新的发展方向，是马克思主义在中国的新发展。按照马克思的观点，美好生活的提出标志着我国开启了走出以"物的依赖"为标志的人类"史前史"，走向了真正的"人的历史"的发展道路，为人类对美好生活的追求提供了不同于资本主义模式的中国方案④。

第二，美好生活的构想是现代化国家建构的必然。一方面，现代性作为人类历史发展的必然属性，是各个国家无法回避的治理追求。现代化包括了政治的现代化、经济的现代化、文化的现代化等诸多方面，实质是"人的现代化"，人的现代化是国家现代化的重要因素，它并不是现

---

① 《列宁专题文集 论社会主义》，人民出版社 2009 年版，第 398 页。
② 《习近平谈治国理政》，外文出版社 2014 年版，第 23 页。
③ 《中国共产党章程（中国共产党第十九次全国代表大会部分修改，2017 年 10 月 24 日通过）》，《人民日报》2017 年 10 月 29 日。
④ 王雅林：《为创造人民美好生活的伟大实践提供理论滋养》，《哈尔滨工业大学学报》（社会科学版）2017 年第 6 期。

代化过程结束之后的结果或者副产品，而是作为现代化的先决条件而存在的。美好生活的提出，实际上就是关注社会成员个体对现代化生活水平的全面感知。另一方面，政治上的现代化在现代化的整体实现中具有重要的意义，为现代化提供了制度基础、发展动力和秩序保障。政治上的现代化指的就是现代国家建构，是现代性在国家制度体系和国家意识形态上的集中体现，也是一个国家由传统政治形态向现代政治形态转变的持续性历史过程[①]。无论是先发内生型现代化国家，还是后发外生型现代化国家，其现代化的成功推进无不得益于现代民族国家的建构。现代国家具有两个基本特性：一是民族—国家，一是民主—国家。前者是现代国家的组织形式，以主权为核心；后者是现代国家的制度体系，以主权在民为合法性基础[②]。现代化依托于民主国家的建构，而民主国家建构所带来的民主、法治、权力的制约与分化、公民参与等实现了政治生活的规范化、有序化和制度化。美好生活的提出将现代化国家建构的意义从国家和社会层面落实到社会成员的个体生活层面，将国家的现代化、国家治理体系和治理能力的现代化和人民美好生活的实现统一于现代化国家建构的过程中。从全面建成小康社会，到基本实现现代化，再到全面建成社会主义现代化强国，是新时代中国特色社会主义发展的战略安排，也是中国在现代化国家建构中不断深化和发展的过程。

第三，人民的美好生活是中国共产党长期执政的需要。十九大报告指出："全党必须牢记，为什么人的问题，是检验一个政党、一个政权性质的试金石。"[③] 人民是历史的创造者，也是美好生活的创造者和享受者。中国共产党来自人民、根植人民，人民群众是中国共产党的生存之本，离开人民群众党的事业将一事无成。以人民的利益为中心，带领人民创造美好生活是我们党始终不渝的奋斗目标，体现了中国共产党在新时期执政的使命自觉性。苏联曾经迫于当时的国际形势，推行重工业优先战略，不重视轻工业发展，导致人民日常生活用品的短缺和生活水平的下

---

① 苏守波：《现代化、国家建构与公民教育》，《清华大学学报》（哲学社会科学版）2009年第3期。

② 徐勇：《"回归国家"与现代国家的建构》，《东南学术》2006年第4期。

③ 习近平：《决胜全面建成小康社会 夺取新时代中国特色社会主义伟大胜利》，人民出版社2017年版，第44—45页。

降，直接影响了政权的稳定，这一历史教训也提醒中国共产党在领导社会主义现代化建设中始终关注人民日常生活建设的重要意义。反观中国共产党在夺取政权和领导政权的历史中，党在不同的时代背景下都致力于美好生活建设，提出了不同时期下切合实际的美好生活目标。从土地革命时期的打土豪分田地到抗日战争时期的地主减租减息、农民交租交息，再到解放战争时期的土地改革，是中国共产党在革命时期创造的美好生活。中华人民共和国成立以后，党领导人民先后经历了社会主义革命、改革开放，不断地解放和发展生产力，完善民主和法治，加强社会保障和民生建设，逐步改善人民的物质文化生活。可以说中国共产党成立以后的历史，就是中国共产党带领人民群众顺应民心不断开创美好生活的历程，这是中国共产党能够长期执政的原因，也是以后长期执政的需要。习近平总书记指出："必须坚持人民主体地位，坚持立党为公、执政为民，践行全心全意为人民服务的根本宗旨，把党的群众路线贯彻到治国理政全部活动之中，把人民对美好生活的向往作为奋斗目标，依靠人民创造历史伟业。"[1]

第四，美好生活是社会主义改革和发展的目的和检验标准。社会主义制度的优越性不只局限于促进经济的发展，是要在解放和发展生产力的基础上，真正提高人民的生活水平，让人民过上美好生活是中国特色社会主义事业的初衷和目的。实践是检验真理的唯一标准，也是检验中国共产党在社会主义道路中的路线、方针、政策是否正确的标准，必须以人民生活水平的改善和提高作为衡量的硬指标检验社会主义改革和发展的成效。在十九大报告中，构成美好生活重要基础之一的"获得感"一词频频被提起，与邓小平提出的"三个有利于"一脉相承，是评判我国社会主义改革和发展是否成功的最终判断标准。"获得感的提出，本身就意味着改革发展的评价主体由评价'供给提供程度'的供给侧转向了评价'供给满足需求程度'的需求侧，民众既是社会供给的需求方也是体验方，是民生福祉水平的评价者同时也是改革发展成果的法定受益者。"[2] "群众最关注、

---

[1] 习近平：《决胜全面建成小康社会　夺取新时代中国特色社会主义伟大胜利》，人民出版社 2017 年版，第 21 页。
[2] 邢占军、牛千：《获得感：供需视阈下共享发展的新标杆》，《理论学刊》2017 年第 5 期。

最迫切的问题得不到有效解决,改革就得不到群众的认同,就会失去本身的价值。"[①] 只有将改革发展成果具体落实到每个人头上,体现在人民生活水平的全面提高上,才能集中体现全面深化改革的人民性指向。只有"更好的教育、更稳定的工作、更满意的收入、更可靠的社会保障、更高水平的医疗卫生服务、更舒适的居住条件、更优美的环境"这些实际的、具体的感知所构成的美好生活,才能让广大群众真切体会到社会主义制度的优越性,才能从内心体会到社会主义制度的优越性和正确性,才能继续坚持改革开放,才能建立对中国特色社会主义道路和理论系统的足够自信。

五、新时代"美好生活"的特点

第一,内涵更丰富、更全面。美好生活的内涵是建立在日常生活基础上的一种描述,包括了"美好"和"生活"两个核心部分。这就意味着,美好生活一方面涉及生活内容的具体性和复杂性,另一方面在美好的程度标准下有更多质和量的要求;在既体现社会生活的系统性又满足美好标准的双重要求下,美好生活描绘了一幅更具现代化、人性化的发展蓝图。评价社会发展的水平,不仅需要关注发展速度,也要关心发展质量、发展效益和发展成本。因此美好生活与以往的小康社会、和谐社会、幸福生活等描述相比,内涵更丰富、更全面。中国共产党十九大报告中,"全面"一词被提到95次之多。"全面建成小康社会、全面深化改革、全面依法治国、全面从严治党"的提出也深刻诠释了新时代中国特色社会主义建设是整体性的发展。美好生活需要全方位、多角度、深层次的全面系统推进,是更平衡、更充分的发展。一方面,社会主要矛盾的变化使我们从最开始满足基本生活扩展到美好生活范畴,从满足基本物质需求的温饱水平提升到令人产生更多满足和幸福感的美好生活,增加了更多回应个体精神生活、人生意义的内容,将文化、社会关系、个人发展这些要素扩展进来。不仅包括客观的硬性的指标,例如GDP的增长、收入的增加;也包括各种无形的主观指标,如民主、平等、公正等

---

① 季正聚、许可:《我国社会主要矛盾的变化与全面深化改革的纵深推进》,《中共中央党校学报》2018年第1期。

内容。另一方面，除了扩展以往没有的内容以外，美好生活也对既有内容进行了补充和完善，例如对于经济发展而言，美好生活要求的不仅仅是谋求单纯的经济增长，而是要在经济增长的基础上实现产业的升级、能源的节约、科技的进步和环境的改善等，同时这种经济增长并不是最终目的，更是要反映在人民生产和生活产品的丰富、收入的增加、生活的便捷等方面。

第二，层次和要求更高。新时代美好生活的内涵与以往对我国社会的发展构想相比，具有更高的层次、提出了更高的要求。过去，我们主要解决的是温饱问题，是总量不足的问题；而现在面对的主要是发展的结构问题，是怎样更好地拓展领域、提升品质、满足人民群众对美好生活向往的问题①。例如党的十九大报告中提出的"更加殷实""更为富裕""更加幸福安全"都从字里行间体现了美好生活的更高层次和要求：一方面，美好生活的实现需要建立在更成熟、更发达的社会基础上，尤其涵盖了各项公民权利的赋予、人民更有尊严等内容。因此这有赖于一个更具现代性的公民社会的建立，这就对美好生活的社会建构和国家治理层面提出了更高的要求。学者路易斯·亨金指出："我们的时代是权利的时代。人权是我们时代的观念，是已经得到普遍接受的唯一的政治与道德观念。"②民众权利增量的累积，更多基本权利被赋予和保障是美好生活的本质要求，事关人民的获得感、幸福感和安全感。美好生活的前提是社会的美好，是优秀公民所组成的美好社会，只有每一个社会成员成为公民，拥有公民的身份和社会属性，才能通过高素质的公民参与、互动、表达共同投入美好生活的建设中。

另一方面，美好生活的内涵除了在横向方面更为丰富和全面以外，在纵向方面也更加充实、更有保障性和可持续性。从充实方面而言，美好生活涉及的物质文化、民主、法治、环境等方面的发展是在原有的基础上更长足、更纵深性的发展，是发展轴上更为高级的迈进。例如物质文化的需求呈现出升级态势；主观需求表现出更加多样化、多层次和多方面的特点，更加强调个性化、智慧化和精细化；生存型的需要比重下

---

① 杨宜勇：《基于满足全体人民美好生活的思考》，《中国人口科学》2017年第6期。
② 路易斯·亨金：《权利的时代》，信春鹰等译，知识出版社1997年版，前言第1页。

降,享受型和发展型的需求比重上升。从保障性而言,对应了新时代美好生活需要的安全感。安全感不仅仅只是国家的领土安全和社会的稳定,也强调了人民群众内心的安全感,这种内心的安全感来自社会成员人民群众实实在在的获得,来自对自我生活的可预期性充满信心,认为未来的生活并不是偶然、短暂的显示,还是一种未来维度的安心。这种安全感还来自一种确认:不仅当下能够获得,而且这种获得不会消失,还能获得更多、更好,这种获得是延续的、不断发展的。保障性有赖于美好生活所提供的更广泛平等的社会权利、更发达的社会治理体系、更完善的民生保障工程、更公平合理的收入分配措施等条件。可持续性也是美好生活一个更高的评价标准,主要是指未来的社会生活基于更集约、更节能、更环保的经济发展方式,生态文明得到更好的保护,人与自然能够和谐共存,从而具有更长远、更科学的发展。

第三,多元性和差异性。我国社会主要矛盾的表述从"物质文化需要"到"美好生活需要",一个最为鲜明的转变就是关注了社会成员的个体性,以个体的不同诉求和反馈为导向来对社会发展进行评价,因此更具人性化。无论是获得感、幸福感,还是安全感,美好生活强调的是一种感受,是人们基于现实生活状态与感受形成的具有一定内部指向性的体验,"它既同人们生活的客观条件密切相关,又体现出人们的内在需求和价值取向"[1],这种特点必然决定了美好生活在社会供给中需要满足精准性、多样性的要求,才能让人民更全面地享受社会发展的成果,感受到生活的美好。"人以其需要的无限性和广泛性区别于其他一切动物"[2],在当今多元价值、多维追求的社会时代背景下,不同的社会主体有不同的需求特点,由此产生了多元性和差异性的社会需求。生产力的发展对社会的意义不仅仅是财富的增加,而是为人们的物质文化产品提供更多的选择,满足更多的需求。在2016年的《政府工作报告》中,李克强指出的"鼓励企业开展个性化定制、柔性化生产,培育精益求精的工匠精神,增品种、提品质、创品牌"即是对此的政策呼应。从历时性角度而言,新时代的社会矛盾已经不再是"人民日益增长的物质文化需要同落

---

[1] 邢占军:《心理体验与幸福指数》,《人民论坛》2005年第1期。
[2] 《马克思恩格斯全集》第49卷,人民出版社1982年版,第130页。

后的社会生产之间的矛盾",而是"人民日益增长的美好生活需要和不平衡不充分的发展之间的矛盾",人民的社会需求不再只是满足温饱和基本的供给,而是可以自由地挑选更丰富、更优质的物质文化产品,产品的多元性和差异性有别于以往的单一性和有限性。从共时性角度而言,在社会发展的同一阶段,不同的地区和城乡之间、不同的行业之间、不同的年龄、性别、文化层次都会产生不同的个体需求,因此美好生活也需要在横向的社会成员之间满足更多元性和差异性的需求。

第四,综合性和系统性。美好生活是以一种有关个体生活状态的总体性描述,这就决定了美好生活的实现不是一个单项目标的达成,而是包含经济、政治、文化、社会、环境、人际关系等多维目标的系统集成。这种系统集成也不仅仅是多个社会发展目标的叠加,而是社会发展各个维度的协同发展,是彼此之间协调、有机的相互促进。任何一个单项目标的短板和薄弱不仅会打破系统之间的关联度,造成各目标之间的合力效应打折,也会削弱美好生活的体验感,甚至会有"一票否决"的影响。人的幸福感与经济发展和物质条件改善并非单向直线关系,幸福指数有时并非会随着人均可支配收入等客观指标的增长而明显增长,甚至可能出现相背离的情况[①]。美好生活所要实现的是社会的综合发展和全面进步,要摒弃以经济的发展取代社会的、政治的、文化的、自然的、个人的全面发展的狭隘观念,因此无论是"四个全面"还是"五位一体"都强调了社会发展的综合性,设定了一个整体性的发展框架。

就系统性而言,社会发展的各个方面与人民对生活的满意程度并不是一一对应的关系,例如收入对人民生活的影响,除了个人收入的增加,还需要关注社会分配的公正性和激励性,缩小社会成员的收入差距,这就是一个涉及增长与分配的综合任务。如果收入分配不公,导致人们的付出与得到不对等,或者与其他社会成员的收入差距过大,就会产生被剥夺感,进而对社会产生不满,不仅谈不上美好生活,也会造成社会的不稳定。同时,系统内部各要素之间也能形成优势互补的协同关系,相互促进。收入的提高可以进一步促进社会生产、培育新的消费增长点、

---

① 康来云:《获得感:人民幸福的核心坐标》,《学习论坛》2016年第12期。

激发市场活力;教育水平的提高可以提升人力资源的素质,更好地实现人才强国战略;医疗水平的提高则有助于发展医药、医疗技术,提高人民的健康水平。对此,五大发展理念中的"协调"就为美好生活奠定了系统发展的理论基础:协调要求美好生活实现了生活内容的全面协调,包括经济发展与生态协调、城乡协调、区域协调、物质文明与精神文明的发展协调,以及社会各阶层共享发展成果的协调。总的来说,美好生活需要通过一系列综合、系统的治理来实现,不仅包括国家治理、社会治理、执政党自身治理,还包括它们之间的协调与融合。

第五,现实性和前瞻性。美好生活既是一种理想的生活追求,也是一种现实的生活感受;既有幸福的"彼岸"性,也有满足的"当下"性[1]。如何理解作为新时代主要矛盾表述内容的美好生活,要认识和把握我国当前社会发展的阶段性特征,坚持辩证唯物主义和历史唯物主义相结合的方法,从历史和现实、理论和实践等关系思考,将新时代美好生活放入我国社会主义现代化进程的历史节点中思考,既实事求是,又敢于突破。"美好生活需要"一定是在国家法律框架、各类法规、纪律、公共政策范围内所许可的,凡突破党纪国法和政策界限的想法都不是"美好生活需要",只不过是无法实现的"奢望"[2]。美好生活是对未来社会发展的一种目标,这就意味着它既有当下时代背景和发展现状的限定性,又有基于这种现实基础的预期设定,因此具有现实性和前瞻性。从现实性而言,一方面,经过改革开放 40 年的发展,我国的生产力和综合国力、人民的生活水平实现了历史性的跨越,实现美好生活具有一定的基础和前提条件,这个可能性是具备的。但另一方面也要看到我国所处的社会阶段需要我们尽力而为,又量力而行。我们只是刚刚脱离"人民日益增长的物质文化生活需要同落后的社会生产之间的矛盾"这一社会主要矛盾,我国社会主要矛盾的变化没有改变我们对我国社会主义所处历史阶段的判断:我国仍处于并将长期处于社会主义初级阶段的基本国情没有变,我国是世界最大发展中国家的国际地位没有变。"作为拥有 13

---

[1] 杨进、柳海民:《论美好生活与学校教育》,《教育研究》2012 年第 11 期。
[2] 李建华:《如何理解美好生活需要》,《中国地质大学学报》(社会科学版) 2017 年第 6 期。

亿多人口的发展中大国,我国发展仍面临着不少困难和挑战,特别是到2020年全国7 000多万农村贫困人口全部脱贫,时间十分紧迫,任务相当繁重。要使全体人民都过上更加美好的生活,还需要付出长期不懈的艰辛努力。"①

前瞻性指的是我们要在立足国情的基础上对美好生活的长期性、宏观性作出切实的预估,积极乐观地稳步推进;同时也能保持前瞻性的发展理念,适时地突破和创新,高屋建瓴地引领美好生活的实现。在美好生活的实践过程中,我们对目标的设定既不能过高,也不能过低。过高容易不切实际,超出了社会的承受能力;过低则容易挫伤人民的积极性,不具有激励作用。

第六,动态性与发展性。美好生活本身对应的就是一种发展观,动态性和发展性是其中的必然属性。人民对美好生活的期待是以所处的社会发展水平为基础的,有着明显的时代特征。生产力的发展和社会进步促使人民对美好生活的向往不会停留在某一位置,而是呈现阶段性的差异和整体趋势上的发展。新时代中国特色社会主义发展的战略安排是分两个阶段来进行战略安排的,在十九大报告中明确指出了美好生活在这两个阶段的目标:第一个阶段,从2020年到2035年,在全面建成小康社会的基础上,再奋斗十五年,基本实现社会主义现代化;第二个阶段,从2035年到本世纪中叶,在基本实现现代化的基础上,再奋斗十五年,把我国建成富强民主文明和谐美丽的社会主义现代化强国。与第一阶段"经济实力、科技实力将大幅跃升"、"人民平等参与、平等发展权利得到充分保障,法治国家、法治政府、法治社会基本建成"、"社会文明程度达到新的高度""现代社会治理格局基本形成"、"生态环境根本好转,美丽中国目标基本实现"的目标相比,第二个阶段所要实现的是"物质文明、精神文明、政治文明、社会文明、生态文明将全面提升",在社会发展的整体描述中迈向了新的高度。此外,第一阶段的"国家治理体系和治理能力现代化基本实现"对应的是第二阶段已经"实现国家治理体系和治理能力现代化"。在收入方面,第一阶段只是希望实现"人民生活更

---

① 《习近平总书记系列重要讲话读本》,学习出版社、人民出版社2016年版,第55页。

为宽裕，中等收入群体比例明显提高，城乡区域发展差距和居民生活水平差距显著缩小，基本公共服务均衡化基本实现，全体人民共同富裕迈出坚实步伐"；第二阶段则定位为"全体人民共同富裕基本实现"。在第二个阶段的发展目标中特别提出的"成为综合国力和国家影响力领先的国家"，"我国人民将享有更加幸福安康的生活，中华民族将以更加昂扬的姿态屹立于世界民族之林"的表述也是在第一个阶段的发展目标中未曾涉及的，这充分体现了美好生活的内涵是伴随着中国特色社会主义现代化的进程而动态发展的[①]。同时，结合美好生活是一种主观感受和情感体验的特点，美好生活的内涵也会相应地体现为涉及人民生活的各项内容在不断地变化和发展，而不是静态的结果。这就决定了需要对美好生活的各要素保持动态追踪和分析，及时总结、适时调整，这样才能避免美好生活只是停留于指标或者数据的增加而没有对人民生活水平产生实质性的提高。人民对美好生活的追求是不断提升和发展的，对美好生活的设想和追求是在实现的过程中日益清晰的，美好生活的命题应该顺应这样的历史趋势，不断提高水准来满足人民对美好生活的动态发展需求。

第七，共享性和社会性。在阐述中华民族伟大复兴的中国梦时，习近平总书记强调："中国梦归根到底是人民的梦，必须紧紧依靠人民来实现，必须不断为人民造福。"[②] 美好生活的实现从本质上是社会主义建设事业和改革开放事业所取得的成果不断地体现在社会的全面进步、不断地为人民所享有的过程。在谈到全面建设小康社会时，习近平总书记强调，"小康不小康，关键看老乡"；在论述全面深化改革开放时，他着重指出，"老百姓关心什么、期盼什么，改革就要抓住什么、推进什么"，"把改革方案的含金量充分展示出来，让人民群众有更多获得感"；在谈到全面依法治国时，他指示，"努力让人民群众在每一个司法案件中都能感受到公平正义"；在论述全面从严治党时，他又强调，"关键问题是保持党同人民群众的血肉联系"。除了四个全面，党的十九大报告还提出了一系列诸如"教育事业全面发展""国家安全全面加强""全面取消以药

[①] 习近平：《决胜全面建成小康社会 夺取新时代中国特色社会主义伟大胜利》，《人民日报》2017年10月28日。

[②] 《习近平谈治国理政》，外文出版社2014年版，第40页。

养医"等针对社会建设和人民生活的指导思想。作为五大发展理念之一的共享理念,体现了以人民为中心的发展思想,是美好生活的目的与价值导向。人民在美好生活的叙事中,不仅是美好生活的建设者,也是美好生活的分享者;美好生活的诉求是惠及社会、全员共享,这与我们强调的真实的获得感是一致的。这种共享性是社会成员作为公民个体的各项权利得到保障以后,在成熟、合理、公正的社会环境中,通过实际的参与而体会的,因此美好生活的共享性自然与社会性结合在一起。

第八,个体性和共同性。美好生活是一种高于现实的期望,基于社会进步和人性进化。美好生活提升的不仅仅是人的生活品质,更是人在其中的自我更新和完善,体现为社会成员在建设美好生活中的主体性。"长征胜利启示我们:人民群众有着无尽的智慧和力量,只有始终相信人民,紧紧依靠人民,充分调动广大人民的积极性、主动性、创造性,才能凝聚起众志成城的磅礴之力。"[1] 发展为了人民、发展依靠人民、发展成果由人民共享,三者是统一的有机联系。在2018年的新年贺词中习近平总书记指出,"广大人民群众坚持爱国奉献,无怨无悔,让我感到千千万万普通人最伟大,同时让我感到幸福都是奋斗出来的"[2]。美好生活是共建共治共享的,是社会建构与个体建构的统一,其中"共建"与"共治"就突出了人民的主体性。只有人民有共建社会的积极性才能发挥主观能动性,才能培育理性平和、积极向上的社会心态国家,进而更好地实现社会融合与团结、促进社会发展与治理,才能最终创造美好生活。美好生活是一个长期艰巨的系统工程,不仅不是一朝一夕的事情,也不是单靠党和政府的发动就能够实现的。美好生活是在党和政府领导下,通过多元主体的共同参与以及广泛的分工和合作共同建成的,正如习近平总书记在十九大报告中指出的,"坚持人人尽责,人人享有"[3]。美好生活的实现,需要党和政府、市场和社会、家庭和个人各负其责、多方协作,提供日常生活所需要的各项产品和服务,任何一方的缺失或薄弱都

---

[1] 《习近平谈治国理政》第二卷,外文出版社2017年版,第52页。
[2] 习近平:《国家主席习近平发表二〇一八年新年贺词》,《人民日报》2018年1月1日。
[3] 习近平:《决胜全面建成小康社会 夺取新时代中国特色社会主义伟大胜利》,《人民日报》2017年10月28日。

会影响美好生活建设的程度与速度。

第二节　不平衡不充分的发展的内涵及突出表现

新时代中国的社会主要矛盾的转化，表明"不平衡不充分的发展"已经成为制约人民对美好生活需要的不断实现、加快推进社会主义现代化向前发展的重要制约因素。

一、不平衡不充分的发展的内涵

社会主义的本质是解放生产力，发展生产力，消灭剥削，消除两极分化，最终达到共同富裕。从理论层面上讲，社会主义生产力的不断发展，政治、经济、文化、社会的不断进步，是为了满足广大人民群众的需要，即通过不断解放生产力、发展生产力、消灭剥削、消除两极分化从而形成全面、均衡的社会供给[①]来满足不断发展的社会需求。新中国成立后，特别是改革开放 40 年来，我国的社会生产力获得了不断的解放与发展，生产力总体水平显著提高，政治、经济、文化、社会长足发展，综合国力跃居世界第二，我国长期的社会供给不足状况已经发生了根本性变化。与此同时，伴随着经济社会的不断发展，社会需求也向着多元化多层次不断发展，人民群众对社会供给提出了更高的要求。正因如此，以习近平同志为核心的党中央着眼大局，顺应历史发展，明确了新时代中国社会的主要矛盾已经转化为人民日益增长的美好生活需要和不平衡不充分的发展之间的矛盾。不平衡不充分发展是相对于人民日益增长的美好生活需要而言的，其主要是指社会供给还不能充分满足人民日益增长的美好生活需要，依然存在供给不能充分满足提高了的需求的状况。发展的不平衡与不充分已经成为实现人民日益增长的美好生活需要的制约因素，其中，发展不平衡，主要指社会各领域和中国区域各方面发展还不够平衡，制约了全国发展水平提升；发展不充分，主要指一些地方、一些领域、一些方面还有发展不足的问题，发展的任务仍然

---

① 这里的"社会供给"是相对于人民的需要而言的，是我国经济社会等多方面相对于社会需求形成的供给，而不完全是西方经济学中的社会总供给。

很重。

当前，我国发展由高速增长阶段转向高质量发展阶段，随着经济社会的不断发展，我国已由社会供给总量不足，转化为高层次、高质量社会供给的不均衡与不充分。经济社会相对于人民日益增长的美好生活需要发展得不够平衡，发展的质量还不够高，表现出了结构性的矛盾；经济社会相对于人民日益增长的美好生活需要还发展得不够充分，即某些方面发展的效益还不够好。面对社会需求的多元化多层次发展，我国社会供给结构优化还相对滞后，各区域、各方面发展得还不够平衡，这种发展的不平衡，即我国经济社会发展中所存在的结构性问题，已成为制约我国经济社会发展水平提升的"不平衡不充分发展"的主要方面，这是新时代所追求的"质量第一、效益优先"的发展中必须牢牢把握的矛盾的主要方面。在结构性矛盾和总量性矛盾两方面，结构性矛盾更为突出和关键，在发展的不平衡与发展的不充分的关系上，占据主导地位的是发展的不平衡。

二、发展不平衡的突出表现

发展不平衡问题作为制约我国经济社会发展的主要矛盾的主要方面，显示出我国经济社会等多方面发展的结构性失衡，明确了相对于人民日益增长的美好生活需要而言，社会供给结构需要进一步优化、转型、升级，才能更好地满足社会需求。习近平总书记强调："从当前我国发展中不平衡、不协调、不可持续的突出问题出发，我们要着力推动区域协调发展、城乡协调发展、物质文明和精神文明协调发展，推动经济建设和国防建设融合发展。"[①] 当今中国，发展的不平衡问题体现在许多方面。

（一）城乡发展不平衡

城乡发展不平衡，是长期存在于我国经济社会发展中的一大重要问题。党的十九大报告提出要贯彻新发展理念，建设现代化经济体系，实施乡村振兴战略，破解城乡发展不平衡问题，习近平总书记在关于《中共中央关于全面深化改革若干重大问题的决定》的说明中明确指出："城乡发展不平衡不协调，是我国经济社会发展存在的突出矛盾，是全面建

---

① 《习近平谈治国理政》第二卷，外文出版社2017年版，第206页。

成小康社会、加快推进社会主义现代化必须解决的重大问题。改革开放以来，我国农村面貌发生了翻天覆地的变化。但是，城乡二元结构没有根本改变，城乡发展差距不断拉大趋势没有根本扭转。根本解决这些问题，必须推进城乡发展一体化。"① 虽然我国城镇化水平逐年提高，城乡一体化发展全面推进，但是在构建新型城乡关系、推进城乡相互融合与共同发展中仍存在一些突出问题。

第一，城乡居民总体生活水平差距仍然较大，收入、消费差距有待进一步缩小。作为衡量城乡居民生活水平、反映城乡发展状况的重要指标，城乡居民人均可支配收入、城乡居民人均消费支出的差距，深刻反映了城乡发展的不平衡，特别是城乡居民生活水平的差距。2013年到2016年我国城乡居民人均可支配收入和人均消费支出的变化情况如表4-1所示，从2014年到2016年，我国城镇居民人均可支配收入同比增长9.0%、8.2%、7.8%，农村居民人均可支配收入同比增长11.2%、8.9%、8.2%，城镇居民人均消费支出同比增长8.0%、7.1%、7.9%，农村居民人均消费支出同比增长12.0%、10.0%、9.8%。虽然我国农村居民人均可支配收入与人均消费支出增长相对较快，城乡居民收入、消费差距在不断缩小，但是城乡居民间的人均可支配收入与人均消费支出多年来总体上仍然保持了近三倍差距，城乡居民生活水平差距仍然较大，城乡发展不平衡的问题依然比较突出。

表4-1　2013年—2016年我国城乡居民收入、消费变化情况②

年份	城镇居民人均可支配收入（元）	农村居民人均可支配收入（元）	城镇居民人均消费支出（元）	农村居民人均消费支出（元）
2016	33 616	12 363	23 079	10 130
2015	31 195	11 422	21 392	9 223
2014	28 844	10 489	19 968	8 383
2013	26 467	9 430	18 488	7 485

第二，脱贫攻坚进入决胜阶段，要确保按时完成农村贫困人口脱贫

---

① 《习近平谈治国理政》，外文出版社2014年版，第81页。
② 数据来源于《中国统计年鉴2017》。

任务。现阶段，依照我国现行农村贫困标准，我国农村依然存在一定数量的贫困人口，这是城乡发展不平衡的一个鲜明写照。让贫困人口和贫困地区一道进入全面小康社会是我们党的庄严承诺。党的十八大以来，在以习近平同志为核心的党中央的坚强领导下，精准扶贫战略在中华大地上全面铺开，通过一系列有针对性的具体措施、方法，2012 年至 2016 年五年来，依照我国现行农村贫困标准即 2010 年标准，我国农村贫困人口中累计有 5 564 万人实现脱贫，相当于一个中等国家的人口总数，农村贫困发生率由 2012 年的 10.2% 下降到 2016 年的 4.5%，如表 4-2 所示，全国 830 个贫困县到 2020 年都将脱贫摘帽，最后 4 335 万贫困人口将全部脱贫，这将超过全球其他国家过去 30 年脱贫人口总和。消灭农村贫困人口，带领农村贫困地区、贫困人口实现精准脱贫，是实现全面建成小康社会伟大目标的历史性任务，对于促进我国城乡平衡发展具有重要的历史意义。

表 4-2　2012 年—2016 年我国农村贫困人口、贫困发生率变化情况[①]

	2012 年	2013 年	2014 年	2015 年	2016 年
贫困人口（万人）	9 899	8 249	7 017	5 575	4 335
贫困发生率（%）	10.2	8.5	7.2	5.7	4.5

第三，城乡公共服务水平发展不平衡。随着城乡一体化发展的持续、深入推进，城乡间公共服务水平差距较大的问题一直深刻影响着城乡一体化、相互融合发展的进程，其主要表现为：

首先，城乡基础设施建设差距较大。城市与农村的居住环境、道路、管网、水电等基础设施的建设水平还有一定差距。固定资产投资可以从一定程度上反映出城乡基础设施投资建设的情况，表 4-3 显示了从 2012 年到 2016 年我国城市、农村固定资产投资的变化情况，可以明显看出从 2012 年到 2016 年五年间我国城市固定资产投资远高于农村。由于城市、农村产业构成、要素分布不同，固定资产投资的差异有其必然性，但是这种差异也从侧面反映出了城市与农村基础设施建设的巨大差距。基础设施与公民生活密切相关，基础设施的建设水平关系到农村整体的

---

① 数据来源于《中国统计年鉴 2017》。

发展,是社会经济活动正常运行的基础,是推进农村发展必不可少的物质保证。推动城乡基础设施一体化建设,有利于促进城乡融合,推进我国城镇化进程。

表4-3 2012年—2016年我国城市、农村固定资产投资变化情况①

	2012年	2013年	2014年	2015年	2016年
城镇固定资产投资(亿元)	364 854.1	435 747.4	501 264.9	551 590.0	596 500.8
农村农户固定资产投资(亿元)	9 840.6	10 546.7	10 755.8	10 409.8	9 964.9

其次,城乡基础教育发展严重失衡。我国城乡基础教育之间的差距主要表现在办学条件、教育经费投入、师资水平以及城乡教师工资水平等方面。随着新型城镇化的不断深入和农村劳动力的大量进城,大量农村学龄人口进入城镇学习,导致一些村级小学生源减少。与此同时,农村基础教育投入与师资水平也得不到保障,更加加剧了城市与农村基础教育的失衡。当前我国已经进入全面建成小康社会的决胜阶段,基础教育发展的薄弱环节和短板仍在农村,需要对农村义务教育办学条件和教育质量提出新的要求,农村基础教育发展落后不利于实现全国教育现代化的目标,推进城乡教育资源均衡配置,促进城乡教育一体化发展还需要继续深入进行。

再次,城乡医疗卫生资源配置不合理。以2016年为例,2016年我国城市、农村每千人拥有医疗资源状况如表4-4所示,其中城市每千人拥有卫生技术人员是农村的2.67倍,拥有职业(助理)医师是农村的2.47倍,拥有注册护士是农村的3.30倍,拥有医疗卫生机构床位是农村的2.15倍,仅从数量上看城乡间医疗卫生资源就有很大差距,更不用说优质的医疗资源大多数都集中在城市特别是大城市。随着我国医疗卫生体制改革的推进,对农村医疗发展的重视度在不断提高,财政投入也在不断增加,使我国农村医疗条件有了一定的改善,但是城乡在医疗卫生方面的差距依然不容忽视,推进城乡医疗卫生一体化发展、促进城乡医疗

---

① 数据来源于《中国统计年鉴2017》。

卫生均等化是一个需要长期努力的过程。

表 4-4　2016 年我国城市、农村每千人拥有医疗资源状况对比①

	卫生技术人员（人）	职业（助理）医师（人）	注册护士（人）	医疗卫生机构床位（张）
城市	10.79	3.92	4.91	8.41
农村	4.04	1.59	1.49	3.91

最后，城乡社会保障体系不均等。当前我国还没有建立完善的城乡一体社会保障服务体系，农村的社会保障依然相对落后。例如，城乡医疗卫生保障体系还有很大差别，城市医疗保障内容更丰富，城镇建立了职工基本医疗保障制度、居民基本医疗保险制度等比较完善的保障体系，农村则以农村合作医疗为主，无论是在保障范围、具体内容还是医疗卫生服务质量上，城乡差别都比较明显。城乡社保范围不同，城市社保服务涉及内容较广，有社会保险、就业、最低生活保障、最低工资、救助、优抚救济等，而农村社会保障仅有最低生活保障、社会救助、五保制度、优抚救济等，且覆盖范围有限，保障水平低。从时间上来说，城镇社会保障制度开始较早，在 20 世纪 90 年代，城镇居民最低生活保障制度和社会救助制度就已逐步展开，而农村居民最低生活保障 2007 年才全面启动，起步晚，发展得还不够完善。社会保障体系是保障社会成员基本生存与生活需要的重要制度体系，城乡社会保障体系的不断完善与均等发展对于促进社会整体的相对公平，保证社会的和谐稳定具有重要的作用。

第四，城乡户籍制度不平衡仍需完善。当前我国城乡二元结构依然存在，城乡不平衡的户籍制度仍需完善，户籍带来的城乡居民在就业、教育、社会福利等方面的较大差距还没有完全消除，2013 年《中共中央关于全面深化改革若干重大问题的决定》指出，要"创新人口管理，加快户籍制度改革，全面放开建制镇和小城市落户限制，有序放开中等城市落户限制，合理确定大城市落户条件，严格控制特大城市人口规模"②。经过近一年的酝酿，《国务院关于进一步推进户籍制度改革的意见》（以

---

① 数据来源于《中国统计年鉴 2017》。
② 《中共中央关于全面深化改革若干重大问题的决定》，《人民日报》2013 年 11 月 16 日。

下简称《意见》）于2014年7月30日正式发布，《意见》规定：要进一步调整户口迁移政策，统一城乡户口登记制度，全面实施居住证制度；加快建设和共享国家人口基础信息库，稳步推进城镇基本公共服务覆盖全部常住人口；到2020年，基本建立与全面建成小康社会相适应，有效支撑社会管理和公共服务，依法保障公民权利，以人为本、科学高效、规范有序的新型户籍制度，努力实现一亿左右农业转移人口和其他常住人口在城镇落户。目前，我国的户籍制度改革仍在逐步深入推进之中，各地区也在根据自己的实际情况稳步推进户籍制度的改革，城乡户籍制度的一体化发展，对于破除城乡二元结构，推动农业产业化，促进城乡深度融合发展具有关键意义。

（二）区域发展不平衡

当前，我国各区域在发展中还存在着发展不平衡、不协调的状况。党的十九大报告提出了要贯彻新发展理念，建设现代化经济体系，实施区域协调发展战略，习近平总书记在深入理解新发展理念的讲话中曾鲜明指出，"要发挥各地区比较优势，促进生产力布局优化，重点实施'一带一路'建设、京津冀协同发展、长江经济带发展三大战略，支持革命老区、民族地区、边疆地区、贫困地区加快发展，构建连接东中西、贯通南北方的多中心、网格化、开放式的区域开发格局，不断缩小地区发展差距"[①]。随着各项区域发展战略的实施，我国区域发展差距有所缩小。但是，区域发展不平衡、不协调、不可持续的格局尚未得到根本改变，区域发展差距依然较大。

第一，各区域、各省份间发展存在较大差距。"十三五"规划纲要提出了要深入实施区域发展的总体战略，依旧将我国的经济发展区域划分为东部地区、中部地区、西部地区和东北地区，其中东部地区包括北京市、天津市、上海市、河北省、山东省、江苏省、浙江省、福建省、广东省、海南省，中部地区包括山西省、河南省、湖北省、安徽省、湖南省、江西省，西部地区包括内蒙古自治区、新疆维吾尔自治区、宁夏回族自治区、陕西省、甘肃省、青海省、重庆市、四川省、西藏自治区、广西壮族自治区、贵州省、云南省，东北地区包括黑龙江省、吉林省、

---

① 《习近平谈治国理政》第二卷，外文出版社2017年版，第206—207页。

辽宁省。随着西部开发、东北振兴、中部崛起和东部率先的区域发展总体战略的深入推进与"一带一路"建设、京津冀协同发展、长江经济带发展的区域性战略的不断落实，我国各区域、各省分之间的发展差距不断缩小。但是在发展的过程中，仍然有许多具体方面存在很大差距：

首先，各地区、各省份在经济发展总体状况和人民生活水平上存在较大差距，经济不够发达的地区要实现追赶跨越还需要一定时间。如表4-5所示，2016 年我国东部 10 个省、直辖市，中部 6 个省，西部 12 个省、自治区、直辖市，东北 3 个省的地区生产总值占全国的比重分别为 52.6%、20.6%、20.1%、6.7%，东、中、西部地区差距十分明显，东部 10 个省、直辖市地区生产总值为西部 12 个省、自治区、直辖市的 2.62 倍之多，东北地区地区生产总值相较 2015 年更是出现了逆增长。2016 年，各省份地区生产总值排名前四的全部来自东部地区，分别为广东省、江苏省、山东省、浙江省，与 2015 年保持不变，从地区生产总值增速来看，2016 年增速最高的是重庆市，增速为 10.7%，然后是贵州省和西藏自治区，增速分别为 10.5%、10%，增速比较靠后的有黑龙江省、山西省、辽宁省，其中辽宁省 2016 年地区生产总值增速出现了逆增长，为－2.5%，全国最低[①]。与此同时各地区、各省份间固定资产投资、城乡居民人均可支配收入也有较大差距，中、西部地区仍存在投资不足的问题，各地区、各省份间经济发展状况和人民生活水平还不够平衡。

表 4-5　2016 年我国东部地区、中部地区、西部地区、东北地区重要经济指标[②]

	东部地区	中部地区	西部地区	东北地区
地区生产总值占全国比重(%)	52.6	20.6	20.1	6.7
全社会固定资产投资占全国比重(%)	42.1	26.6	26.2	5.2
城镇居民人均可支配收入(元)	39 651.0	28 879.3	28 609.7	29 045.1
农村居民人均可支配收入(元)	15 498.3	11 794.3	9 918.4	12 274.6

---

① 数据来源于《中国统计年鉴 2017》。
② 数据来源于《中国统计年鉴 2017》。

其次,区域间产业发展不够均衡。各区域间产业均衡、协调发展,是促进区域协调发展的一大重要保障,当前我国各区域的各产业间发展仍然存在较大的差距,区域交流合作与协同发展机制尚不完善,各区域间和区域内部产业同构、重复建设、分工不合理等问题较为突出。如表4-6所示,2016年,以制造业为主的第二产业和以服务业为主的第三产业大多集中分布在我国东部地区,东部地区的第二、第三产业增加值分别占全国比重的52.0%、56.1%。虽然产业布局要受到人口、区位、社会经济基础等要素的影响,但是依然可以看出,我国区域间的产业布局十分不均,特别是在包含有更多先进技术和更高附加值的第二产业和第三产业的区域布局上更加明显,区域间的交流合作有待进一步深入,各区间和区域内部的产业布局有待进一步协调、均衡发展。

表 4-6 2016 年我国东部地区、中部地区、西部地区、东北地区三次产业占全国比重[①]

	东部地区	中部地区	西部地区	东北地区
第一产业占全国比重(%)	34.4	26.4	29.1	10.0
第二产业占全国比重(%)	52.0	21.9	20.2	6.0
第三产业占全国比重(%)	56.1	18.5	18.5	6.8

最后,各省、自治区、直辖市之间教育、医疗等公共服务分布严重失衡。我国各地区、各省份之间由于经济发展状况的不同,必然会导致区域间的公共财政支出、公共服务状况有一定的差距,然而,在关乎民生的教育、医疗等公共服务方面,各省份之间出现了与人口总量相比严重的不均衡。以北京市和河南省为例,2016 年,北京市普通高校招生考试报名总人数为 6.12 万人[②],河南省普通高校招生考试报名总人数为 82.00 万人[③],北京市拥有"985 工程"大学 8 所;"211 工程"大学 26 所,"双一流"大学 8 所;而河南省却没有一所"985 工程"大学,仅有一所大学作为"211 工程"和"双一流"大学。北京市和河南省之间优质高等教育资源的供给与需求出现了严重的不均衡,除去人才的流动性

---

① 数据来源于《中国统计年鉴 2017》。
② 数据来源于北京市教育考试院网站。
③ 数据来源于河南省招生考试信息网。

外，高等教育资源特别是优质高等教育资源分布的严重不均衡，一定程度上导致了不同省份间人才结构的严重不均衡，直接影响了不同省份间创新能力、科研实力的强弱，间接影响到了不同省份间经济社会等多方面的发展水平。截至 2016 年末，北京市常住人口为 2 173 万人，河南省常住人口为 9 532 万人①，北京市拥有三级甲等医院 54 家，河南省拥有三级甲等医院 51 家②，北京市平均每家三级甲等医院可以为本市 40.24 万人服务，而河南省平均每家三级甲等医院要为本省 186.90 万人服务，医疗资源特别是优质医疗资源分布的严重不均衡，直接导致了不同省份间人民群众看病的难易程度有较大差距，同时也造成了跨省份、跨地区看病现象的普遍发生。不同区域、省份间优质公共服务资源的分布不均衡，在一定程度上对广大人民群众的获得感、幸福感和安全感产生了负面影响。

第二，大城市、中小城市和小城镇的发展还不够协调。由于大、中、小不同城市间社会经济基础、要素聚集程度、主体功能定位有所差异，不同等级的城市间发展有所差异是必然的。随着新型城镇化建设的不断推进，以城市群为主体构建大、中、小城市和小城镇协调发展的城镇化格局并推动城乡一体化发展已经成为城镇化进程中的新要求。中、小城市的落户限制正在逐步有序放开，中、小城市要根据自身优势，促进本地区产业发展，合理有序承接产业转移，吸引剩余劳动力就近转移，带动周边小城镇，促进小城镇化不断发展。习近平总书记在 2015 年的中央经济工作会议中曾鲜明指出，"促进区域发展，要更加注重人口经济和资源环境空间均衡。既要促进地区间经济和人口均衡，缩小地区间人均国内生产总值差距，也要促进地区间人口经济和资源环境承载能力相适应，缩小人口经济和资源环境间的差距。要根据主体功能区定位，着力塑造要素有序自由流动、主体功能约束有效、基本公共服务均等、资源环境可承载的区域协调发展新格局"③。目前，我国的大、中、小城市间协调发展还存在很大不足；不同等级城市间产业发展还不够协调，人口、资

---

① 数据来源于《中国统计年鉴 2017》。
② 数据来源于《中国卫生和计划生育统计年鉴 2017》。
③ 《习近平谈治国理政》第二卷，外文出版社 2017 年版，第 243 页。

金、产业等要素过多地向大城市聚集；不同等级城市间公共服务还存在较大差距，一些城市的人口、经济与资源环境承载力不相适应等的状况依然存在。以湖北省为例，湖北省共有12个地级市、1个自治州、3个省直管市、1个林区。2016年，武汉市常住人口为1 076.62万人，占到全省人口的近五分之一；固定资产投资额7 039.79亿元，占到全省固定资产投资总额的近四分之一；地区国民生产总值11 912.61亿元，占到全省的三分之一以上，其中第二产业增加值占到全省的36.36%，第三产业增加值更是占到全省的44.13%之多，如表4-7所示。武汉市作为湖北省的省会和重要的交通枢纽拥有重要的地理位置，在其历史发展进程中积累了雄厚的社会经济基础等因素，其发展的状况较好有一定的必然原因，然而从其各项数据占全省的比重仍然可以看出湖北省不同等级的城市间发展状况并不十分协调，武汉市不仅在经济发展水平上具有绝对的优势，其对人口、投资等的吸引力也远超于湖北省其他城市。大、中、小城市与小城镇间发展的不协调，一定程度上影响了不同等级城市间经济、人口的均衡、协调发展，对新型城镇化进程特别是小城镇化进程造成了一定阻碍，并对一些区域的资源环境承载力造成了一定威胁。

表4-7　2016年湖北省武汉市发展数据及占全省比重①

	人口（万人）	固定资产投资(亿元)	国民生产总值(亿元)	第一产业(亿元)	第二产业(亿元)	第三产业(亿元)
武汉市	1 076.62	7 039.79	11 912.61	390.62	5 227.05	6 294.94
占全省比重(%)	18.29	23.86	36.88	10.67	36.36	44.13

（三）产业结构发展的不平衡

当前我国经济已由高速增长阶段转向高质量发展阶段，经济发展面临着重大结构性调整以适应经济发展的新常态。经济结构的不平衡，特别是产业结构的不平衡，是影响我国经济向高质量发展转变、导致供需结构不平衡的一大重要原因。党的十九大报告指出，贯彻新发展理念，建设现代化经济体系，要把发展经济的着力点放在实体经济上，把提高

---

① 数据来源于《湖北省统计年鉴2017》。

供给体系质量作为主攻方向,加快建设制造业强国,加快发展先进制造业,支持传统产业优化升级,加快发展现代服务业,促进我国产业迈向全球价值链中高端,培育若干世界级先进制造业集群,坚持去产能、去库存、去杠杆、降成本、补短板,优化存量资源配置,扩大优质增量供给,实现供需动态平衡。近年来,伴随着我国经济社会的不断发展,我国三次产业占国民生产总值的比重也在不断变化,自2012年以来,第三产业已经成为三次产业中占我国国民生产总值比重最大的部分,截至2016年,我国三次产业增加值占国内生产总值的比重为8.6∶39.8∶51.6[1],应该说这与我国经济社会的发展状况是相符的。然而,虽然三次产业结构伴随着我国经济社会的发展而不断调整,我国的产业结构发展仍然还有很大的不协调,这主要体现在实体经济产业在产业结构发展中依然存在一定的问题。

第一,实体经济产业结构性供需失衡。实体经济结构性供需失衡是指尽管我国实体经济产业供给体系产能十分强大,但大多数只能满足中低端、低质量、低价格的需求,而随着我国经济社会的不断发展、对高端产品、高质量产品的需求不断提升,产业供给结构体系未能及时改进,造成了一方面低端产能过剩,另一方面高端产能的质量和产量无法满足全社会不断发展的需求的状况,最终导致了实体经济的衰退。正如习近平总书记在2015年中央经济工作会议上所指出的:"现在,技术变革加快、消费结构升级、国际市场增长放缓同时发生,相当部分生产能力达到峰值,许多生产能力无法在市场实现,加上社会生产成本上升,导致实体经济边际利润率和平均利润率下滑。……正是由于这个原因,大量资金流向虚拟经济,使资产泡沫膨胀,金融风险逐步显现,社会再生产中的生产、流通、分配、消费整体循环不畅。"[2]近年来,以工业、建筑业、批发和零售业为代表的实体经济产业增速总体呈下降趋势,如表4-8所示,一定程度上反映出我国实体经济产业发展疲软,内部结构性改革有待进一步深入。

---

[1] 数据来源于《中国统计年鉴2017》。
[2] 《习近平谈治国理政》第二卷,外文出版社2017年版,第240—241页。

表4-8　2012年—2016年我国工业、建筑业、批发和零售业增加值指数变化情况①

上年=100%	2012年	2013年	2014年	2015年	2016年
工业	8.1%	7.7%	7.0%	6.0%	6.0%
建筑业	9.8%	9.7%	9.1%	6.8%	7.2%
批发和零售业	10.3%	10.5%	9.7%	6.1%	7.1%

首先，传统产业产能过剩且效益较低，高端制造业不能满足人民日益增长的需求。钢铁、有色、化工等传统产业的过剩投资引起严重的产能过剩，以钢材为例，2016年，我国规模以上钢材企业产能151 655.16万吨，较之上年有所下降，然而2016年我国钢材产量113 460.74万吨②，产能转化率为74.81%，仍有相当过剩产能无法利用。传统产业中优质产能不足，且产能相对过剩，随着需求结构的变化，一些资源型行业、原材料产业下滑十分严重，这一定程度上导致了实体经济发展疲软。此外，高端制造发展得仍不协调，中高端产品仍然无法有效满足人民日益增长的消费需求，巨量消费潜力难以释放。根据世界旅游组织统计，2016年我国居民境外消费总额已达到2 610亿美元，表明我国居民中高端消费需求强劲，但国内制造业在一定程度上还不能够完全满足人民不断增长的消费需求，制造业高品质产品供给不足，高端需求存在供需不平衡。

其次，高技术密集产业、高端服务业等产业发展仍然不足。近年来以互联网、大数据、高端装备制造业、生物医药、新能源汽车等为代表的高技术密集产业发展较快，大众创业、万众创新浪潮高涨，释放出产业结构调整的巨大活力，但新兴产业体量仍然偏小，技术创新实力仍需不断提升，短期还难以弥补传统产业下滑带来的影响。与此同时，我国第三产业，特别是第三产业中的高端服务业发展仍然不足，如表4-9所示，从2012年到2016年，我国服务进出口贸易逆差从2012年的797亿美元增长到2016年的2 409亿美元，虽然由于我国经济社会的发展，人民生活水平不断提升，出国旅游变得越来越普遍，是导致服务进出口贸易逆差的一大重要原因，但是从服务业逆差逐年增加，特别是高技术、

---

① 数据来源于《中国统计年鉴2017》。
② 数据来源于《中国统计年鉴2017》。

高端服务业的逆差以及出境旅游的消费仍可以反映出我国高端服务产业发展还有很大的不足。

表 4-9 2012 年—2016 年我国服务进出口贸易逆差变化情况①

	2012 年	2013 年	2014 年	2015 年	2016 年
服务业贸易逆差（亿美元）	797	1 236	2 128	2 154	2 409

第二，实体经济和金融业、房地产业发展的不平衡。金融业、房地产业都是既包含实体经济，又包含很大一部分虚拟经济的行业，近年来我国实体经济和金融业、房地产业发展的不平衡，已成为实体经济产业在产业结构中发展不均衡的一个重要表现。金融业和实体经济失衡是指在实体经济结构性供需失衡的情形之下，实体经济盈利能力下降，其表象为总需求不足，此时因货币发行量并未随之下降而导致大量金融资源在实体经济体外循环，或者说是在金融系统自我循环，加之杠杆作用，产生了这样一个结果：金融业在经济中的比重快速上升，而工业特别是制造业比重下降。房地产业和实体经济失衡是指在实体经济结构性失衡过程中，由于投资机会的匮乏，以及土地、财税、金融政策的不协调不配套，城镇化有关政策和规划欠合理，致使大量资金涌入房地产市场，投机需求旺盛，特别是一线和二线热点城市房地产价格大幅上涨。在房地产市场高收益率刺激下，各路资金纷纷进入，资金脱实向虚情况更加严重，导致经济增长、财政收入、银行利润愈发依赖于房地产市场，进一步推高实体经济成本，使实体经济雪上加霜。2012 年至 2016 年，随着我国工业增加值占当年国民生产总值的比重不断下降，金融业、房地产业增加值占当年国民生产总值的比重总体上在不断上升，如表 4-10 所示，截至 2016 年，我国工业、金融业、房地产业增加值占当年国民生产总值的比重为 33.3%、8.3%、6.5%，由此可以看出，近年来随着以工业为代表的实体经济产业不断下滑，金融业、房地产业等包含很大一部分虚拟经济成分的产业却在国民生产总值中的比重不断提升，大量资金脱离实体经济产业转而投向这些带有很大一部分虚拟经济成分的产业，这对

---

① 数据来源于《中国统计年鉴 2017》。

实体经济产业的发展造成了一定的冲击，对产业结构的不断优化升级已经造成了不利的影响。

表4-10 2012年—2016年我国工业、金融业、房地产业增加值占国民生产总值比重的变化情况①

国民生产总值=100%	2012年	2013年	2014年	2015年	2016年
工业	38.7%	37.4%	36.3%	34.3%	33.3%
金融业	6.5%	6.9%	7.2%	8.4%	8.3%
房地产业	5.8%	6.0%	5.9%	6.1%	6.5%

（四）社会群体结构多元化分层发展的不平衡

随着经济社会的不断发展，我国的综合国力不断迈上新的台阶，人民群众的生活水平也普遍得到了较大的提高，然而，由于城乡二元结构还未消除、制度与市场等方面还存在许多不完善不协调、社会公共服务均等化建设还有很多不足等原因，伴随着经济社会的发展、分工的不断细化，社会群体结构出现了多元化分层的现象，不同群体间的发展存在一定的不平衡状况。社会群体结构多元化分层发展的不平衡，很大程度上阻碍了我国社会的公平、协调发展，影响了共建、共治、共享的社会治理格局的构建，一定程度阻碍了广大人民群众公平感、获得感、幸福感的充实。党的十九大报告指出，必须始终把人民利益摆在至高无上的地位，让改革发展成果更多更公平地惠及全体人民，朝着实现全体人民共同富裕的目标不断迈进。习近平总书记鲜明指出，要"把不断做大的'蛋糕'分好，让社会主义制度的优越性得到更充分体现，让人民群众有更多获得感。要扩大中等收入阶层，逐步形成橄榄型分配格局。特别要加大对困难群众的帮扶力度，坚决打赢农村贫困人口脱贫攻坚战。落实共享发展是一门大学问，要做好从顶层设计到'最后一公里'落地的工作，在实践中不断取得新成效"②。当前，我国社会群体多元化分层发展的不平衡在许多方面都有深刻的影响与表现，需要进一步优化制度政策供给、优化市场主导作用来合理有序地调配社会资源，形成资源、要素

---

① 数据来源于《中国统计年鉴2017》。
② 《习近平谈治国理政》第二卷，外文出版社2017年版，第216页。

的合理有序流动，与此同时，还要进一步推动社会主义思想、社会主义理论、社会主义核心价值观以及社会主义共同理想在人民群众中的广泛、深入传播，从而促进社会各个群体、各个阶层向着更加合理、均衡的方向发展。

第一，不同分工、不同社会群体收入分配依然不够合理，中等收入群体有待进一步扩大。当前，我国仍然处于社会主义初级阶段，以公有制为主体、多种所有制共同发展的基本经济制度决定了我国必须实行以按劳分配为主、多种分配方式并存的分配制度，按劳分配为主是由我国的社会主义性质所决定的。同时，我国实行社会主义市场经济。劳动、资本、技术、管理等生产要素按贡献参与分配，是为了更好地调动各方面的积极性，共同参与到社会主义建设中来。党的十九大报告指出，当前即今后一段时间内，要坚持按劳分配原则，完善按要素分配的体制机制，促进收入分配更合理、更有序。鼓励勤劳守法致富，扩大中等收入群体，增加低收入者收入，调节过高收入，取缔非法收入。坚持在经济增长的同时实现居民收入同步增长，在劳动生产率提高的同时实现劳动报酬同步提高。拓宽居民劳动收入和财产性收入渠道。履行好政府再分配调节职能，加快推进基本公共服务均等化，缩小收入分配差距。习近平总书记在中央财经领导小组第十三次会议上曾对不断扩大中等收入群体作出过鲜明论述，他要求扩大中等收入群体，必须坚持有质量有效益的发展、保持宏观经济稳定，必须弘扬勤劳致富精神，必须完善收入分配制度，必须强化人力资本，必须发挥好企业家作用，必须加强产权保护、健全现代产权制度[①]。目前，我国不同分工、不同社会群体的收入分配依然存在一定的不合理因素。首先，随着社会分工的不断细化、不同生产要素的深度融合，单纯的体力劳动已经很难适应现代化生产的要求，脑力劳动与体力劳动的不断融合，劳动与资本、技术、管理等生产要素的不断融合使我们在一定层面上很难找到一个全面具体的衡量不同劳动分工的量化标准，这就导致在实际分配过程中，不同劳动分工间的收入分配差距存在一定的不合理性。其次，生产经营过程大多需要多种生产

---

① 《习近平谈治国理政》第二卷，外文出版社2017年版，第369页。

要素的组合才能实现，在市场经济的竞争性机制下，稀缺性生产要素会吸引其他生产要素向其周围聚集，那么稀缺性生产要素的所有者和管理者在一定程度上就拥有更多影响其他生产要素的能力。改革开放以后，随着资本在国民经济发展中的作用日益凸显，代表国有资本的管理者群体和拥有私人资本的群体逐渐成为国民经济发展的主导群体。近年来，随着我国产业结构的升级、高技术行业的迅猛发展与资本的相对过剩，科学技术在国民经济发展中的地位愈发重要，拥有高级技术、高级管理才能的群体和高级知识分子群体也越来越在国民经济的发展中具有重要影响力。不同生产要素的所有者与管理者对其他资源与生产要素的影响能力不同，再加上市场经济运行规则还需要进一步规范、要素市场还发育不够完善等原因，使得在按不同生产要素进行分配的过程中，也存在一些不合理的情况。中等收入群体对于国家和社会的安定团结、健康发展具有重要的影响，伴随着我国国民经济的发展，中等收入群体的比例也在不断上升，然而由于不同要素收入分配的不完善和某些体制、机制因素，我国中等收入群体数量与经济发展水平并没有形成相对合理的平衡，中等收入群体的数量还有待进一步提升。综合多种原因，在市场经济环境里，收入分配不平衡有其一定的必然性，但是，在现行收入分配制度中，劳动报酬在初次分配中的比重还有待提高，居民劳动收入和财产性收入渠道还有待进一步拓宽，按生产要素分配的体制机制还有待进一步完善。

第二，不同分工、不同社会群体调配资源的能力不均衡。资源包括自然资源和社会资源两大类，前者如阳光、空气、水、土地、森林、草原、动物、矿藏等，后者包括人力资源、信息资源以及经过劳动创造的各种物质财富等。从某种程度上说，人们不断实现个人利益的过程，就是资源不断分配的过程。在市场经济竞争机制下，不同分工、不同社会群体调配资源的能力不完全平衡是有一定必然性的。不同的分工、不同的社会群体拥有或管理的资源和要素的类型与数量本身就具有一定差别，而生产经营过程大多需要多种生产要素的组合才能实现，在市场经济竞争性机制下，稀缺性生产要素会吸引其他生产要素向其周围聚集，那么稀缺性生产要素的所有者和管理者在一定程度上就拥有更多影响其他生产要素的能力,也就在一定程度上间接拥有了对部分资源更多的调配能力。与此同时,稀缺资源的拥有者和管理者,在市场竞争机制中,通过资源或要素的交换,也会间接获得更多的资源调配能力。然而,由于市场在资源配置中的决定性作用还有待进一步完善,一些制度、政策、法规不够合理,政府公共权力有时过度渗透到资源要素的交换与配置过程中等原因,导致了不同分工、不同社会群体调配资源的能力不合理现象时有发生,进而导致了不同分工、不同社会群体在对资源、要素的交换调配过程中出现了一些不合理,甚至是违法、违规的现象。以公共教育资源为例,在中小学阶段,同一地区公共教育资源的分配主要是以"划片区"分配和按照学生成绩与综合素质分配为主,然而,"划片区"分配就存在学区问题,由于优质中小学教育资源在各个学区内分布不均,这首先造成了教育资源的分配不均衡,然后还导致了拥有优质中小学教育资源的学区内房价高涨,使得除本学区内原有适龄学生外,只有少数能够负担得起进入此学区成本的群体才能分配到优质的中小学教育资源。

第三,社会群体多元化分层呈现代际传递。不同分工、不同社会群体由于收入分配和调配资源能力的不同,给子女提供的成长环境、教育环境也会有所差别,再加上财产具有继承性,知识技能、品德修养具有一定的可传递性,公共社会资源分布不够均衡,以及一些体制、机制的不合理性,导致了社会群体多元化分层逐渐呈现出代际传递的特征,最终也会导致一定程度上收入分配与资源调配能力的代际传递。当前我国依然处于社会主义初级阶段的基本国情没有改变,不同分工、不同社会群体在发展中存在差异是有一定必然性的,但是,社会群体多元化分层的代际传递,一定程度上可能导致社会分层的固化,进而导致社会利益的固化,从而影响社会主义事业未来的发展。应该说,社会群体多元化分层呈现代际传递与我国的社会主义性质是不完全相符的,与逐步实现共同富裕、逐步实现每个人自由而全面的发展的社会主义共同理想是不完全相符的。正如习近平总书记指出的:"共同富裕,是马克思主义的一个基本目标,也是自古以来我国人民的一个基本理想……当然,实现这个目标需要一个漫长的历史过程。我国正处于并将长期处于社会主义初级阶段,我们不能做超越阶段的事情,但也不是说在逐步实现共同富裕方面就无所作为，而是要根据现有条件把能做的事情尽量做起来，积小胜为大胜，不断朝着全体人民共同富裕的目标前进。"① 当前，我们需要在保证经济平稳健康增长的同时，坚持全面深化改革，发挥市场在资源配置中的决定性作用，并更好地发挥政府的作用，促进资源、要素合理有序地流动。同时，政府也要进一步完善收入分配制度，缩小收入分配不合理差距，履行好再分配职能，加快推动公共服务均等化，从而促进整个社会的相对公平、均衡的发展，不断朝着共同富裕和人的全面发展的目标迈进。

三、发展不充分的突出表现

发展不充分的问题作为制约我国经济社会发展的矛盾的重要方面，显示出了在我国经济社会等多方面发展的进程中，一些地方、一些领域、一些方面依然存在着发展不充足的问题，明确了相对于人民日益增长的美好生活需要而言，社会供给特别是在更高层次的社会供给的一些地方、一些领域、一方面还存在着总量发展不足的问题。当今中国，发展不充分的问题体现在许多方面，其中较为突出的有：创新能力有待进一步提升，社会主义市场经济体制有待进一步完善，全面开放的新格局需要逐步形成，人民当家作主的制度体系有待进一步完善，思想文化、社会民生、生态文明建设水平有待进一步提升，党的执政能力、先进性和纯洁性建设需要与时俱进不断提高。

（一）创新能力有待进一步提升

随着我国经济社会的不断发展，我国已由社会供给总量不足，转化为高层次、高质量的社会供给不充足，高层次、高质量的社会供给已经不能满足人民日益增长的美好生活的需要。创新是引领发展的第一动力，创新能力的提升是进一步优化社会供给结构，提高社会供给质量的根本保证。党的十九大报告指出，贯彻新发展理念、建设现代化经济体系，要加快建设创新型国家，创新是引领发展的第一动力，是建设现代化经济体系的战略支撑，要瞄准世界科技前沿，加强应用基础研究，突出关键共性技术、前沿引领技术、现代工程技术、颠覆性技术创新，要加强

---

① 《习近平谈治国理政》第二卷，外文出版社2017年版，第214—215页。

国家创新体系建设，要深化科技体制改革，要倡导创新文化，要培养造就一大批具有国际水平的科技人才和创新团队。习近平总书记在十八届五中全会上的讲话中曾鲜明指出："创新发展注重的是解决发展动力问题。我国创新能力不强，科技发展水平总体不高，科技对经济社会发展的支撑能力不足，科技对经济增长的贡献率远低于发达国家水平……为此，我们必须把创新作为引领发展的第一动力，把人才作为支撑发展的第一资源，把创新摆在国家发展全局的核心位置，不断推进理论创新、制度创新、科技创新、文化创新等各方面创新，让创新贯穿党和国家一切工作，让创新在全社会蔚然成风。"[1] 当前，我国经济总量已跃居世界第二，但大而不强、"臃肿虚胖体弱"问题相当突出。这表明我国的综合创新能力还有待进一步提升，围绕于创新的各个环节的体制机制还有待进一步完善，这是我国这个经济巨人的"阿喀琉斯之踵"，通过创新引领和驱动发展已经成为我国发展的迫切要求。

第一，在我国自主创新能力整体上升的背景下，一些产业、一些方面、一些关键技术领域仍然创新不足。R&D（research and development，研究与实验发展）的各项投入情况是对创新投入的综合研判指标，一定程度上反映出了创新能力的强弱。2016年全国共投入R&D经费15 676.7亿元，比上年增长10.6%，增速较上年提高1.7个百分点；R&D经费投入强度（与国内生产总值之比）为2.11%，比上年提高0.05个百分点；按R&D人员全时当量计算的人均经费为40.4万元，比上年增加2.7万元[2]。总体来看，我国的R&D投入在不断增加，但各项指标与世界创新强国美国相比还有一定的差距，这也一定程度上印证了两国间创新能力的差距。2016年清华大学发布的《国家创新蓝皮书：中国创新发展报告（2016）》在对有R&D活动的企业占比、R&D经费支出占主营业务收入比重、R&D人员占从业人数比重、每万从业人员有效发明专利数和新产品销售收入占总销售收入的比重这五个制造业创新能力测度分析的核心指标进行产业创新能力总体分析的基础上，运用主成分分析法，对制造业不同产业的创新能力进行了系统的综合分析与指数分

---

[1] 《习近平谈治国理政》第三卷，外文出版社2017年版，第198页。
[2] 数据来源于《中国统计年鉴2017》。

析，最终得出了在制造业各产业创新能力整体增强的基础上，制造业各产业 R&D 投入总体仍显不足、创新能力在制造业各产业间差异显著的结论[①]，显示出了我国制造业总体创新水平还有待于进一步提升，创新能力在制造业中的分布还不是十分均衡的问题。与此同时，近年来我国在高铁技术、船舶制造、港口机械、光伏发电等少数领域处于领先地位，而在其他不少领域特别是一些关键技术领域依然存在创新不足甚至是落后的状况，例如我国的高铁技术享誉世界，高铁建成和在建里程世界第一，但是在高铁的一些关键技术部件上依然依赖进口；还有在航空发动机技术、汽车发动机技术、生物医药技术、微芯片技术等关键技术领域也存在依然严重依赖进口的状况。这些高精尖技术领域的综合创新能力还有待进一步提升。

第二，创新成果转化应用和产业化发展程度还不够高，产学研融合发展不够充分。党的十九大报告指出，加快建设创新型国家，深化科技体制改革，要建立以企业为主体、市场为导向、产学研深度融合的技术创新体系，加强对中小企业创新的支持，促进科技成果转化。2016 年我国规模以上工业企业 R&D 经费支出为 10 944.7 亿元，政府所属研究机构 R&D 经费支出为 2 260.2 亿元，高等学校 R&D 经费支出为 1 072.2 亿元[②]，可见企业已经逐渐成为 R&D 经费投入的主体。然而，2016 年清华大学发布的《国家创新蓝皮书：中国创新发展报告（2016）》在利用主成分分析法对国家创新能力综合测度指标体系内包含创新环境、创新资源、创新成果、创新效益等领域的指标进行分析后，对我国的国家创新能力进行了综合分析、趋势预测、阶段分析和国际比较，最终得出了虽然我国科技创新投入逐年增加，但是 R&D 经费投入强度还有很大提升空间，创新成果的产出率并不理想，创新资源的使用效率还处于较低的水平，创新效益的改善速度并不够快，我国创新成果投入社会化生产并转换成经济效益的能力还非常有限的结论[③]。这充分地表明我国的创新成果

[①] 陈劲：《国家创新蓝皮书：中国创新发展报告（2016）》，社会科学文献出版社 2017 年版，第 47—91 页。

[②] 数据来源于《中国统计年鉴 2017》。

[③] 陈劲：《国家创新蓝皮书：中国创新发展报告（2016）》，社会科学文献出版社 2017 年版，第 1—26 页。

转化应用和产业化发展程度还不够高，显示出在从理论、技术到成果、产业的全过程中，企业、学校、科研机构融合发展得还不够充分。

第三，创新的体制机制还有待进一步健全。当前，我国在不同层面还存在一些影响创新发展的体制机制问题。首先，在高校和科研机构之中，项目评审机制、职称待遇评定制度还有待于进一步规范，创新精神、创新文化需要进一步弘扬，对于创新的激励性机制还需要进一步完善。其次，要发挥企业在创新中的主体引领性作用，就要更加完善知识产权保护体系，发挥市场在创新中的导向性作用，使市场在资源要素配置中占主导地位。同时要弘扬和发展勇于开拓创新的企业精神，对于高精尖技术企业和创新能力较强、创新成果较多的企业要给予政策性优惠的支持。

（二）社会主义市场经济体制有待进一步完善

中国共产党带领人民在长期的革命、建设、改革的过程中，深刻总结历史经验教训，勇于不断改革创新，创立了社会主义市场经济体制，推动了社会主义事业的进一步发展，为中国经济社会的发展注入了强大的动力。随着我国经济社会的不断发展，社会主义市场经济体制改革的持续深入，现行经济体制的一些方面已经难以满足经济社会发展的要求，社会主义市场经济体制还有待于进一步完善。习近平总书记在关于《中共中央关于全面深化改革若干重大问题的决定》的说明中曾鲜明指出："经过20多年实践，我国社会主义市场经济体制已经初步建立，但仍存在不少问题，主要是市场秩序不规范，以不正当手段谋取经济利益的现象广泛存在；生产要素市场发展滞后，要素闲置和大量有效需求得不到满足并存；市场规则不统一，部门保护主义和地方保护主义大量存在；市场竞争不充分，阻碍优胜劣汰和结构调整，等等。这些问题不解决好，完善的社会主义市场经济体制是难以形成的。"[①] 党的十九大报告指出，贯彻新发展理念，建设现代化经济体系，要加快完善社会主义市场经济体制，经济体制改革必须以完善产权制度和要素市场化配置为重点，实

---

① 《习近平谈治国理政》，外文出版社2014年版，第76页。

现产权有效激励、要素自由流动、价格反应灵活、竞争公平有序、企业优胜劣汰。当前，为了更好地发挥社会主义制度的优越性，促进社会主义市场经济的充分、协调、健康发展，我国的社会主义市场经济体制改革还需要进一步向纵深推进，社会主义市场经济体制的一些方面还有待进一步完善。

第一，在社会主义市场经济体制改革和发展过程中，要素市场还需要进一步完善。要素市场化配置需要进一步推进，保证劳动力、土地、资本、技术、管理等生产要素在市场中更加合理有序的流动，要深化劳动力市场改革，依法保障平等就业；深化土地市场改革，加快建设城乡统一的建设用地市场；深化资本市场改革，促进多层次资本市场健康发展。要素价格市场化决定机制还需要进一步完善，通过深化商事制度改革等措施，打破行政性垄断和市场垄断，加快推动要素价格市场化改革，实现价格反应灵活，同时也要完善市场的监管体系。公平竞争的市场环境还需要进一步完善，通过全面实施市场准入负面清单制度等措施，保证市场的统一开放和有序竞争，激发企业作为市场主体的活力。

第二，在社会主义市场经济体制改革和发展过程中，产权制度还需要进一步完善。要坚持和完善以公有制为主体，多种所有制共同发展的基本经济制度，必须毫不动摇地巩固和发展公有制经济，毫不动摇地鼓励、支持、引导非公有制经济发展。完善各类企业的市场主体地位，实现企业优胜劣汰，培育具有全球竞争力的世界一流企业，要深化国有企业改革，加快国有经济布局优化、结构调整、战略重组，推动国有经济做大做强，同时要完善监管，防止国有资产流失；要发展混合所有制经济，实现产权有效激励，支持民营企业发展，完善产权保护机制，促进各类企业的协调均衡发展。

第三，在社会主义市场经济体制改革和发展过程中，政府的作用还需要更好的发挥。要创新和完善政府宏观调控，更好地发挥政府作用，发挥国家发展规划的战略导向作用，健全财政、货币、产业、区域等经济政策协调机制。要完善促进消费的体制机制改革，深化投融资体制改革，深化税收改革，加快建立现代财政制度和规范透明、标准科学、约束有力的预算制度。要健全货币政策和宏观审慎政策双支柱调控框架，深化利率和汇率市场化改革，深化金融市场改革、健全金融监管体系，增强金融服务实体经济能力，守住不发生系统性金融风险的底线。

（三）全面开放的新格局需要逐渐形成

开放是一个国家繁荣发展、实现现代化的必由之路，以开放促改革、以开放促发展，是我国在社会主义现代化建设的伟大征程中不断取得新的成就、夺取新的胜利的重要保证。当今世界正处于大发展、大变革、大调整时期，我国的经济发展也处于转变发展方式、优化经济结构、转换增长动力的攻关期。随着我国改革开放事业的持续深入发展、对外开放面临的国际国内形势深刻复杂变化，我国在不断对外开放的进程中面临着前所未有的机遇和挑战，我们需要迎难而上，逐步形成全面开放的新格局，积极稳妥地把握机遇，迎接挑战。党的十九大报告指出，贯彻新发展理念，建设现代化经济体系，需要推动形成全面开放新格局，开放带来进步，封闭必然落后，中国开放的大门不会关闭，只会越开越大。习近平总书记在十八届五中全会第二次全体会议的重要讲话中曾强调，"现在的问题不是要不要对外开放，而是如何提高对外开放的质量和发展的内外联动性。我国对外开放水平总体上还不够高，用好国际国内两个市场、两种资源的能力还不够强，应对国际经贸摩擦、争取国际经济话语权的能力还比较弱，运用国际经贸规则的本领也不够强，需要加快弥补"[①]。当前，为了更好地形成全面开放的新格局，在进一步扩大对外开放的过程中，我们需要坚持"引进来"和"走出去"相结合，拓展国民经济发展空间；坚持沿海开放和内陆沿边开放更好结合，优化区域开放布局；坚持制造领域开放和服务领域开放更好结合，以高水平开放促进深层次结构调整；坚持向发达国家开放与发展中国家开放更好结合，扩大同各国的利益交汇点；坚持多边开放与区域开放更好结合，做开放性世界经济的建设者、贡献者。

第一，推动形成全面开放的新格局，需要扎实推进"一带一路"建设。"一带一路"建设是我国扩大对外开放的重大举措，也是今后一段时期对外开放的工作重点。推进"一带一路"建设，要进一步加强同沿线

---

① 《习近平谈治国理政》第二卷，外文出版社2017年版，第199页。

国家发展战略对接，增进战略互信，寻求合作的最大公约数，将"一带一路"建成和平之路；要聚焦发展这个根本，以"六廊六路多国多港"为主体框架，大力推动互联互通和产业合作，拓展金融合作空间，将"一带一路"建成繁荣之路；要进一步提高贸易和投资自由化便利化水平，与相关国家商谈优惠贸易安排和投资保护协定，全面加强海关、检验检疫、运输物流、电子商务等领域合作，将"一带一路"建成开放之路；要进一步抓住新一轮科技革命和产业变革的机遇，加强创新能力开放合作，将"一带一路"建成创新之路；要进一步建立多层次的人文合作机制，推动教育、科技、文化、体育、旅游、卫生、考古等各领域人文合作，夯实民意基础，将"一带一路"建成文明之路。

第二，推动形成全面开放的新格局，需要加快贸易强国建设。改革开放40年来，我国对外贸易实现了历史性跨越，2016年，我国货物贸易出口总额达到20 976.3亿美元，位居世界第一，货物贸易进口总额达15 879.3亿美元，位居世界第二[①]。然而，我国出口贸易大而不强的问题较为突出，主要是创新能力较弱，出口产品质量、档次和附加值不高。加快贸易强国建设，要进一步加快货物贸易优化升级，加快外贸转型升级基地、贸易平台、国际营销网络建设，鼓励高新技术、装备制造、品牌产品出口，引导加工贸易转型升级；要促进服务贸易创新发展，鼓励文化、旅游、建筑、软件、研发设计等服务出口，大力发展服务外包，打造"中国服务"国家品牌；要培育贸易新业态新模式，坚持鼓励创新、包容审慎的原则，逐步完善监管制度、服务体系和政策框架，支持跨境电子商务、市场采购贸易、外贸综合服务等健康发展，打造外贸新的增长点。同时在进口贸易方面，要实施更加积极的进口政策，扩大先进技术设备、关键零部件和优质消费品等进口，促进进出口平衡发展；要办好中国国际进口博览会，打造世界各国展示国家形象、开展国际贸易的开放型合作平台。

第三，推动形成全面开放的新格局，需要改善外商投资环境，优化区域开放布局。目前，全球引资竞争日趋激烈，不少国家要素成本比我

---

① 数据来源于《中国统计年鉴2017》。

国更低,政策优惠力度比我国更大,2013年至2016年,我国实际使用外资增长率并不乐观,2016年更是出现了负增长,为-0.21%,如表4-11所示。需要进一步改善外商的投资环境,培育引资竞争新优势,营造稳定、公平、透明、法治化、可预期的营商环境。改善外商投资环境,要进一步加强利用外资法治建设,完善外商投资管理体制,营造公平竞争的市场环境并保护外商投资的合法权益。同时在优化区域开放布局方面,要进一步加大中西部开放力度,完善口岸、跨境运输等开放基础设施,实施更加灵活的政策,建设好自贸试验区、国家级开发区、边境经济合作区、跨境经济合作区等开放平台,打造一批贸易投资区域枢纽城市,扶持特色产业开放发展,在中西部地区形成若干开放型经济新增长极;要赋予自贸试验区更大的改革自主权,要着眼于提高自贸试验区建设质量,对标国际先进规则,强化改革举措系统集成,鼓励地方大胆试、大胆闯、自主改,形成更多制度创新成果,进一步彰显全面深化改革和扩大开放的试验田作用;要探索建设自由贸易港,我国海岸线长,离岛资源丰富,探索建设中国特色的自由贸易港,打造开放层次更高、营商环境更优、辐射作用更强的开放新高地,对于促进开放型经济创新发展具有重要意义。

表4-11 2013年—2016年我国实际使用外资增长率变化情况[①]

上年=100%	2013年	2014年	2015年	2016年
实际使用外资增长率(%)	4.79	0.83	5.48	-0.21

第四,推动形成全面开放的新格局,需要创新对外投资合作方式,促进贸易和投资自由化便利化。截至2018年,我国近十年的对外投资年均增长27.2%,2016年对外直接投资净额约1 961.49亿美元,对外直接投资存量13 573.90亿美元[②],跻身对外投资大国行列。但总体看,我国企业走出去仍处于初级阶段,利用国内外市场、资源的能力不够强,非理性投资和经营不规范等问题较为突出,一些领域潜藏着风险隐患。创新对外投资合作方式,要进一步促进国际产能合作,带动我国装备、技术、标准、服务走出去;要加强对海外并购的引导,重在扩大市场渠道、

---

① 根据《中国统计年鉴2017》数据计算。
② 数据来源于《中国统计年鉴2017》。

提高创新能力、打造国际品牌，增强企业核心竞争力；要规范海外经营行为，引导企业遵守东道国法律法规、保护环境、履行社会责任，遏制恶性竞争；要健全服务保障，加强和改善信息、法律、领事保护等服务，保障海外人员安全，维护海外利益。同时在促进投资自由便利化方面，要进一步支持多边贸易体制，落实世贸组织《贸易便利化协定》，推动世贸组织部长级会议取得积极成果，推进多哈回合剩余议题谈判，积极参与服务贸易协定、政府采购协定等谈判；要稳步推进自由贸易区建设，推动区域全面经济伙伴关系协定早日达成，推进亚太自贸区建设，逐步构筑起立足周边、辐射"一带一路"、面向全球的高标准自由贸易区网络；要提高双边开放水平，继续与有关国家商谈高水平的投资协定以及各种形式的优惠贸易安排，妥善应对贸易摩擦。

（四）人民当家作主的制度体系有待进一步完善

我国是工人阶级领导的、以工农联盟为基础的人民民主专政的社会主义国家，国家的一切权力属于人民。伴随着我国经济社会的不断发展，人民对美好生活的需要也日益广泛，不仅对物质文化生活提出更高要求，而且在民主、法制、公平、正义等方面的要求日益增长，随着人民对美好生活的需要日益广泛，我国政治体制的人民性还需要更好地体现，政治体制改革还需要进一步推进，人民当家作主的制度体系还有待于进一步向纵深发展。习近平总书记在庆祝全国人民代表大会成立60周年大会上的讲话中指出："我们一直认为，我们的民主法治建设同扩大人民民主和经济社会发展的要求还不完全适应，社会主义民主政治的体制、机制、程序、规范以及具体运行上还存在不完善的地方，在保障人民民主权利、发挥人民创造精神方面也还存在一些不足，必须继续加以完善。在全面深化改革进程中，我们要积极稳妥推进政治体制改革，以保证人民当家作主为根本，以增强党和国家活力、调动人民积极性为目标，不断建设社会主义政治文明。"[1] 党的十九大报告指出，健全人民当家作主制度体系，发展社会主义民主政治，要坚持党的领导、人民当家作主、依法治国有机统一，要加强人民当家作主制度保障，要发挥社会主义协商民主

---

[1]《习近平谈治国理政》第二卷，外文出版社2017年版，第289页。

重要作用，要深化依法治国实践，要深化机构和行政体制改革、要巩固和发展爱国统一战线。社会主义政治体制改革，要始终坚持人民主体地位，健全人民当家作主制度体系，加强人民当家作主的制度、法律保障，从而保证我国社会主义民主政治能够始终体现人民意志、始终保障人民权益、不断激发人民创造活力，使人民群众有更多的参与感、获得感、公平感。

第一，社会主义民主、法制进程有待全面深入推进。推动政治体制改革，促进社会主义民主、法制进一步向纵深发展，就要坚持党的领导，人民当家作主和依法治国的有机统一。当前，我国民主、法制的建设进程还需要进一步全面深入推进，作为人民当家作主的根本政治制度，人民代表大会制度的作用还需要更好发挥，人民政治参与的范围还需要有序扩大，社会主义协商民主还需要向更广泛、多层次、制度化发展，全面依法治国的实践还需要广泛深入实施。

首先，推动社会主义民主深入发展，要更好地发挥人民代表大会制度的作用。要支持和保证人民通过人民代表大会行使国家权力，要坚持人民主体地位，通过人民代表大会制度，更好发挥党总揽全局、协调各方的领导核心作用，并支持和保证人民代表大会依法行使立法权、监督权、决定权、任免权；要加强宪法实施和监督，人民代表大会及其常务委员会负有监督宪法实施的法定职责，要持续推进各项工作的合宪性审查，做好宪法的各项解释工作，加强各类规范性文件的备案审查工作，审慎研究各项涉及宪法有关规定的政策；要更好行使立法权，积极适应新形势新要求，发挥全国人民代表大会及其常务委员会在立法工作中的主导作用，坚持立改废释并举，提高立法质量，增强法律法规的及时性、系统性、针对性、有效性；要使各级人民代表大会及其常务委员会成为全面担负起宪法法律赋予的各项职责的工作机关、成为同人民群众保持密切联系的代表机关，切实用好宪法法律赋予的监督权，依法行使重大事项决定权，依法行使人事任免权，通过不断完善人民代表大会组织工作制度、优化机构人员构成，使其更好地密切联系群众，更好地发挥代表人民的作用。

其次，推动社会主义民主深入发展，要推进社会主义协商民主更广泛、多层次、制度化发展。要继续加强政党协商，积极开展人大协商，扎实推进政府协商，充分发挥人民政协作为协商民主重要渠道和专门协商机构的作用；与此同时，还要认真做好人民团体协商工作，稳步推进基层民主协商工作，探索开展社会组织间的协商工作。通过加强协商民主制度的建设，形成完整的制度程序和参与实践，保证人民在日常政治生活中有广泛持续深入参与政治生活的权利。

最后，推动社会主义法制深入发展，要使全面依法治国的实践更加广泛深入地实施。全面依法治国，要坚持以党的领导为根本保证，要坚持把全面贯彻实施宪法作为首要任务，要坚持以良法善治为基本取向，要坚持把抓住党员领导干部这个"关键少数"作为重要方法。在推动依法治国实践的过程中，要推进科学立法、民主立法、依法立法，提高立法质量；要加快建设法治政府，做到严格规范公正文明执法；要深化司法体制综合配套改革，努力让人民群众在每一个司法案件中感受到公平正义；要加大全民普法力度，建设社会主义法治文化。

第二，机构和行政体制改革有待全面铺开。随着我国经济社会的不断发展，一些行政单位、机构在我国的政治生活中已经不够适应，一些落后的体制机制、规章、方法已经严重阻碍到了行政效率的提升和人民日常生活的便利。推动人民当家作主的制度体系进一步向纵深发展，就要在全国范围内全面铺开机构和行政体制改革，建设人民满意的服务型政府。全面铺开机构和行政体制改革，要统筹推进各类机构改革，完善国家治理的组织架构；要深化简政放权、坚持放管结合，进一步转变政府职能；要优化地方各级权力配置，更好发挥贴近基层和群众的管理服务；要深化事业单位改革，加快建立中国特色公益服务体系。

第三，爱国统一战线有待进一步巩固和发展。统一战线作为党的事业取得胜利的重要法宝，是我们必须长期坚持的一项工作，当前，随着国际、国内形势的不断变化，爱国统一战线也需要根据形势变化进一步巩固和发展。巩固和发展爱国统一战线，要高举爱国主义、社会主义旗帜，用党的集中统一领导巩固根基，用共同的奋斗目标凝聚精神，用共同的思想政治基础凝聚力量，用新时代中国特色社会主义的伟大实践凝聚智慧。巩固和发展爱国统一战线，要团结全世界致力于中华民族伟大复兴的仁人志士,进一步做好民主党派工作,进一步做好党外知识分子和新的社会阶层人士的工作,进一步做好非公有制经济领域人士的工作,进一步做好民族工作和宗教工作,进一步做好海外侨胞和归侨侨眷的工作。

(五)思想文化、社会民生、生态文明建设水平有待进一步提升

随着我国经济社会的不断发展,综合国力的不断增强,我国社会供给总量不足的状况已经改变,但是随着人民美好生活需要的日益广泛,人民不仅对物质文化生活提出了更高要求,而且在社会公平、正义、安全和生态文明等方面的要求日益增长。当前,我国在思想文化、社会民生、生态文明等方面依然发展的不够充分,有待于进一步提高,这就造成了思想文化、社会民生、生态文明与经济社会发展的状况还不够平衡,一定程度上无法满足人民日益增长的、广泛的美好生活需要。现阶段,我国的文化自信还需要不断增强,社会主义文化还有待于进一步走向繁荣兴盛,我国的民生水平还需要不断提高,社会治理方式方法还需要不断创新、加强,我国的生态文明体制改革还需要继续深入,建设美丽中国的任务还有待于持续推进。

第一,思想文化建设水平有待进一步提高。文化是一个国家、一个民族的灵魂,没有高度的文化自信,没有文化的繁荣兴盛,就没有中华民族伟大复兴。党的十九大报告指出,坚定文化自信,推动社会主义文化繁荣兴盛,要牢牢掌握意识形态工作领导权,要培育和践行社会主义核心价值观,要加强思想道德建设,要繁荣发展社会主义文艺,要推动文化事业和文化产业发展。当前,我国的思想文化建设水平还有待于进一步提高,许多方面还需要不断深入发展。

首先,作为中国特色社会主义文化的引领者,中国共产党要牢牢掌握意识形态工作的领导权。要大力推进马克思主义中国化、时代化、大众化,着力推进习近平新时代中国特色社会主义思想深入人心;要坚持不懈加强理论武装,加快构建中国特色哲学社会科学;要高度重视传播手段建设和创新,切实加强网络建设和治理;要严格落实意识形态工作责任制,不断提高政治觉悟和责任担当。

其次,我国作为一个社会主义大国,社会主义核心价值观还有待于

进一步培育和践行。要在更广泛的人民群众中树立共产主义伟大理想和中国特色社会主义共同理想；要着力培养担当民族复兴大任的时代新人；要充分发挥党员干部践行社会主义核心价值观的示范作用；要使社会主义核心价值观结合中华民族的优秀传统文化不断深入发展；要充分发挥法律和政策对培育和践行社会主义核心价值观的导向性作用。

再次，思想道德建设还有待进一步加强，全社会文明程度需要进一步提高。要广泛开展理想信念教育，加强爱国主义、集体主义、社会主义教育，引导人们树立正确的历史观、民族观、国家观、文化观；要深入实施公民道德建设工程，推进社会公德、职业道德、家庭美德、个人品德建设，激励人们向上向善、孝老爱亲，忠于祖国、忠于人民；要养成良好社会风气，弘扬科学精神和时代新风，抵制落后腐朽的文化的侵蚀，推进诚信建设和志愿服务制度化，强化社会责任意识、规则意识、奉献意识。

最后，社会主义文艺有待进一步繁荣，文化事业和文化产业发展需要大力推进。要坚持以人民为中心的创作导向，推出更多无愧于时代的优秀作品；要繁荣文艺创作、加强文艺队伍建设，在推出更多精品力作的同时，培养一批高水平创作人才；要着力构建把文化创作社会效益放在首位，社会效益和经济效益相统一的体制机制；要重点完善公共文化服务体系，丰富群众性文化活动；要健全现代文化产业体系和市场体系，创新生产经营机制；要加强中外人文交流，扩大中华文化国际影响力。

第二，社会民生建设水平有待进一步提高。带领人民创造美好生活，是我们党始终不渝的奋斗目标。我国社会主要矛盾的转化，对我国社会民生领域的建设提出了更高的要求，必须坚持以人民为中心的发展思想，让改革发展的成果更多更公平地惠及全体人民，朝着实现人的全面发展和全体人民共同富裕不断迈进。党的十九大报告指出，提高保障和改善民生水平，加强和创新社会治理，要优先发展教育事业，要提高就业质量和人民收入水平，要加强社会保障体系建设，要坚决打赢脱贫攻坚战，要实施健康中国战略，要打造共建共治共享的社会治理格局，要有效维护国家安全。

首先，要坚决打赢脱贫攻坚战，提高人民的收入水平。要进一步推进精准扶贫、精准脱贫各项政策措施落地生根；要注重扶贫同扶志、扶智相结合；要坚持专项扶贫、行业扶贫、社会扶贫互为补充的"三位一体"大扶贫格局；要进一步强化脱贫攻坚责任制；要重点攻克深度贫困地区脱贫任务。

其次，社会公共服务体系还有待进一步完善，公平正义的社会格局需要深入建设。教育事业还有待进一步发展，要全面贯彻党的教育方针，落实立德树人根本任务，发展素质教育；要坚持以人民为中心，持续推进城乡、区域间教育公平，补齐民生短板；要以新发展理念统筹各级各类教育事业发展，深化教育领域综合改革，加快建设学习型社会。多层次的社会保障体系还有待进一步构建，要全面实施全民参保计划，建立全国统一的社会保险公共服务平台，完善城镇职工基本养老保险和城乡居民基本养老保险制度，完善统一的城乡居民基本医疗保险制度和大病保险制度，完善失业、工伤保险制度；要统筹城乡社会救助体系，完善最低生活保障制度，完善社会救助、社会福利、慈善事业、优抚安置等制度。健康中国战略有待进一步推进落实，要深化医药卫生体制改革，全面建立中国特色基本医疗卫生制度；要以强基层为重点，促进医疗卫生工作重心下移、资源下沉；要坚持预防为主，全面提升公共卫生服务水平；要坚持中西医并重，传承发展传统中医药事业；要大力发展健康产业，满足人民群众多样化健康需求；要进一步完善人口政策，促进人口均衡发展与家庭和谐幸福。

最后，共建共治共享的社会治理格局需要逐步构建，社会流动性与中等收入人群比重需要逐步提高。要加强预防和化解社会矛盾的机制建设，正确处理人民内部矛盾；要树立安全发展理念，健全公共安全体系；要加强社会治安防控体系建设，保护人民人身权、财产权、人格权；要加强社会心理服务体系建设，培育自尊自信、理性平和、积极向上的社会心态；要进一步加强社区治理体系建设，推动社会治理重心向基层下移；要深化户籍制度改革，消除户籍不平等，加快农业人口市民化过程；要构建并完善社会纵向流动体制机制，促进社会人人向上，促进中等收入群体不断增加。

第三，生态文明建设水平有待进一步提高。人与自然是生命共同体，人类必须尊重自然、顺应自然、保护自然，才能保证人与自然的和谐共生，才能更好地促进人类社会的发展。随着人民对美好生活需要的日益增长，我们不仅要创造更多的物质财富和精神财富，更要创造更加优美的生态环境、提供更多优质生态产品来满足人民日益增长的对优美生态环境的需要。党的十九大报告指出，加快生态文明体制改革，建设美丽中国，要推进绿色发展，要着力解决突出环境问题，要加大生态系统保护力度，要改革生态环境监管体制。

首先，绿色发展理念还有待在经济社会的发展中牢固树立。要加快建立绿色生产和消费的法律制度和政策导向，建立健全绿色低碳循环发展的经济体系；要构建市场导向的绿色技术创新体系，用绿色技术改造形成绿色经济；要发展绿色金融，推动金融更好地服务于实体经济的绿色转型；要不断壮大节能环保产业、清洁生产产业、清洁能源产业，形成经济的新增长点；要推进能源生产和消费革命，构建清洁安全、低碳高效的能源体系；要推进资源全面节约和循环利用，倡导节约适度、绿色低碳的生活方式，更好地推进循环经济发展。

其次，一系列突出的环境问题还有待解决。要继续打好大气污染防治、水污染防治、土壤污染管控和修复的"三大战役"；要加强农业面污染源防治，开展农村人居环境整治行动；要提高污染排放标准，强化排污者责任，健全环保信用评价、信息强制性披露、严惩重罚等制度；要构建政府为主导、企业为主体、社会组织和公众共同参与的环境治理体系；要积极参与全球环境治理，为全球生态环境保护作出贡献。

再次，生态系统保护力度需要进一步加大。要进一步构建国家重点生态功能区生态安全战略格局，完成生态保护红线、永久基本农田、城镇开发边界三条控制线划定工作；要开展国土绿化行动，完善天然林保护制度，扩大退耕还林还草，严格保护耕地；要建立以政府为主导、企业和社会各界参与、市场化运作、可持续的生态补偿机制。

最后，生态环境监管体制改革有待进一步深入。要设立国有自然资源资产管理和自然生态监管机构，完善生态环境管理制度；要构建国土空间开发保护制度，完善主体功能区配套政策，建立以国家公园为主体的自然保护地体系；要坚决制止和惩处破坏生态环境的行为，形成不敢且不能破坏生态环境的高压态势和社会氛围。

（六）党的执政能力、先进性和纯洁性建设需要与时俱进不断提高

党政军民学，东西南北中，党领导一切，中国共产党的领导是中国特色社会主义最本质的特征。中国特色社会主义进入了新时代，站在新的历史方位，中国共产党要团结带领广大人民群众科学应对新的矛盾，朝着全面建设社会主义现代化国家的新目标不断迈进，这就对新时代中国共产党的建设与发展提出了新的要求。中国共产党一定要适应时代发展，与时俱进地不断增强执政能力，持续加强先进性、纯洁性建设，把党建设得更加坚强有力，继续团结带领广大人民群众进行伟大斗争、推进伟大事业、实现伟大梦想。党的十九大报告指出，坚定不移全面从严治党，不断提高党的执政能力和领导水平，要以加强党的长期执政能力建设、先进性纯洁性建设为主线，要把党的政治建设摆在首位，要用习近平新时代中国特色社会主义思想武装全党，要建设高素质专业化干部队伍，要加强基层组织建设，要持之以恒正风肃纪，要夺取防腐败斗争压倒性胜利，要健全党和国家监督体系，要全面增强执政本领。新时代背景下，党的建设水平还有待与时俱进全面提高，全党要紧密围绕在以习近平同志为核心的党中央周围，以改革创新精神全面推进党的建设新的伟大工程。

第一，党的政治建设需要持续深入推进。党的政治建设处在党的建设的首要位置，是党的根本性建设，决定党的建设的方向和效果，旗帜鲜明讲政治是我们党作为马克思主义政党的根本要求，是党的十八大以来全面从严治党的成功经验。新时代背景下，党的政治建设还需要持续深入推进。首先，全党要坚决维护以习近平同志为核心的党中央的集中统一领导，维护以习近平同志为核心的党中央的权威。全党要牢固树立政治意识、大局意识、核心意识、看齐意识，要严守党的政治纪律和政治规矩，要坚决防止和纠正自行其是、各自为政，有令不行、有禁不止，上有政策、下有对策等行为。其次，要严肃党内政治生活。全党要严格执行《关于新形势下党内政治生活的若干准则》，要坚持和完善民主集中制，要坚持不懈开展批评和自我批评。再次，要发展积极健康的党内政治文化。全党要把弘扬共产党人价值观作为发展积极健康的党内政治文

化的核心内容,要坚决抵制和反对各种腐朽、庸俗文化的侵蚀。最后,要自觉加强党性锻炼。全党同志要永葆对党忠诚的政治品格,要坚守个人干净的为官底线,要强化敢于负责的担当精神,要不断提高自身的政治能力。

第二,要用习近平新时代中国特色社会主义思想武装全党。思想建设是党的基础性建设,坚持用科学的理论武装全党,是中国共产党永葆先进性、纯洁性的根本保证。习近平新时代中国特色社会主义思想,是马克思主义中国化的最新成果,是党和人民实践经验和集体智慧的结晶,是中国特色社会主义理论一次里程碑式的伟大飞跃,是全党全国人民为实现中华民族伟大复兴而奋斗的行动指南。新时代背景下,必须长期坚持以习近平新时代中国特色社会主义思想武装全党。首先,要坚持不懈用习近平新时代中国特色社会主义思想教育党员干部。全党要坚持集中教育和经常性教育相结合,持续抓好全党习近平新时代中国特色社会主义思想学习教育,要坚持将习近平新时代中国特色社会主义思想作为中心内容,大力加强各类各级干部教育培训,要坚持抓好"关键少数",充分发挥领导干部在学习贯彻习近平新时代中国特色社会主义思想中的示范引领作用,要坚持建立健全教育培训制度,形成学习贯彻习近平新时代中国特色社会主义思想长效机制。其次,要把学习习近平新时代中国特色社会主义思想的成果体现在推动各方面工作之中,在实践中充分发挥习近平新时代中国特色社会主义思想的理论指导作用。

第三,党的干部队伍和基层组织建设需要继续加强。党的干部队伍建设和党的基层组织建设是党的组织建设的重要组成部分,对于提高党的执政能力,维护党的先进性、纯洁性具有重要作用。新时代背景下,高素质专业化干部队伍建设还需要持续推进,党的基层组织建设还有待于进一步加强。首先,建设高素质专业化干部队伍,必须突出政治标准。选拔党的干部,毫无疑问要突出政治标准,这是政党的政治属性决定的,是保证政党团结统一、实现政治主张和政治目标的必然要求,中国共产党作为马克思主义政党,历来把政治标准作为选人用人的首要标准。新时代背景下,建设高素质专业化干部队伍,要看政治忠诚,是否牢固树立"四个意识";要看政治定力,是否牢固树立"四个自信";要看政治担当，是否坚持原则、敢于斗争；要看政治能力，是否善于从政治上观察和处理问题；要看政治自律，是否严格遵守党的政治纪律和政治规矩。其次，加强党的基层组织建设，必须要全面提升基层党组织的组织力。组织力是组织的生命力的具体体现，基层党组织组织力的强弱直接关系到党的创造力、凝聚力、战斗力和领导力、号召力，对党执政兴国具有重要影响。新时代背景下，全面提升基层党组织的组织力，要以提升政治领导力为统领，坚定不移把党的领导落实到基层，要以提升组织覆盖力为前提，推动党的组织和党的工作全面覆盖，要以提升群众凝聚力为基础，让基层党组织真正成为群众的"主心骨"，要以提升社会号召力为抓手，充分彰显党的强大组织优势，要以提升发展推动力为目标，围绕中心、服务大局、不断推进党的基层组织工作。

第四，党的纪律作风建设需要持续加强，党和国家监督体系需要不断完善。党的纪律作风建设是永葆党的纯洁性、维护党的先进性的重要保证，不断完善党和国家监督体系，对于持之以恒正风肃纪、维护党的先进性与纯洁性具有重要的制度保障作用。新时代背景下，党的纪律作风建设还需要持续加强，党和国家监督体系还需要不断完善。首先，加强党的纪律作风建设，要持之以恒改进党的作风，严肃党的纪律。中国共产党作为马克思主义执政党，不但要有强大的真理力量，而且要有崇高的形象和威望，这种形象和威望集中体现为优良的作风和严明的纪律。新时代背景下，持之以恒正风肃纪，要不断提升全党的党性修养，以坚强的党性锻造优良的党风，要不断密切党同人民群众的联系，保持党与人民群众的血肉联系这个根本，要以钉钉子精神稳扎稳打，不断改进党的作风，严肃党的纪律。同时，正风肃纪要牢牢盯紧党员领导干部特别是高级干部这个"关键少数"，坚持以上率下，要注重抓早抓小、防微杜渐，运用好监督执纪的"四种形态"，使党员干部在受监督和约束的环境中工作生活。其次，要不断健全党和国家监督体系。中国共产党全面领导、长期执政的制度优势已经充分彰显，但同时也面临着许多的风险和挑战，最根本的挑战来自党自身，保持党的肌体健康，要靠不断完善党和国家监督体系，不断发现问题、纠正偏差，激浊扬清、吐故纳新。新时代背景下，健全党和国家监督体系，要不断完善党和国家监督体系的战略部署,围绕政治建设这个根本开展党内监督,把监督执纪的"四种形态"作为强化监督的抓手,把党的巡视工作不断向纵深推进,把不断探索党的纪律检查委员会派驻监督机制改革作为重要方向,把党内监督和外部监督的作用同时发挥好。健全党和国家监督体系,要确保如期完成国家监察体制改革任务,坚持党对反腐败工作的统一领导,构建集中统一、全面覆盖、权威高效的监察体系,不断夺取反腐败斗争的压倒性胜利。

第五,党的执政本领需要全面增强。党的执政本领就是党领导人民治理国家的能力,是党提出和运用正确的理论、路线、方针、政策和策略,领导制定和实施宪法和法律,采取科学的领导制度和领导方式,动员和组织人民依法管理国家和社会事务、经济和文化事业,有效治党治国治军,建设社会主义现代化国家的本领。新时代背景下,全面推进党的建设新的伟大工程,就要全面增强党的执政本领。全体党员干部要不断增强学习本领,在全党营造善于学习、勇于实践的浓厚氛围,建设马克思主义学习型政党,推动建设学习型大国;全体党员干部要不断增强政治领导本领,不断提高把方向、谋大局、定政策、促改革的能力,提高保持政治定力、驾驭政治局面、防范政治风险的能力;全体党员干部要不断增强改革创新本领,保持锐意进取的精神风貌,进一步解放思想、与时俱进,善于结合实际创造性推动工作,善于运用新技术、新手段开展工作;全体党员干部要不断增强科学发展本领,坚定不移贯彻创新、协调、绿色、开放、共享的发展理念,统筹推进"五位一体"总体布局,协调推进"四个全面"战略布局,不断增强我国综合创新能力和综合竞争力,不断开创发展新局面;全体党员干部要不断增强依法执政本领,要加快形成覆盖党的领导和党的建设各方面的党内法规制度体系,坚持依法治国与依规治党有机统一,要加强和改善党对国家政权机关的领导,把党总揽全局、协调各方同人大、政府、政协、审判机关、监察机关、检察机关依法依章履行职能,开展工作有机统一起来;全体党员干部要不断增强群众工作本领,要创新群众工作体制机制和方式方法,既要服务于群众,又要带领群众坚定不移贯彻落实党的理论、路线、方针、政策,要加强和改进党对群团工作的领导,推动工会、共青团、妇联等群团组织增强政治性、先进性、群众性，发挥其联系群众的桥梁和纽带作用；全体党员干部要不断增强狠抓落实本领，坚持说实话、谋实事、出实招，把雷厉风行和久久为功有机结合起来，勇于攻坚克难，以钉钉子精神做实做细做好各项工作；全体党员干部要不断增强驾驭风险本领，提高处理各种复杂矛盾的能力，勇于战胜前进路上的各种艰难险阻，牢牢把握工作主动权。

第五章　党的十九大对解决新时代我国社会主要矛盾的战略与策略规划

改革开放 40 年来，我国之所以能够创造人类历史上的发展奇迹，就在于准确抓住了我国社会主要矛盾。因此现阶段能否正确认识和把握我国社会主要矛盾，事关党和国家事业发展的全局。针对新时代社会主要矛盾的全局性、根本性和变化性的特点，在党的十九大上，以习近平同志为核心的党中央举旗定向、运筹帷幄，凭借马克思主义政治家、理论家的深刻洞察力、敏锐判断力和战略定力，不断推进理论与实践与时俱进创新，为新时代解决社会主要矛盾制定了详细而精准的战略与策略规划，意志坚定、目标明确、方向正确。

第一节　定方向：坚持中国特色社会主义道路

"道路问题是关系党的事业兴衰成败第一位的问题，道路就是党的生命。"[①] 新中国成立 70 年来特别是改革开放 40 年来，我们党坚持把马克思主义基本原理同我国具体实际和时代特征相结合，成功开辟了中国特色社会主义道路。中国特色社会主义道路，就是坚持党领导一切，牢牢立足社会主义初级阶段这个基本国情和最大实际，牢牢坚持党的基本路线这个党和国家的生命线、人民的幸福线，领导和团结全国各族人民，以经济建设为中心，坚持四项基本原则，坚持改革开放，解放和发展生产力，巩固和完善社会主义制度，自力更生，艰苦创业，为把我国建设成为富强民主文明和谐美丽的社会主义现代化强国而奋斗的道路。这是一条植根于中国大地、反映中国人民意愿、适应中国和时代发展进步要

---

① 《习近平谈治国理政》，外文出版社 2014 年版，第 21 页。

求的道路,是实现"两个一百年"奋斗目标和中华民族伟大复兴的必由之路,是解决我国新时代社会主要矛盾、实现我国社会主义现代化和创造人民美好生活的必由之路。

旗帜引领方向,道路决定命运。习近平同志多次强调,"全党必须高举中国特色社会主义伟大旗帜,牢固树立中国特色社会主义道路自信、理论自信、制度自信、文化自信,确保党和国家事业始终沿着正确方向胜利前进"[1]。十九大报告再次高度肯定了中国特色社会主义之于党和国家的重要性:"中国特色社会主义是改革开放以来党的全部理论和实践的主题,是党和人民历尽千辛万苦、付出巨大代价取得的根本成就。中国特色社会主义道路是实现社会主义现代化、创造人民美好生活的必由之路,中国特色社会主义理论体系是指导党和人民实现中华民族伟大复兴的正确理论,中国特色社会主义制度是当代中国发展进步的根本制度保障,中国特色社会主义文化是激励全党全国各族人民奋勇前进的强大精神力量。全党要更加自觉地增强道路自信、理论自信、制度自信、文化自信,既不走封闭僵化的老路,也不走改旗易帜的邪路,保持政治定力,坚持实干兴邦,始终坚持和发展中国特色社会主义。"[2] 同时习近平强调,"全党要更加自觉地坚持党的领导和我国社会主义制度,坚决反对一切削弱、歪曲、否定党的领导和我国社会主义制度的言行"[3]。这些都明确向世人昭示出中国共产党坚持走有中国特色的社会主义道路的坚强决心。

解决社会主要矛盾的前提方向就是要我们坚持中国特色社会主义道路。一是坚持中国共产党的领导。马克思曾经说过:"人们自己创造自己的历史,但是他们并不是随心所欲地创造,并不是在他们自己选定的条件下创造,而是在直接碰到的、既定的、从过去承继下来的条件下创造。"[4] 中国特色社会主义道路是伴随着改革开放伟大实践而开创的,也是在中国革命已经取得胜利、新中国已经建立起社会主义基本制度并进

---

[1] 《习近平谈治国理政》第二卷,外文出版社2017年版,第59页。
[2] 习近平:《决胜全面建成小康社会 夺取新时代中国特色社会主义伟大胜利》,《人民日报》2017年10月28日。
[3] 习近平:《决胜全面建成小康社会 夺取新时代中国特色社会主义伟大胜利》,《人民日报》2017年10月28日。
[4] 《马克思恩格斯选集》第1卷,人民出版社2012年版,第669页。

行 20 多年建设的基础上开创的,是在一代又一代共产党人不忘初心、继续前进的接力探索和接续奋斗中坚持和发展的。中国今后仍将继续沿着这条道路,在新的历史起点上奋力开拓中国特色社会主义道路新天地,使中国特色社会主义道路越走越宽广,继续谱写中华民族新的伟大篇章。既不走封闭僵化的老路,也不走改旗易帜的邪路,坚定不移走中国特色社会主义道路,现实已经证明中国特色社会主义道路是一条蓬勃发展的创新、开放、和平之路。二是坚持科学社会主义基本原则又要有鲜明中国特色。习近平总书记指出,我们能够创造出人类历史上前无古人的发展成就,走出了正确道路是根本原因。中国特色社会主义道路是坚持了科学社会主义的基本原则,又结合了我国的实际和时代特征,是符合我国社会发展要求的道路,具有正确的方向性。中国特色社会主义道路,既不断解放和发展生产力,又逐步实现全体人民共同富裕、促进人的全面发展,需要一代又一代人持续努力、艰苦奋斗。现阶段我国社会主要矛盾的转化,正是着眼于实现这一目标的新定位。从坚持推进改革开放到深化改革和扩大开放,提高经济发展质量和效益,以及现阶段着力对人民日益增长的美好生活需求和不平衡不充分的发展之间的矛盾的解决,都是为坚持中国特色社会主义道路作出的调整,为使发展成果更多更公平惠及全体人民。

第二节 定思想:坚持以习近平新时代中国特色社会主义思想为指导

习近平新时代中国特色社会主义思想是党的十八大以来,以习近平同志为核心的党中央举旗定向、谋篇布局、锐意进取、开拓创新,坚持以马克思列宁主义、毛泽东思想、邓小平理论、"三个代表"重要思想、科学发展观为指导,坚持解放思想、实事求是、与时俱进、求真务实,坚持辩证唯物主义和历史唯物主义,紧密结合新的时代条件和实践要求,以全新的视野深化对共产党执政规律、社会主义建设规律、人类社会发展规律的认识并进行艰辛理论探索,取得重大理论创新成果的科学思想体系,归属于中国特色社会主义理论体系。其提出的一系列具有战略性、前瞻性、创造性、全局性的新理念、新思路、新战略赢得了全党全国各族人民的高度认同,在党的十九大上被确立为党团结带领全国各族人民实现中华民族伟大复兴的指导思想和行动指南。习近平新时代中国特色社会社会主义思想源于实践又指导实践,是新时代精神的精华,集中了全党和全国人民的实践经验和集体智慧,具有鲜明的时代主题和丰富的科学内涵,为新时代解决社会主要矛盾,坚持和发展中国特色社会主义,推进党和国家事业提供了根本遵循和强大的思想武器,把我们党对中国特色社会主义本质和规律的认识提高到了一个新的高度。

习近平新时代中国特色社会主义思想内涵十分丰富,涵盖改革发展稳定、内政外交国防、治党治国治军等各个领域、各个层次对怎样坚持和发展中国特色社会主义作出了创造性解答,其核心内容概括为"八个明确":明确坚持和发展中国特色社会主义,总任务是实现社会主义现代化和中华民族伟大复兴,在全面建成小康社会的基础上,分两步走在本世纪中叶建成富强民主文明和谐美丽的社会主义现代化强国;明确新时代我国社会主要矛盾是人民日益增长的美好生活需要和不平衡不充分的发展之间的矛盾,必须坚持以人民为中心的发展思想,不断促进人的全面发展、全体人民共同富裕;明确中国特色社会主义事业总体布局是"五位一体",战略布局是"四个全面",强调坚定道路自信、理论自信、制度自信、文化自信;明确全面深化改革总目标是完善和发展中国特色社会主义制度、推进国家治理体系和治理能力现代化;明确全面推进依法治国总目标是建设中国特色社会主义法治体系、建设社会主义法治国家;明确党在新时代的强军目标是建设一支听党指挥、能打胜仗、作风优良的人民军队,把人民军队建设成为世界一流军队;明确中国特色大国外交要推动构建新型国际关系,推动构建人类命运共同体;明确中国特色社会主义最本质的特征是中国共产党领导,中国特色社会主义制度的最大优势是中国共产党领导,党是最高政治领导力量,提出新时代党的建设总要求,突出政治建设在党的建设中的重要地位[①]。这八个方面相辅相成、相互贯通、相互补充、相互促进。为切实贯彻落实习近平新时

---

① 习近平:《决胜全面建成小康社会 夺取新时代中国特色社会主义伟大胜利》,《人民日报》2017年10月28日。

代中国特色社会主义思想,报告又明确提出新时代中国特色社会主义基本方略作为行动纲领,即"十四个坚持"。这一行动纲领加上之前的"八个明确"统一于习近平新时代中国特色社会主义思想的时代主题,构成了系统完整、逻辑严密、内在统一的科学体系,成为破解发展难题、实现人民对美好生活追求的战略指针。

习近平新时代中国特色社会主义思想以其坚定的理想信念、鲜明的人民立场、强烈的历史责任感、敢于创新的精神品质、求真务实的工作作风、科学的方法论体系以及与时俱进的理论品格不仅开辟了马克思主义新境界、中国特色社会主义新境界、治国理政新境界、管党治党新境界,而且拓展了发展中国家走向现代化的途径,给世界上那些既希望加快发展又希望保持自身独立性的国家和民族提供了全新选择,为解决人类问题贡献了中国智慧和中国方案。因此,在决胜全面建成小康社会,夺取新时代中国特色社会主义伟大胜利的征程中,全党全国各族人民应紧密团结在以习近平同志为核心的党中央周围,自觉地用党的最新理论成果武装头脑、指导实践、推动工作,推动全党全社会深入理解和把握这一重大思想的科学体系、精神实质、实践要求;坚持实干兴邦,自觉运用这一科学理论指导现代化实践,创造出经得起历史、人民和实践检验的新战绩。

第三节 定目标:建成社会主义现代化强国

党的十九大立足于我国发展新的历史方位,对"两个一百年"奋斗目标作出了明确的战略安排,清晰擘画了实现中华民族伟大复兴中国梦的宏伟蓝图。这就是,到2020年全面建成小康社会,实现第一个百年奋斗目标,并在此基础上乘势而上,向第二个百年奋斗目标进军,开启全面建设社会主义现代化国家的新征程。结合国际国内形势和我国发展条件,以十五年为基点规划了系统完整的圆梦路线图、时间表:第一个阶段,从2020年到2035年,在全面建成小康社会的基础上,再奋斗十五年,基本实现社会主义现代化;第二个阶段,从2035年到本世纪中叶,在基本实现现代化的基础上,再奋斗十五年,把我国建成富强民主文明和谐美丽的社会主义现代化强国。这一战略规划是基于我国社会主义初级阶段发展的阶段性特征和基本国情作出的战略决策，体现了我们党对社会主义发展规律和社会主义现代化建设规律的深刻把握，是指导全党和全国各族人民开启全面建设社会主义现代化强国的行动纲领和指路明灯。这一战略抉择构成了习近平新时代中国特色社会主义思想的重要组成部分，因而具有科学性、前瞻性和可操作性强的特点，"是可望而又可即、可知又可行的发展战略"①。

党的十九大报告从富强、民主、文明、和谐、美丽五个维度勾勒出现代化强国的应然面貌，因而它是一个"五位一体"的整体性存在，对应着五大领域建设，"也就是要把我国建设成为经济富强、政治民主、文化文明、社会和谐、生态美丽的社会主义现代化强国"②。这一伟大思想内容丰富且形式多样，"强国"一词在十九大报告中一共出现19次，其中5次是"建设社会主义现代化强国"，此外十九大报告还明确提出建设12个"强国"：人才强国、制造强国、科技强国、质量强国、航天强国、网络强国、交通强国、海洋强国、贸易强国、文化强国、体育强国、教育强国。这12个"强国"既是社会主义现代化强国的重要组成部分，也是社会主义现代化强国在不同领域的目标阐释，共同构成了习近平社会主义现代化强国思想的目标体系和主要内容。说到底，社会主义现代化强国的全面建成就是中华民族伟大复兴中国梦的最终达成。到那时，国家富强、民族振兴、人民幸福将真正实现；到那时，我国社会主要矛盾将随着五大文明、五大建设的全面提升以及全体人民共同富裕的基本实现而得到彻底解决；到那时，国家梦、民族梦、人民梦的圆梦之旅将迈向一个新的起点。

要准确理解和把握十九大关于实现全面建设社会主义现代化强国的战略谋划，必然要紧密结合中国现代化建设的历史进程以及我国现代所处历史方位来做深刻解读。

一是提前十五年基本实现现代化。党的十三大"三步走"的战略目标提出到本世纪中叶新中国成立一百周年时基本实现现代化，党的十五

---

① 颜晓峰、吴晓宇、董永在：《新发展蓝图是新时代建成社会主义现代化强国的必然选择——学习贯彻党的十九大精神》，《前进》2017年第12期。
② 丁威、解安：《习近平社会主义现代化强国目标体系研究》，《学术界》2017年第12期。

大、十六大报告语近而指远，继续强调建国一百年就是我们基本实现现代化之时；而党的十九大提法有所改变，将基本实现社会主义现代化的时间表锁定在2035年，即建党一百周年时，并以此为第一阶段的奋斗目标。因而，十九大将原先的第三步战略目标提前了十五年，并且发出了在本世纪中叶全面建设社会主义现代化强国的战斗号角。这一变化是令人振奋、催人奋进的新论断。一方面表明我们几十年的谋篇布局方向正确、方式得当、硕果累累，甚至超出预期；另一方面也说明我国未来发展潜力巨大、长期向好态势未变，前途一片光明。

二是不再提"达到中等发达国家水平"。十三大提出到新中国成立一百周年，人均国民生产总值达到中等发达国家水平；而党的十九大以登高望远的气魄和高瞻远瞩的眼界提出到本世纪中叶，把中国建成综合国力和国际影响力领先的现代化强国。这一重新排兵布阵的战略举措揭示了我们现代化的最终奋斗目标不再只是经济上达到中等发达国家水平，而是要建成物质文明、政治文明、精神文明、社会文明、生态文明全面提升的现代化发达强国。做出如此战略升级，既是对我国改革开放和社会主义现代化建设历史性成就的高度自信，也是对我国社会主要矛盾转化以及现代化建设进入新时代的深度把控，能够将我国现代化强国建设置于更高的社会发展起点和社会阶段之上。

三是现代化建设的目标和内涵不断丰富和拓展。党的十三大、十五大、十六大先后提出把我国"建设成为富强民主文明的社会主义国家"，确立了"富强、民主、文明"三大现代化目标；十七大将社会建设纳入总体布局，构成了"四位一体"，因而在现代化目标中增加了"和谐"一词；十八大确立了"五位一体"现代化建设总体布局，将生态文明建设纳入其中，我国现代化建设的领域拓展为经济建设、政治建设、文化建设、社会建设、生态建设五大方面；党的十九大进一步提升了生态文明建设的地位，增加了"美丽"一词，至此我国现代化强国的建设目标确立为"富强、民主、文明、和谐、美丽"。这五大目标，与"五位一体"总体布局相吻合，与五大领域建设相对应。"十九大还第一次使用了'社会文明'的概念，将我们所要建设的文明扩充为物质文明、政治文明、精神文明、社会文明、生态文明。这五个文明分别对应于五个建设，解决了原来长期不够对应的问题。这是一个重要的理论创新，也是对实践的重要指导。五大目标、五大建设、五大文明都表明：中国所要实现的现代化是全方位、立体化的现代化，中国所要建设的社会主义现代化强国，是富强民主文明和谐美丽的综合性现代化强国。"①

四是在经济建设中不再提翻番类的发展指标。在党的十三大所提出的"三步走"战略中，第一步与第二步以每十年为一个期限，设定实现国民生产总值比前一个十年翻一番；此后，党的十五大到十八大虽然在表述上有所差别，但基本上延续了此类经济发展指标设定；党的十九大审时度势，放弃在经济建设中设置具体发展指标的做法，对新"三步走"战略中的布局安排只作"原则性展望和要求"②，不再单纯追求数字的增长。面对"两个一百年"的历史交汇期和矛盾转化期，我们党深刻认识到"我国经济正处于跨越'中等收入陷阱'、迈向高收入阶段的重要历史节点，经济发展的重点必然要从量的扩张转到质的提升"③，由高速度发展阶段转向高质量发展阶段。

沿着这一目标行进，我们最终所要实现的是富强民主文明和谐美丽的社会主义现代化强国，"到那时，我国物质文明、政治文明、精神文明、社会文明、生态文明将全面提升，实现国家治理体系和治理能力现代化，成为综合国力和国际影响力领先的国家，全体人民共同富裕基本实现，我国人民将享有更加幸福安康的生活，中华民族将以更加昂扬的姿态屹立于世界民族之林"④。

第四节　定时间表：2020年、2035年、2050年三个时间节点

现代化是人类历史发展的必然趋势，也是一代代中国共产党人矢志

---

① 李忠杰：《抓紧制定分步走推进现代化强国建设的战略规划》，《人民论坛》2018年第3期。
② 张述存：《新蓝图开启强国新征程》，《中国社会科学报》2018年1月12日。
③ 张怡恬：《深刻认识和切实推动高质量发展——学习习近平同志参加内蒙古等代表团审议时关于高质量发展的重要论述》，《人民日报》2018年3月20日。
④ 习近平：《决胜全面建成小康社会　夺取新时代中国特色社会主义伟大胜利》，《人民日报》2017年10月28日。

不渝的追求和期盼。十九大是全球瞩目的重大政治事件，也给中国的百姓勾勒了一个伟大的未来发展宏图。对于十九大后的中国的发展，三个时间节点2020年、2035年、2050年尤其引人注意。

一、"三步走"和"两个一百年"奋斗目标

由于历史等多重原因，我们错失了第一次现代化的时机，没有完成由农业社会向工业社会转变的历史重任，惨遭欺凌与侮辱。惨痛的教训使我们党和人民奋发图强，紧紧抓住人类历史第二次现代化的机遇期，在完成第一次现代化转变的同时，努力实现由工业社会向知识社会、信息社会的转变，试图用一百年的时间走完发达国家在两三百年内走过的现代化路程。面对双重现代化任务，我们党以巨大的政治勇气和强烈的责任担当，制定出符合我国发展实际的战略蓝图引领社会快速发展，和人民一道不畏艰辛、一往无前，谱写出一曲又一曲现代化建设的恢宏颂歌。新中国成立后党领导人民自力更生、艰苦奋斗，在较短的时间内建成了比较完整的工业体系，为我国现代化建设实践奠定了坚实的基础。在此基础上毛泽东同志提出了"四个现代化"的战略目标，即工业现代化、农业现代化、科学技术现代化、国防现代化。改革开放开启我国现代化建设新征程，党的十三大根据邓小平理论，提出"三步走"现代化发展战略：第一步，1981年到1990年实现国民生产总值比1980年翻一番，解决人民的温饱问题；第二步，1991年到20世纪末国民生产总值再增长一倍，人民生活达到小康水平；第三步，到21世纪中叶，用五十年的时间实现人均国民生产总值达到中等发达国家水平，人民过上比较富裕的生活，基本实现现代化。1997年十五大首次明确提出了"两个一百年"战略目标，将邓小平同志提出的第三步按"三步走"战略进行规划：第一个十年实现国民生产总值比2000年翻一番，使人民的小康生活更加宽裕，形成比较完善的社会主义市场经济体制；再经过十年的努力，到建党一百年时，使国民经济更加发展，各项制度更加完善；到21世纪中叶新中国成立一百年时，基本实现现代化，建成富强民主文明的社会主义国家。党的十六大对"两个一百年"战略目标作出了更为详细的战略部署和规划，第一次明确提出"全面建设小康社会"的宏伟目标，即到建党一百年时，我们将用二十年时间把我国全面建设成惠及十几亿人口的更高水平的小康社会。经过这个阶段的建设,再继续奋斗几十年,到21世纪中叶基本实现现代化,把我国建成富强民主文明的社会主义国家。党的十七大、十八大由"全面建设小康社会"转变成"全面建成小康社会","建设"转变为"建成",一字之差,境界全变,昭示着我们党对小康社会的认识有了质的飞跃,由任重道远到目标明晰、近在咫尺,全面建成小康社会进入决胜阶段。

二、2020 年、2035 年、2050 年三个时间节点

在中国特色社会主义进入新时代的新形势下,党的十九大在对决胜全面建成小康社会作出战略部署时,聚焦全面建设社会主义现代化国家的宏伟目标,分别从 2020 年、2035 年、2050 年三个时间节点上提出新"三步走"的战略发展目标,为我们展现了一幅实现中国梦的绝美画卷:到 2020 年全面建成小康社会,实现第一个百年奋斗目标;到 2035 年基本实现社会主义现代化;到本世纪中叶,也就是 2050 年全面建成富强民主文明和谐美丽的社会主义现代化强国。这一战略布局的重新调整既体现了中国共产党人的勇敢的历史担当和非凡的政治智慧,同时基本实现现代化提前 15 年完成,又展现出中国共产党人"会当击水三千尺,自信人生二百年"的英勇气魄,以及"脚底风云足下生,踏马流星取次听"的实干精神。三个目标和三个时间节点,方向一致、目标一致、持续推进,一次比一次层次更高、目标更清晰,"将'两个一百年'的近期、中期、远期目标进行了有机结合和科学部署"[①];步与步之间循序渐进、层层递进、环环相扣、承前启后、继往开来、接力奋进。因而,三个目标和三个时间点"不是彼此孤立的分段设想,而是一个有机整体"[②]。主要表现为:一是在这新"三步走"战略中,每一阶段的目标都是按照实事求是、量力而行的原则作出的符合当前发展实际的最好安排,避免了急躁冒进、急于求成的后果;二是每个目标都标识着我们党和人民在不同阶段所要抓的关于政治、经济、文化、社会、生态等领域的主要内容以及主要工作,这些主要工作也不是彼此孤立的,必须整体推进、一体建设,其中

---

① 张述存:《新蓝图开启强国新征程》,《中国社会科学报》2018 年 1 月 12 日。
② 颜晓峰、吴晓宇、董永在:《新发展蓝图是新时代建成社会主义现代化强国的必然选择——学习贯彻党的十九大精神》,《前进》2017 年第 12 期。

任何一方面建设没有达到预期目标，势必会影响该阶段目标的整体达成，进而影响接下去的目标实现；三是这三个目标层层递进，前一目标是后一目标的基础，后一目标是前一目标的升华，如果全面建成小康社会的目标没有如期实现，势必会影响到现代化建设的基本实现，进而影响着社会主义现代化强国的顺利建成；四是即使第一步目标实现，如果不迅即"百尺竿头，再进一步"，必然会迟滞民族复兴进程。因而，"我们必须把'抬头望天'的复兴雄心与'埋头拉车'的苦干实干结合起来，以永不懈怠的精神状态和一往无前的奋斗姿态，一步一个脚印地朝着实现中华民族伟大复兴的宏伟目标奋勇前进"①。

在追寻国家富强、民族振兴、人民幸福的旅途中，我们党每一步都走得踏实稳健、掷地有声，因为我们始终坚守实事求是的原则不动摇；每一次改变都充满自信、意志坚定，因为我们总能比预定期限更早、更好地完成自己的发展目标，为新时期的发展奠定坚实的基础。但我们始终不忘初心、牢记使命，因此我们能够"书写'中国故事'，走出'中国特色'，创造'中国奇迹'，传播'中国声音'，打造'中国名片'，开启了'中国时代'"②。

第五节 定路线图：从全面建成小康社会到基本实现现代化再到全面建成社会主义现代化强国次第推进

"小康"，是邓小平1979年会见当时的日本首相大平正芳时第一次提出的用于现代化发展战略的一个概念。所谓小康，就是虽不富裕但日子好过。为了规划中国现代化发展的蓝图，邓小平设想了著名的现代化发展"三步走"战略。1987年10月，党的十三大正式把"三步走"战略作为中国经济建设的总体战略部署提出，之后党的十五大、十六大也分别

---

① 颜晓峰、吴晓宇、董永在：《新发展蓝图是新时代建成社会主义现代化强国的必然选择——学习贯彻党的十九大精神》，《前进》2017年第12期。
② 颜晓峰、吴晓宇、董永在：《新发展蓝图是新时代建成社会主义现代化强国的必然选择——学习贯彻党的十九大精神》，《前进》2017年第12期。

对"三步走"战略的第三步作出具体的战略部署。江泽民在党的十五大上指出,21世纪我们的目标是:第一个十年实现国民生产总值比2000年翻一番,使人民的小康生活更加宽裕,形成比较完善的社会主义市场经济体制;再经过十年的努力,到建党一百年时,使国民经济更加发展,各项制度更加完善;到21世纪中叶建国一百年时,基本实现现代化,建成富强民主文明的社会主义国家。党的十六大,是在实施社会主义现代化建设第三步战略部署的新形势下召开的一次十分重要的大会,江泽民在党的十六大报告中再次明确指出:"根据十五大提出的到二〇一〇年、建党一百年和新中国成立一百年的发展目标,我们要在本世纪头二十年,集中力量,全面建设惠及十几亿人口的更高水平的小康社会,使经济更加发展、民主更加健全、科教更加进步、文化更加繁荣、社会更加和谐、人民生活更加殷实。……经过这个阶段的建设,再继续奋斗几十年,到本世纪中叶基本实现现代化,把我国建成富强民主文明的社会主义国家。"按照这个战略部署,我们从20世纪末进入小康社会后,将分为2010年、2020年、2050年三个时间节点,逐步达到现代化的目标。

随着中国特色社会主义进入新时代,在新的历史起点上,以习近平同志为核心的党中央在准确把握了我国社会主要矛盾的转变,正确分析了我国仍处于并将长期处于社会主义初级阶段的基本国情以及我国是世界最大发展中国家的国际地位不变的基础上,在我国决胜全面建成小康社会的新阶段,对我国21世纪上半叶的发展作出了更准确的阶段性的部署和规划。在党的十九大报告中,习近平指出:从现在到2020年,是全面建成小康社会决胜期。从十九大到二十大,是"两个一百年"奋斗目标的历史交汇期。我们既要全面建成小康社会、实现第一个百年奋斗目标,又要乘势而上开启全面建设社会主义现代化国家新征程,向第二个百年奋斗目标进军。综合分析国际国内形势和我国发展条件,从2020年到本世纪中叶可以分两个阶段来安排。第一个阶段,从2020年到2035年,在全面建成小康社会的基础上,再奋斗十五年,基本实现社会主义现代化。到那时,我国经济实力、科技实力将大幅跃升,跻身创新型国家前列;人民平等参与、平等发展权利得到充分保障,法治国家、法治政府、法治社会基本建成,各方面制度更加完善,国家治理体系和治理能力现代化基本实现；社会文明程度达到新的高度，国家文化软实力显著增强，中华文化影响更加广泛深入；人民生活更为宽裕，中等收入群体比例明显提高，城乡区域发展差距和居民生活水平差距显著缩小，基本公共服务均等化基本实现，全体人民共同富裕迈出坚实步伐；现代社会治理格局基本形成，社会充满活力又和谐有序；生态环境根本好转，美丽中国目标基本实现。第二个阶段，从2035年到本世纪中叶，在基本实现现代化的基础上，再奋斗十五年，把我国建成富强民主文明和谐美丽的社会主义现代化强国。到那时，我国物质文明、政治文明、精神文明、社会文明、生态文明将全面提升，实现国家治理体系和治理能力现代化，成为综合国力和国际影响力领先的国家，全体人民共同富裕基本实现，我国人民将享有更加幸福安康的生活，中华民族将以更加昂扬的姿态屹立于世界民族之林[①]。

十九大报告中对于新时代中国特色社会主义发展的战略安排，分为2020年全面建成小康社会、2035年基本实现现代化、2050年全面建成社会主义现代化强国三个阶段。时间在流逝，社会在发展，时代在进步。随着我们21世纪第一个十年已经顺利完成国民生产总值比2000年翻一番的目标，我们接下来最紧要的任务就是在2020年实现全面建成小康社会，因此，党的十九大以"不忘初心，牢记使命，高举中国特色社会主义伟大旗帜，决胜全面建成小康社会，夺取新时代中国特色社会主义伟大胜利，为实现中华民族伟大复兴的中国梦不懈奋斗"作为主题。我国在20世纪末已经总体上进入小康社会，但是那时的小康社会还是发展很不平衡不完全不充分的小康，因此需要我们在21世纪建设更加充分的全面小康社会。全面建设、建成小康社会这一目标一直是党和国家发展战略的重中之重，相较于之前范围更大的30年（2020—2050）规划，即"两个一百年"，十九大报告的创新之处在于，我们在完成全面建成小康社会的基础上，以15年为一个发展阶段，在"两个一百年"发展目标中间，加入了"2035年基本实现社会主义现代化"。由"2035年基本实现社会主义现代化"到"2050年全面建成社会主义现代化强国"，是中国共

---

① 习近平：《决胜全面建成小康社会 夺取新时代中国特色社会主义伟大胜利》，《人民日报》2017年10月28日。

产党在充分考虑我国国情,顺应我国发展实际,遵循我国发展规律的基础上作出的符合国情的战略规划。这一战略安排,体现了党一切从实际出发,实事求是的思想路线。体现了党在新的历史条件下对我国未来三十多年的发展规划更加详细,更加符合当前我国的发展实际,更具目标性,更能动员全党全国各族人民投身社会主义现代化建设的伟大实践。

我们要进一步解放思想,实事求是,在充分肯定我国改革开放和现代化建设取得巨大成就的同时,也要正确认识我们在发展中暴露的缺点和不足。行百里者半九十,我们要坚忍不拔、锲而不舍,奋力谱写社会主义现代化新征程的壮丽篇章。

第六节 定方略:"十四个坚持"

党的基本方略是党的基本理论和基本路线的具体展开,是党从国家发展的战略高度作出的战略部署,为党和国家的发展指明了正确方向,是决胜全面建成小康社会和实现社会主义现代化必须要坚持的行动纲领。

党的十九大把"新时代坚持和发展中国特色社会主义的基本方略"归纳为"十四个坚持"。"十四个坚持"表述高度凝练、内涵十分丰富,其内容涉及政治、经济、文化、社会、生态等各个领域,是一个有机统一的整体,也是一个具有内在严密逻辑的完整的科学体系。这"十四个坚持"对新时代党和国家的工作提出了具体的全面的要求,是对习近平新时代中国特色社会主义思想在实践层面和战略层面的具体展开,是对党的十八大以来以习近平同志为核心的党中央治国理政重大方针、原则的最新概括,是新时代坚持和发展中国特色社会主义的行动纲领,具有很强的现实针对性和指导性。"十四个坚持"内容可以概括为:在坚持党对一切工作的领导的前提下,统筹推进"五位一体"总体布局和协调推进"四个全面"战略布局,不断加强国防和军队的现代化建设,树立总体国家安全观,坚持"一国两制"和推进祖国统一,坚持推动构建人类命运共同体。

"十四个坚持"的基本方略,体现了习近平新时代中国特色社会主义思想中最核心、最关键、最重要的内容,是对新时代中国特色社会主义规律的总体把握，是对新时代怎样坚持和发展中国特色社会主义的规律的自觉认识和准确把握。"十四个坚持"从坚持党对一切工作的领导开始，以坚持全面从严治党结尾，充分体现了新时代我们党对加强和改善自身领导、坚持自我革命的深刻认识。

第一，党的领导是中国特色社会主义最本质的特征，是中国特色社会主义制度的最大优势，党是最高政治领导力量。党政军民学，东西南北中，党是领导一切的。必须增强"四个意识"，自觉维护党中央权威和集中统一领导，自觉在思想上政治上行动上同党中央保持高度一致，完善坚持党的领导的体制机制，坚持稳中求进工作总基调，统筹推进"五位一体"总体布局，协调推进"四个全面"战略布局，提高党把方向、谋大局、定政策、促改革的能力和定力，确保党始终总揽全局、协调各方①。我们党最鲜明的品格就是勇于自我革命，从严管党治党。基本方略强调：必须以党章为根本遵循，把党的政治建设摆在首位，思想建党和制度治党同向发力，统筹推进党的各项建设，抓住"关键少数"，坚持"三严三实"，坚持民主集中制，严肃党内政治生活，严明党的纪律，强化党内监督，发展积极健康的党内政治文化，全面净化党内政治生态，坚决纠正各种不正之风，以零容忍态度惩治腐败，不断增强党自我净化、自我完善、自我革新、自我提高的能力，始终保持党同人民群众的血肉联系。

第二，在基本方略的"十四个坚持"中，与"人民"相关的就占了三条，分别是：坚持以人民为中心，坚持人民当家作主，坚持在发展中保障和改善民生。这充分体现了人民在治国理政中的重要性。人民是历史的创造者，是决定党和国家前途命运的根本力量，因此必须坚持以人民为中心，坚持人民主体地位，坚持立党为公、执政为民，践行全心全意为人民服务的根本宗旨，把党的群众路线贯彻到治国理政全部活动之中，把人民对美好生活的向往作为奋斗目标，依靠人民创造历史伟业。社会主义政治发展的必然要求是坚持党的领导、人民当家作主、依法治国的有机统一。必须坚持中国特色社会主义政治发展道路，坚持和完善

---

① 习近平：《决胜全面建成小康社会 夺取新时代中国特色社会主义伟大胜利》，《人民日报》2017年10月28日。

我国的根本政治制度和基本政治制度，巩固和发展最广泛的爱国统一战线，发展社会主义协商民主，健全民主制度，丰富民主形式，拓宽民主渠道，把保证人民当家作主落实到国家政治生活和社会生活之中。从邓小平"改革开放的根本目的是解放和发展生产力，提高人民的生活水平"到"三个代表""中国共产党始终代表中国最广大人民的根本利益"再到"以人为本为核心内容的科学发展观"，中国共产党始终把坚持在发展中保障和改善民生放在重要战略地位。增进民生福祉是发展的根本目的，十九大报告强调：必须多谋民生之利、多解民生之忧，在发展中补齐民生短板、促进社会公平正义，在幼有所育、学有所教、劳有所得、病有所医、老有所养、住有所居、弱有所扶上不断取得新进展，深入开展脱贫攻坚，保证全体人民在共建共享发展中有更多获得感，不断促进人的全面发展、全体人民共同富裕。这些都是习近平总书记关于党的各级领导干部都必须做到"心中有党、心中有民"的重要思想在新时代党的基本方略中的生动体现，也是在伟大事业和伟大工程中坚持党性和人民性高度统一的生动体现[①]。

第三，统筹推进"五位一体"总体布局：（1）经济上强调坚持新发展理念。必须坚定不移贯彻创新、协调、绿色、开放、共享的发展理念，必须坚持和完善我国社会主义基本经济制度和分配制度，坚持"两个毫不动摇"，使市场在资源配置中起决定性作用，更好发挥政府作用。（2）政治上强调坚持人民当家作主。（3）文化上强调坚持社会主义核心价值体系。必须坚持马克思主义，牢固树立共产主义远大理想和中国特色社会主义共同理想，培育和践行社会主义核心价值观，不断增强意识形态领域主导权和话语权，推动中华优秀传统文化创造性转化、创新性发展，继承革命文化，发展社会主义先进文化，不忘本来、吸收外来、面向未来，更好构筑中国精神、中国价值、中国力量，为人民提供精神指引。（4）社会方面强调坚持在发展中保障和改善民生。必须促进社会公平正义，深入开展脱贫攻坚，建设平安中国，加强和创新社会治理，维护社会和谐稳定，确保国家长治久安、人民安居乐业。（5）生态方面

---

① 施芝鸿：《"十四个坚持"基本方略的六大鲜明特点》，《瞭望》2018年第9期。

强调坚持人与自然和谐共生。必须树立和践行绿水青山就是金山银山的理念，坚持节约资源和保护环境的基本国策，实行最严格的生态环境保护制度，形成绿色发展方式和生活方式，坚定走生产发展、生活富裕、生态良好的文明发展道路，建设美丽中国，为人民创造良好生产生活环境，为全球生态安全作出贡献。

第四，协调推进"四个全面"战略布局。我们现在处在全面建成小康社会的决胜阶段，因而十九大报告以"决胜全面建成小康社会，夺取新时代中国特色社会主义伟大胜利"为主题。在实现全面建成小康社会这一战略目标的指引下，十九大强调必须要坚持全面深化改革，坚持全面依法治国，坚持全面从严治党这三大重要举措：（1）坚持全面深化改革。必须坚持和完善中国特色社会主义制度，不断推进国家治理体系和治理能力现代化，坚决破除一切不合时宜的思想观念和体制机制弊端，突破利益固化的藩篱，吸收人类文明有益成果，构建系统完备、科学规范、运行有效的制度体系，充分发挥我国社会主义制度优越性。（2）坚持全面依法治国，全面依法治国是中国特色社会主义的本质要求和重要保障。必须把党的领导贯彻落实到依法治国全过程和各方面，坚定不移走中国特色社会主义法治道路，完善以宪法为核心的中国特色社会主义法律体系，建设中国特色社会主义法治体系，建设社会主义法治国家，发展中国特色社会主义法治理论，坚持依法治国、依法执政、依法行政共同推进，坚持法治国家、法治政府、法治社会一体建设，坚持依法治国和以德治国相结合，依法治国和依规治党有机统一，深化司法体制改革，提高全民族法治素养和道德素质。（3）坚持全面从严治党。习近平同志强调全面从严治党永远在路上。全党要清醒认识到，我们党面临的执政环境是复杂的，影响党的先进性、弱化党的纯洁性的因素也是复杂的，党内存在的思想不纯、组织不纯、作风不纯等突出问题尚未得到根本解决。要深刻认识党面临的执政考验、改革开放考验、市场经济考验、外部环境考验的长期性和复杂性，深刻认识党面临的精神懈怠危险、能力不足危险、脱离群众危险、消极腐败危险的尖锐性和严峻性，坚持问题导向，保持战略定力，推动全面从严治党向纵深发展。

第五，维护国家安全是定国安邦的重要基石。基本方略强调坚持总体国家安全观,我们党治国理政的一个重大原则就是统筹发展和安全,增强忧患意识,做到居安思危。必须坚持国家利益至上,以人民安全为宗旨,以政治安全为根本,统筹外部安全和内部安全、国土安全和国民安全、传统安全和非传统安全、自身安全和共同安全,完善国家安全制度体系,加强国家安全能力建设,坚决维护国家主权、安全和发展利益。国家与人民的安全需要军队提供保障,因此必须坚持党对人民军队的绝对领导,建设一支听党指挥、能打胜仗、作风优良的人民军队。必须全面贯彻党领导人民军队的一系列根本原则和制度,确立新时代党的强军思想在国防和军队建设中的指导地位,坚持政治建军、改革强军、科技兴军、依法治军,更加注重聚焦实战,更加注重创新驱动,更加注重体系建设,更加注重集约高效,更加注重军民融合,实现党在新时代的强军目标。这些充分体现了我们党把有效维护国家安全作为安邦定国的重要基石;把全面推进国防和军队现代化,贯彻新形势下军事战略方针,构建中国特色现代作战体系,作为党和人民赋予人民军队的新时代使命任务①。

第六,实现中华民族的伟大复兴,最重要的是实现中国的完全统一。因此我们要坚持"一国两制"和推进祖国统一。必须把维护中央对香港、澳门特别行政区全面管治权和保障特别行政区高度自治权有机结合起来,确保"一国两制"方针不会变、不动摇,确保"一国两制"实践不变形、不走样。必须坚持一个中国原则,坚持"九二共识",推动两岸关系和平发展,深化两岸经济合作和文化往来,推动两岸同胞共同反对一切分裂国家的活动,共同为实现中华民族伟大复兴而奋斗。中国共产党作为马克思主义政党,不仅为中国人民谋幸福,也为世界人民谋发展,为人类进步事业而奋斗。中国人民的梦想同各国人民的梦想息息相通,实现中国梦离不开和平的国际环境和稳定的国际秩序。必须坚持推动构建人类命运共同体,统筹国内国际两个大局,始终不渝走和平发展道路,奉行互利共赢的开放战略,坚持正确义利观,树立共同、综合、合作、可持续的新安全观,谋求开放创新、包容互惠的发展前景,促进和而不同、

---

① 施芝鸿:《"十四个坚持"基本方略的六大鲜明特点》,《瞭望》2018年第9期。

兼收并蓄的文明交流，构筑尊崇自然、绿色发展的生态体系，始终做世界和平的建设者、全球发展的贡献者、国际秩序的维护者。

我们要积极响应习近平总书记的号召，全面贯彻党的基本理论、基本路线、基本方略，更好地推动党和人民事业发展。

第七节 定举措：政治经济文化、内政外交国防、治党治国治军统筹推进

党的十八大以来，以习近平同志为核心的党中央举旗定向、运筹帷幄，以巨大的政治勇气和强烈的责任担当，提出一系列新理念新思想新战略，出台一系列重大方针政策，推出一系列重大举措，推进一系列重大工作，解决了许多长期想解决而没有解决的难题，办成了许多过去想办而没有办成的大事，推动党和国家事业发生历史性变革。站在新的历史起点上，党的十九大在全面总结十八大以来取得的历史性成就的基础上，立足中国特色社会主义进入新时代的历史定位，从政治经济文化、内政外交国防、治党治国治军方面提出新时代的新举措，为党和国家的发展明确了目标，指引了方向。

决胜全面建成小康、夺取新时代中国特色社会主义伟大胜利，需要一步一个脚印、一锤一个钉子，不忘初心、奋发实干。这就要求我们准确把握十九大报告提出的新举措新部署，并贯彻落实到具体工作中。如果把"十四条"基本方略，看作新时代中国特色社会主义伟大实践中战略层面的纲领要求，九大领域战略举措则是对基本方略在战术层面的具体展开。

第一，经济上贯彻新发展理念，建设现代化经济体系。实现"两个一百年"奋斗目标、实现中华民族伟大复兴的中国梦，必须坚定不移把发展作为党执政兴国的第一要务，坚持解放和发展社会生产力，坚持社会主义市场经济改革方向，推动经济持续健康发展，不断提高人民生活水平。

改革开放40年来，我国经济已由高速增长阶段转向高质量发展阶段，正处在转变发展方式、优化经济结构、转换增长动力的攻关期，建

设现代化经济体系是跨越关口的迫切要求和我国发展的战略目标。十九大对经济建设从以下六个方面提出了要求：（1）深化供给侧结构性改革；（2）加快建设创新型国家；（3）实施乡村振兴战略；（4）实施区域协调发展战略；（5）加快完善社会主义市场经济体制；（6）推动形成全面开放新格局。

第二，政治上健全人民当家作主制度体系，发展社会主义民主政治。中国今天和谐稳定的局面，离不开我们所选择的中国特色社会主义政治发展道路，这条道路是近代以来中国人民长期奋斗历史逻辑、理论逻辑、实践逻辑的必然结果。实践证明，社会主义民主是维护人民根本利益的最广泛、最真实、最管用的民主。对新时代的社会主义民主政治，十九大报告从六个方面作出部署：坚持党的领导、人民当家作主、依法治国有机统一；加强人民当家作主制度保障；发挥社会主义协商民主重要作用；深化依法治国实践；深化机构和行政体制改革；巩固和发展爱国统一战线。

第三，文化上坚定文化自信，推动社会主义文化繁荣兴盛。文化是一个国家、一个民族的灵魂。没有高度的文化自信，没有文化的繁荣兴盛，就没有中华民族的伟大复兴。在提出"中国特色社会主义文化"的基础上，党的十九大报告强调，发展中国特色社会主义文化，就是以马克思主义为指导，坚守中华文化立场，立足当代中国现实，结合当今时代条件，发展面向现代化、面向世界、面向未来的，民族的科学的大众的社会主义文化，推动社会主义精神文明和物质文明协调发展。围绕推动社会主义文化繁荣兴盛，报告提出了五个方面的重点任务：牢牢掌握意识形态工作领导权；培育和践行社会主义核心价值观；加强思想道德建设；繁荣发展社会主义文艺；推动文化事业和文化产业发展。

第四，社会领域上提高保障和改善民生水平，加强和创新社会治理。党的一切工作必须以最广大人民根本利益为最高标准。围绕保障和改善民生，报告从七个方面作出部署：优先发展教育事业；提高就业质量和人民收入水平；加强社会保障体系建设；坚决打赢脱贫攻坚战；实施健康中国战略；打造共建共治共享的社会治理格局；有效维护国家安全。明确提出了三项战略任务：一是要全面建成覆盖全民、城乡统筹、权责清晰、保障适度、可持续的多层次社会保障体系；二是坚决打赢脱贫攻坚战，确保到2020年我国现行标准下农村贫困人口实现脱贫，贫困县全部摘帽，解决区域性整体贫困；三是加强社会治理制度建设，完善党委领导、政府负责、社会协同、公众参与、法治保障的社会治理体制。该部分内容是对"坚持在发展中保障和改善民生"基本方略在战术层面的具体展开。

第五，生态领域上加快生态文明体制改革，建设美丽中国。人与自然是生命共同体，人类必须尊重自然、顺应自然、保护自然。人类只有遵循自然规律才能有效防止在开发利用自然上走弯路，人类对大自然的伤害最终会伤及人类自身，这是无法抗拒的规律。针对生态问题，十九大报告从以下四个方面进行部署：推进绿色发展；着力解决突出环境问题；加大生态系统保护力度；改革生态环境监管体制。

第六，外交上坚持和平发展道路，推动构建人类命运共同体。审视当今世界局势，既"充满希望"，也"充满挑战"。习近平总书记在报告中指出，"世界多极化、经济全球化、社会信息化、文化多样化深入发展，全球治理体系和国际秩序变革加速推进，各国相互联系和依存日益加深，国际力量对比更趋平衡，和平发展大势不可逆转。同时，世界面临的不稳定性不确定性突出，世界经济增长动能不足，贫富分化日益严重，地区热点问题此起彼伏，恐怖主义、网络安全、重大传染性疾病、气候变化等非传统安全威胁持续蔓延，人类面临许多共同挑战"。报告还从"中国坚定奉行独立自主的和平外交政策""中国积极发展全球伙伴关系""中国坚持对外开放的基本国策""中国秉持共商共建共享的全球治理观"等方面，进一步阐述中国人民愿同各国人民一道，推动人类命运共同体建设，共同创造人类美好未来的战略举措。报告作出了"我国发展仍处于重要战略机遇期"的总体判断，为我们推动构建"人类命运共同体"，提供了宝贵的时间和空间。

第七，国防和军队建设上坚持走中国特色强军之路，全面推进国防和军队现代化。没有巩固的国防，没有强大的军队，中华民族伟大复兴就没有安全保障。围绕国防和军队建设，报告中提出了九个方面的举措，即"加强军队党的建设""继续深化国防和军队改革""树立科技是核心战斗力的思想""全面从严治军""扎实做好各战略方向军事斗争准备""坚持富国和强军相统一""完善国防动员体系""组建退役军人管理保障机构""深化武警部队改革"等。

该部分的亮点是提出要"组建退役军人管理保障机构"。退役军人在世界各国都是一个特殊的群体,这部分人员能否妥善安置,影响着军队的战斗力,关系着国家和军队的稳定。把退役军人管理保障上升到国家层面,组建退役军人管理保障机构,改变以往由各级地方政府各自为政的局面,可以更好地维护军人军属合法权益,让军人成为全社会尊崇的职业。

第八,党的建设方面坚定不移全面从严治党,不断提高党的执政能力和领导水平。对于全面从严治党,不断提高党的执政能力和领导水平,我们在最后一部分"全面推进党的建设新的伟大工程"会着重介绍。这里简单说下十九大报告对党的建设提出的具体举措:把党的政治建设摆在首位;用新时代中国特色社会主义思想武装全党;建设高素质专业化干部队伍;加强基层组织建设;持之以恒正风肃纪;夺取反腐败斗争压倒性胜利;健全党和国家监督体系;全面增强执政本领。

第八节 强领导:全面推进党的建设伟大工程

"中国特色社会主义进入新时代,我们党一定要有新气象新作为。打铁必须自身硬。党要团结带领人民进行伟大斗争、推进伟大事业、实现伟大梦想,必须毫不动摇坚持和完善党的领导,毫不动摇把党建设得更加坚强有力。""坚定不移全面从严治党,不断提高党的执政能力和领导水平。"① 这是习近平总书记在我国进入新时代的背景下对党的建设提出的新要求。伟大梦想、伟大斗争、伟大事业、伟大工程,这"四个伟大"之间是紧密联系、相互贯通、相互作用的,其中起决定性作用的是党的建设新的伟大工程。在新时代推进伟大工程,要结合伟大斗争、伟大事业、伟大梦想的理论和实践,确保我们党在世界形势深刻变化的历史进

---

① 习近平:《决胜全面建成小康社会 夺取新时代中国特色社会主义伟大胜利》,《人民日报》2017年10月28日。

程中始终走在时代前列，在应对国内外各种风险和考验的历史进程中始终成为全国人民的主心骨，在坚持和发展中国特色社会主义的历史进程中始终成为坚强的领导核心。

实现中华民族伟大复兴是近代以来中华民族最伟大的梦想。习近平总书记在党的十九大上说："今天，我们比历史上任何时期都更接近、更有信心和能力实现中华民族伟大复兴的目标。行百里者半九十。中华民族伟大复兴，绝不是轻轻松松、敲锣打鼓就能实现的。全党必须准备付出更为艰巨、更为艰苦的努力。"[①] 实现伟大梦想，必须进行伟大斗争；实现伟大梦想，必须推进伟大事业；实现伟大梦想，必须建设伟大工程。"这个伟大工程就是我们党正在深入推进的党的建设新的伟大工程。历史已经并将继续证明，没有中国共产党的领导，民族复兴必然是空想。我们党要始终成为时代先锋、民族脊梁，始终成为马克思主义执政党，自身必须始终过硬。全党要更加自觉地坚定党性原则，勇于直面问题，敢于刮骨疗毒，消除一切损害党的先进性和纯洁性的因素，清除一切侵蚀党的健康肌体的病毒，不断增强党的政治领导力、思想引领力、群众组织力、社会号召力，确保我们党永葆旺盛生命力和强大战斗力。"[②] 习近平在十九大报告中关于新时代党的建设的要求，继承和发展了新中国成立以来尤其是改革开放以来党的建设的经验，为新时代全面推进党的建设新的伟大工程确定了目标和方向。

针对新形势下党执政面临许多新的重大风险考验和党内存在的腐败等突出问题，以习近平同志为核心的党中央果断作出全面从严治党战略部署，并以顽强的意志品质、空前的力度加以推进，着力解决人民群众反映最强烈、对党的执政基础威胁最大的突出问题。大力推进理想信念教育，先后开展党的群众路线教育实践活动、"三严三实"专题教育、"两学一做"学习教育，坚决纠正选人用人上的不正之风和明显偏向，严厉整治"四风"问题，坚决反对特权。坚持反腐败无禁区、全覆盖、零

[①] 习近平：《决胜全面建成小康社会 夺取新时代中国特色社会主义伟大胜利》，《人民日报》2017年10月28日。

[②] 习近平：《决胜全面建成小康社会 夺取新时代中国特色社会主义伟大胜利》，《人民日报》2017年10月28日。

容忍，坚定不移"打虎""拍蝇""猎狐"，严肃查处重大腐败案件。这些重大工作刹住了一些过去被认为不可能刹住的歪风邪气，攻克了一些司空见惯的顽瘴痼疾，形成了反腐败斗争压倒性态势，消除了党和国家内部存在的严重隐患，党内政治生活气象更新，党内政治生态明显好转，党自我净化、自我完善、自我革新、自我提高能力显著提高，党的执政基础和群众基础更加巩固，为党和国家事业发展提供了坚强政治保证。

第六章　新时代社会主要矛盾的转化对执政党的使命要求

党的十九大报告指出，我国社会主要矛盾的变化是关系全局的历史性变化，对党和国家工作提出了许多新要求。今后相当长时期内，我们党的治国理政必须紧扣我国社会主要矛盾这个主题进行思考，党和国家的中心任务就是集中精力解决不平衡不充分的发展问题，切实满足新时代人民日益增长的美好生活需要。这是新时代我国社会主要矛盾转化对执政党提出的新的使命要求。

党的十九大报告同时指出，我国社会主要矛盾的变化并没有改变我国仍然处于并将长期处于社会主义初级阶段的基本国情，也没有改变我国仍然是世界上最大发展中国家的国际地位。因此，发展仍然是党执政兴国的第一要务。中国仍然需要牢牢扭住经济建设这一中心不动摇，需要进一步解放和发展社会生产力。但随着社会主要矛盾的转化，解放和发展社会生产力不再是仅仅为了满足人民日益增长的物质文化需要，而是要满足人民对美好生活的需要，即要不断提高人民生活品质和品位，在满足人民的物质需要的同时，满足人民的精神追求、社会参与、社会公平等更深层次的全面需求。发展的目标不再是单纯的GDP的快速增长，而更多的是提升人民福祉，以人民的幸福为主要抓手推动改革，转向"人民福祉优先"的发展方向，在幼有所育、学有所教、劳有所得、病有所医、老有所养、住有所居、弱有所扶上不断取得新进展，朝着全体人民共同富裕迈进。

因此，面对新的社会主要矛盾，我们党必须将全面深化改革进行到底，在仍然坚持发展是第一要务的基础上，把"以人民为中心"的价值理念落到实处，坚持新的发展理念，走向高质量的发展，带领全国人民不断创造美好生活。

第一节　坚持以人民为中心的根本政治立场不动摇

"以人民为中心"是党的十八大以来，以习近平同志为核心的党中央提出的治国理政新理念、新思想、新战略的核心价值理念。党的十九大提出我国社会主要矛盾的转化本身就充分体现了改革开放以来特别是十八大以来党深入贯彻以人民为中心的发展思想，正是人民的需求从解决温饱上升到追求美好生活，使得新时代的主要矛盾也相应地发生了跃迁，也正是人民日益增长的美好生活需要为新时代中国特色社会主义提供了发展进步的根本依据和内在动力源泉。以人民为中心的基本立场，体现于党对我国社会主要矛盾转化的内涵判断中，贯穿于党在新时代处理和解决这一主要矛盾的理论与实践中。

坚持以人民为中心的立场是我们党取得革命、建设和改革开放胜利的重要法宝。毛泽东早就强调，"人民，只有人民，才是创造世界历史的动力"①。中共七大前夕毛泽东在讲话中指出："为了全党与全国人民的利益，这就是我们的出发点，就是我们的立场。"② 正是坚持人民立场，中国共产党才由弱到强，领导中国人民摆脱近代以来被奴役被欺凌被压迫的悲惨命运，实现了站起来的目标。邓小平在中共八大《关于修改党的章程的报告》中指出，共产党"之所以成为先进部队，它之所以能够领导人民群众，正因为，而且仅仅因为，它是人民群众的全心全意的服务者，它反映人民群众的利益和意志，并且努力帮助人民群众组织起来，为自己的利益和意志而斗争"③。这是对历史经验的高度总结，也是对人民立场的再次确认。也就是这个报告中，邓小平把群众路线的意义概括为两个方面：一是认为人民群众必须自己解放自己；二是认为党的任务就是全心全意为人民服务，认为党对人民群众的领导作用就是正确地给人民群众指出斗争的方向，帮助人民群众自己动手，争取和创造自己的

---

① 《毛泽东选集》第三卷，人民出版社 1991 年版，第 1031 页。
② 《毛泽东文集》第三卷，人民出版社 1996 年版，第 253 页。
③ 《邓小平文选》第一卷，人民出版社 1994 年版，第 218 页。

幸福生活①。这一论断充分肯定了人民的主体地位，凸显了中国共产党一以贯之的人民立场。

改革开放以来，党和国家历届领导人始终把"以人民为中心"的价值理念置于党中央治国理政的首要位置。邓小平在南方谈话中提出了社会主义的本质问题，即"解放生产力，发展生产力，消灭剥削，消除两极分化，最终达到共同富裕"②。他对于社会主义本质的定义是从人民的立场出发，涵盖了社会主义的中心任务和最终目标，实现人民共同富裕的目的就是实现和维护人民的根本利益。江泽民提出"三个代表"重要思想，把"始终代表中国最广大人民的根本利益"作为"三个代表"重要思想的核心价值理念。他指出："任何时候我们都必须坚持尊重社会发展规律与尊重人民历史主体地位的一致性，坚持为崇高理想奋斗与为最广大人民谋利益的一致性，坚持完成党的各项工作与实现人民利益的一致性。"③党的十六大以来，胡锦涛在领导人民进行社会主义现代化建设的过程中，提出了一系列以人民为中心的观点，党的十六届三中全会提出了"坚持以人为本，树立全面、协调、可持续的发展观，促进经济社会和人的全面发展"④的科学发展观。而科学发展观最本质的要求就是"以人为本"。

党的十八大以来，以习近平同志为核心的党中央更是高扬人民立场，把"人民立场"定义为中国共产党的根本政治立场，强调"人民立场"是马克思主义政党区别于其他政党的显著标志。多次强调要始终把人民立场作为根本政治立场，把人民利益摆在至高无上的地位，不断把为人民造福事业推向前进。充分肯定人民是历史进步的真正动力，群众是真正的英雄，要求全党把人民利益作为一切工作的根本出发点和落脚点。不仅如此，习近平在不同场合反复强调"以人民为中心"这一执政命题。在庆祝中国共产党成立95周年大会上的讲话中，习近平总书记指出："全党同志要把人民放在心中最高位置，坚持全心全意为人民服务的根本

---

① 《邓小平文选》第一卷，人民出版社1994年版，第217页。
② 《邓小平文选》第三卷，人民出版社1993年版，第373页。
③ 江泽民：《论"三个代表"》，中央文献出版社2001年版，第161页。
④ 《中国共产党第十六届中央委员会第三次全体会议公报》，《高校理论战线》2003年第11期。

宗旨,实现好、维护好、发展好最广大人民根本利益,把人民拥护不拥护、赞成不赞成、高兴不高兴、答应不答应作为衡量一切工作得失的根本标准,使我们党始终拥有不竭的力量源泉。"他强调,"带领人民创造幸福生活,是我们党始终不渝的奋斗目标。我们要顺应人民群众对美好生活的向往,坚持以人民为中心的发展思想,以保障和改善民生为重点,发展各项社会事业,加大收入分配调节力度,打赢脱贫攻坚战,保证人民平等参与、平等发展权利,使改革发展成果更多更公平惠及全体人民,朝着实现全体人民共同富裕的目标稳步迈进"①。习近平总书记还高度重视如何将"以人民为中心"的执政理念落到实处,强调要"着力践行以人民为中心的发展思想。以人民为中心的发展思想,不是一个抽象的、玄奥的概念,不能只停留在口头上、止步于思想环节,而要体现在经济社会发展各个环节"②。他强调供给侧结构性改革的根本目的是提高社会生产力水平,落实好以人民为中心的发展思想;党的新闻舆论工作,坚持以人民为中心的工作导向;哲学社会科学要坚持以人民为中心的研究导向等等,要求:"把以人民为中心的发展思想体现在经济社会发展各个环节,做到老百姓关心什么、期盼什么,改革就要抓住什么、推进什么,通过改革给人民群众带来更多获得感。"③党的十九大报告指出:"人民是历史的创造者,是决定党和国家前途命运的根本力量。必须坚持人民主体地位,坚持立党为公、执政为民,践行全心全意为人民服务的根本宗旨,把党的群众路线贯彻到治国理政全部活动之中,把人民对美好生活的向往作为奋斗目标,依靠人民创造历史伟业。"④再次强调了中国共产党的人民立场。

正如习近平总书记在庆祝改革开放 40 周年大会上的讲话中指出:"改革开放 40 年的实践启示我们:为中国人民谋幸福,为中华民族谋复兴,是中国共产党人的初心和使命,也是改革开放的初心和使命。我们

---

① 《习近平谈治国理政》第二卷,外文出版社 2017 年版,第 40 页。
② 《习近平谈治国理政》第二卷,外文出版社 2017 年版,第 213—214 页。
③ 习近平:《改革既要往增添发展新动力方向前进 也要往维护社会公平正义方向前进》,《人民日报》2016 年 4 月 19 日。
④ 习近平:《决胜全面建成小康社会 夺取新时代中国特色社会主义伟大胜利》,《人民日报》2017 年 10 月 28 日。

党来自人民、扎根人民、造福人民，全心全意为人民服务是党的根本宗旨，必须以最广大人民根本利益为我们一切工作的根本出发点和落脚点，坚持把人民拥护不拥护、赞成不赞成、高兴不高兴作为制定政策的依据，顺应民心、尊重民意、关注民情、致力民生，既通过提出并贯彻正确的理论和路线方针政策带领人民前进，又从人民实践创造和发展要求中获得前进动力，让人民共享改革开放成果，激励人民更加自觉地投身改革开放和社会主义现代化建设事业。"① 改革开放之所以能够取得辉煌的成就，使中华民族从站起来到富起来，并开始走向强起来的伟大征程，正是因为中国共产党始终坚持人民立场，始终坚持以人民为中心的发展理念不动摇。

新时代，要解决新的社会主要矛盾，必须继续坚持以人民为中心。对此习近平总书记指出："前进道路上，我们必须始终把人民对美好生活的向往作为我们的奋斗目标，践行党的根本宗旨，贯彻党的群众路线，尊重人民主体地位，尊重人民群众在实践活动中所表达的意愿、所创造的经验、所拥有的权利、所发挥的作用，充分激发蕴藏在人民群众中的创造伟力。"为此，"我们要健全民主制度、拓宽民主渠道、丰富民主形式、完善法治保障，确保人民依法享有广泛充分、真实具体、有效管用的民主权利。我们要着力解决人民群众所需所急所盼，让人民共享经济、政治、文化、社会、生态等各方面发展成果，有更多、更直接、更实在的获得感、幸福感、安全感，不断促进人的全面发展、全体人民共同富裕"②。

第一，充分肯定和切实保障人民群众的主体地位，坚持依靠人民群众实现中华民族的伟大复兴。

马克思恩格斯认为"历史活动是群众的活动，随着历史活动的深入，必将是群众队伍的扩大"③。这一论断深刻揭示了人民群众的历史地位，即人民群众是历史的主人和历史发展的决定力量。正如毛泽东指出"群

---

① 习近平：《在庆祝改革开放40周年大会上的讲话》，《人民日报》2018年12月19日。
② 习近平：《在庆祝改革开放40周年大会上的讲话》，《人民日报》2018年12月19日。
③ 《马克思恩格斯文集》第1卷，人民出版社2009年版，第287页。

众是真正的英雄"①,人民群众是决定我们党和我们国家前途命运的根本力量。回顾波澜壮阔的中华民族发展史,正是中国人民创造了博大精深的中华文明,铸就了伟大的中华民族精神,开创了民族发展的伟业,实现了中华民族从站起来到富起来再到强起来的伟大飞跃。

中国共产党自成立以来,之所以能够由弱到强,战胜各种艰难险阻,领导中国人民完成伟大的新民主主义革命、社会主义革命、社会主义建设和改革开放,开创中国特色社会主义道路,推进中国特色社会主义事业不断前进和发展,其根本原因就在于中国共产党始终坚持马克思主义的群众观,坚持和发展群众路线,使党的每一个战略,每一项政策都能充分吸取人民群众的智慧,积极回应人民群众的利益诉求,切实解决人民群众面临的问题和困难,从而赢得人民群众的支持和拥护。

新时代坚持以人民为中心的政治立场,首要的是全党在思想上牢固树立尊重人民群众主体地位的理念。习近平总书记强调:"老百姓是天,老百姓是地。忘记了人民,脱离了人民,我们就会成为无源之水、无本之木,就会一事无成。"②新时代必须树立党的根基在人民、血脉在人民、力量在人民的理念,尊重最广大人民群众在走向中华民族伟大复兴的征程中的主人翁地位,承认和肯定人民群众是实现中华民族伟大复兴的决定力量。正如习近平总书记指出:"中国特色社会主义是亿万人民自己的事业,所以必须发挥人民主人翁精神,更好保证人民当家作主。"③ 只有把人民放在心中最高位置,始终相信人民,紧紧依靠人民,充分调动最广大人民群众的积极性、主动性和创造性,我们党才能为实现中华民族伟大复兴凝聚起众志成城的磅礴力量。

新时代坚持以人民为中心的政治立场,必须尊重人民群众的首创精神,充分激发人民群众的创造和创新激情。新时代中国特色社会主义事业的进一步发展、中华民族的伟大复兴等伟大事业无不是中国最广大人民群众自己的事业,正如邓小平在中共八大上所指出:"党对人民群众的领导作用,就是正确地给人民群众指出斗争的方向,帮助人民群众自己

---

① 《毛泽东选集》第三卷,人民出版社1991年版,第790页。
② 《习近平谈治国理政》第二卷,外文出版社2017年版,第53页。
③ 《习近平谈治国理政》第一卷,外文出版社2018年版,第13页。

动手，争取和创造自己的幸福生活。"① 中国的改革开放事业之所以取得成功，其中一个重要的方面就是充分激发人民群众的创造和创新精神。中国农村的改革始于安徽小岗村农民率先探索的"大包干"；今天作为我国的基本政治制度的之一的基层群众自治制度则始于广西合寨村的"村民自治"探索；乡镇企业、农民合作社等等，都是农民自己的创造。对此，邓小平同志在南方谈话中就深有感触地说："农村改革中的好多东西，都是基层创造出来，我们把它拿来加工提高作为全国的指导。"② 不仅仅是农业领域，也不仅仅是农民，改革开放 40 年来，在中国特色社会主义事业发展的各个领域无不体现亿万人民群众的创新、创造和探索精神，可以说改革开放之所以能够创造出"中国奇迹"，一个关键原因就在于中国共产党领导的改革充分释放出了人民群众的创造力。面对新时代我国社会主要矛盾以及党在新时代的新任务，仍然需要充分激发人民群众的创造性，必须充分认识到改革开放是亿万人民自己的事业，必须坚持尊重人民首创精神，只要能够充分激发最广大人民群众的创造性，这样就能够让最广大人民群众八仙过海，各显神通，各尽所长，各显其能，发挥最大潜能，共同致力于中华民族伟大复兴伟业。

新时代坚持以人民为中心的政治立场，必须坚持把人民拥护不拥护、赞成不赞成、高兴不高兴、答应不答应作为衡量一切工作得失的根本标准。邓小平在南方谈话中指出，判断改革开放的标准是"是否有利于发展社会主义社会的生产力，是否有利于增强社会主义国家的综合国力，是否有利于提高人民的生活水平"③。其中，"是否有利于提高人民的生活水平"可以说是最根本的标准。作为改革开放总设计师，邓小平同志在改革开放和现代化建设的过程中，无论是规划改革开放的宏观战略，还是实施谋划现代化的每一项政策，他都始终坚守"人民拥护不拥护""人民赞成不赞成""人民高兴不高兴""人民答应不答应"的基本判断标准。习近平主席在十三届人大一次会议闭幕式上的讲话中指出，"把人民拥护不拥护、赞成不赞成、高兴不高兴、答应不答应作为衡量一切工作得失

---

① 《邓小平文选》第一卷，人民出版社 1994 年版，第 217 页。
② 《邓小平文选》第三卷，人民出版社 1993 年版，第 382 页。
③ 《邓小平文选》第三卷，人民出版社 1993 年版，第 372 页。

的根本标准"①，党的宗旨就是全心全意为人民服务，我们党除了工人阶级和最广大人民群众的利益，没有自己特殊的利益。这就决定了检验和评价党的一切工作的最根本的标准就是人民是否满意、是否赞成、是否答应。正所谓"知屋漏者在宇下，知政失者在草野"，因此，坚持以人民为中心的政治立场，一个重要的方面就是坚持让人民来评价和判断党的一切工作。

第二，始终把人们对美好生活的向往作为党的奋斗目标。

党的十八届中央政治局常委同中外记者见面时，习近平总书记就向全国人民、向全世界宣示："人民对美好生活的向往，就是我们的奋斗目标。"② 党的十九大报告把中国共产党的初心概括为"为中国人民谋幸福，为中华民族谋复兴"。新时代坚持以人民为中心的政治立场，中国共产党必须牢记"为中国人民谋幸福"的初心，把人民对美好生活的向往始终作为党的奋斗目标。新时代，执政党必须始终把不断改善民生作为新时代发展的目标，把增进人民福祉、促进人的全面发展，最终实现共同富裕作为经济发展的出发点和落脚点。新时代要使以人民为中心的发展思想落到实处，必须从以下几个方面努力。一是顺应人民群众对美好生活的向往，做到发展为了人民、发展依靠人民、发展成果由人民共享；二是通过不断的深化改革和实施创新驱动战略，提高经济发展质量和效益，以满足人民群众对高质量的物质文化生活的需要；三是努力为各行业各方面的劳动者、企业家、创新人才、各级干部创造发挥作用的舞台和环境，从而全面调动最广大人民群众的积极性、主动性和创造性；四是必须坚持和完善社会主义基本经济制度和分配制度，调整收入分配格局，完善再分配调节机制，解决好收入差距问题，使发展成果更多更公平的惠及全体人民。

第三，将把党的群众路线贯彻到治国理政的全部活动和过程之中。

群众路线是党的生命线和根本工作路线，也是我们党永葆青春活力

---

① 《十三届人大一次会议在京闭幕　习近平发表重要讲话》，《人民日报》2018年3月21日。

② 《习近平谈治国理政》第一卷，外文出版社2018年版，第4页。

和战斗力的法宝。毛泽东指出"共产党的路线，就是人民的路线"①，认为"有无群众观点是我们同国民党的根本区别"，强调"群众观点是共产党员革命的出发点与归宿"，认为"从群众中来，到群众中去，想问题从群众出发就好办"②。邓小平认为："社会主义现代化建设的极其艰巨复杂的任务摆在我们的面前。很多旧问题需要继续解决，新问题更是层出不穷。党只有紧紧地依靠群众，密切地联系群众，随时听取群众的呼声，了解群众的情绪，代表群众的利益，才能形成强大的力量，顺利地完成自己的各项任务。"③江泽民也指出："我们的改革和建设，只有得到人民群众的理解、支持和参与，充分发挥人民群众的积极性和创造性，才能顺利推进；党的领导地位，只有赢得人民群众的信赖和拥护，才能巩固和加强。"④

党的十八大以来，以习近平同志为核心的党中央更是把群众路线教育实践活动作为重要工作抓手，将党的群众路线教育实践活动作为我们党在新形势下坚持党要管党、从严治党的重大决策，作为顺应群众期盼、加强学习型服务型创新型马克思主义执政党建设的重大部署和推进中国特色社会主义的重大举措。将党的群众路线教育活动作为应对执政考验、改革开放考验、市场经济考验、外部环境考验的关键性措施，用以抵御党所面对的精神懈怠危险、能力不足危险、脱离群众危险和消极腐败危险。十八大以来，习近平总书记更是将党的群众路线上升到党的生命线的高度，要求把党的群众路线贯彻到治国理政全部活动之中，强调"以人民为中心的发展思想，不是一个抽象的、玄奥的概念，不能只停留在口头上、止步于思想环节，而要体现在经济社会发展各个环节"⑤。新时代，把党的群众路线贯彻到治国理政的全部活动中，首要的是要求全党能够把握住人民群众的需要，关心人民群众的疾苦，真正做到人民群众关心什么、期盼什么、向往什么，我们党就抓住什么、推进什么，通过进一步全面深化改革，切实做到发展成果为人民群众所共享，从而给人

---

① 《毛泽东文集》第二卷，人民出版社1993年版，第409页。
② 《毛泽东文集》第三卷，人民出版社1996年版，第71页。
③ 《邓小平文选》第二卷，人民出版社1994年版，第342页。
④ 《江泽民文选》第一卷，人民出版社2006年版，第407页
⑤ 《习近平谈治国理政》第二卷，外文出版社2017年版，第213—214页。

民群众带来更多的实惠。其次是通过健全和完善人民当家作主的社会主义民主政治制度，保障人民群众的民主权利，保证人民群众能够充分有序地参与国家事务。再次是推动中国特色社会主义文化事业的充分发展，为人民群众提供丰富多彩的文化生活和精神食粮。最后是关注、重视、保障和不断改善民生，增强人民群众的幸福感、获得感和安全感。

第二节　坚定不移地把发展作为党执政兴国的第一要务

党的十九大报告指出："我国社会主要矛盾的变化，没有改变我们对我国社会主义所处历史阶段的判断，我国仍处于并将长期处于社会主义初级阶段的基本国情没有变，我国是世界最大发展中国家的国际地位没有变。"[①] 社会主义初级阶段的基本国情决定了我们党的基本路线是"领导和团结全国各族人民，以经济建设为中心，坚持四项基本原则，坚持改革开放，自力更生，艰苦创业，为把我国建设成为富强民主文明和谐美丽的社会主义现代化强国而奋斗"。习近平总书记在庆祝中国共产党成立95周年大会上的讲话中引用了邓小平关于基本路线的经典表述，即"基本路线要管一百年，动摇不得。只有坚持这条路线，人民才会相信你，拥护你。谁要改变三中全会以来的路线、方针、政策，老百姓不答应，谁就会被打倒"[②]。不仅如此，习近平总书记把党的基本路线提升到了"国家的生命线、人民的幸福线"的高度，要求全党"要坚持把以经济建设为中心作为兴国之要、把四项基本原则作为立国之本、把改革开放作为强国之路，不能有丝毫动摇"[③]。这表明我们党仍然坚持社会主义初级阶段的基本路线，也就是说经济建设仍然是我们的中心工作，而经济建设无疑是发展的核心问题。基于此，习近平总书记再次强调"发展是党执政兴国的第一要务，是解决中国所有问题的关键"[④]。可见，尽管新时代我国社会主要矛盾发生了转化，但解决社会主要矛盾的关键仍然

---

①　习近平：《决胜全面建成小康社会　夺取新时代中国特色社会主义伟大胜利》，《人民日报》2017年10月28日。
②　《邓小平文选》第三卷，人民出版社1993年版，第370—371页。
③　《习近平谈治国理政》第二卷，外文出版社2017年版，第37页。
④　《习近平谈治国理政》第二卷，外文出版社2017年版，第38页。

是发展，只是发展的重心、发展路径和发展的目标都有了新的调整，但发展作为治国理政"第一要务"的重要地位没有变。

发展问题是事关中华民族的伟大复兴、社会主义的前途命运特别是中国共产党的执政地位的重大问题。2002年江泽民总书记在中央党校省部级干部进修班毕业典礼上发表重要讲话即"5·31"讲话，提出把发展作为党执政兴国的第一要务[1]，这是以江泽民同志为核心的党的第三代中央领导集体在继承第一、二代领导集体关于发展理念的基础上，从党的执政合法性的高度对发展重新做的价值定位。发展的最终价值取向是实现人的全面发展，在这个过程中，因为时代条件、生产力发展、社会发展程度的不同，发展的任务内容也会有所不同。随着时代的发展，党的十九大报告中提出在中国特色社会主义新时代下我国社会主要矛盾发生转变的重要论断。其中，"我国社会生产力水平总体上显著提高，社会生产能力在很多方面进入世界前列，更加突出的问题是发展不平衡不充分，这已经成为满足人民日益增长的美好生活需要的主要制约因素"[2]。

一、新时代的发展必须坚持新的发展理念

社会主义的根本任务是解放和发展生产力。新中国成立70年来，中国共产党人在社会实践过程中不断深化对发展问题的认识，毛泽东同志提出"落后就要挨打"，邓小平提出"发展才是硬道理"，江泽民提出"发展是党执政兴国的第一要务"，胡锦涛提出科学发展观的"第一要义是发展"。党的十九大以习近平同志为核心的党中央提出了新发展理念："发展是解决我国一切问题的基础和关键，发展必须是科学发展，必须坚定不移贯彻创新、协调、绿色、开放、共享的发展理念。"[3] 新发展理念要求在发展经济的同时要明确发展的根本目的是增进民生福祉，坚持在发展中保障和改善民生。习近平多次强调，"实现'两个一百年'奋斗目标、实现中华民族伟大复兴的中国梦，不断提高人民生活水平，必须坚

---

[1] 江泽民：《高举邓小平理论伟大旗帜　全面贯彻"三个代表"要求　与时俱进努力开创建设有中国特色社会主义事业新局面》，《人民日报》2002年6月1日。

[2] 习近平：《决胜全面建成小康社会　夺取新时代中国特色社会主义伟大胜利》，《人民日报》2017年10月28日。

[3] 习近平：《决胜全面建成小康社会　夺取新时代中国特色社会主义伟大胜利》，《人民日报》2017年10月28日。

定不移把发展作为党执政兴国的第一要务,坚持解放和发展社会生产力,坚持社会主义市场经济改革方向,推动经济持续健康发展"①。

进入新时代,我国发展的条件发生了深刻而复杂的变化。世界正处在一个大发展大变革的时期,尽管和平与发展仍然是时代主题,但世界面临的不稳定性和不确定性更为突出,世界经济增长动力不足,贫富分化严重,逆全球化趋势在一些地区出现,对我国的发展带来了较为严峻的挑战。从国内来看,我国经济已由高速增长阶段转向高质量发展阶段,因而在发展问题上,在继续保持生产力一定发展速度的同时,其重心转向注重发展质量。在产业结构方面则表现为由资源密集型、劳动密集型产业为主转向技术密集型、知识密集型为主。社会生产的产品结构也由过去的低技术含量、低附加值产品为主转向高技术含量和高附加值产品为主。经济发展转向低成本、高效益,循环经济和环境友好型经济将逐步取代过去那种高排放、高污染的经济发展方式。可以说今天中国正处在一个转型发展的历史关键点。基于此,党的十九大要求"贯彻新发展理念",这里所说的新发展理念就是十八届五中全会提出的"创新、协调、绿色、开放、共享"的发展理念。这是今后相当长时期中国发展的基本思路、方向和着力点。新时代,要解决我国新的社会主要矛盾,我们必须用新发展理念引领发展行动,推动我国经济高质量发展,更好地满足人民日益增长的美好生活需要。

新时代解决不平衡不充分的发展问题需要坚持新的发展理念。在解决发展不平衡问题方面,重点在于贯彻落实协调发展、绿色发展和共享发展理念。发展不平衡问题有多种表现,如城乡发展不平衡、区域发展不平衡、生态发展不平衡、居民收入差距加大带来的不平衡等。解决城乡、区域间的发展不平衡问题需要贯彻落实协调发展,实施区域协调发展战略。发展带来的生态环境破坏与恶化,需要贯彻落实绿色发展理念,任何时候都不能为了经济的发展而以牺牲生态环境为代价。贯彻落实绿色发展,协调高增长与生态环境之间的矛盾,把生态文明建设纳入我国"五位一体"的总体布局中,把美丽中国作为社会主义现代化建设的重要

---

① 习近平:《决胜全面建成小康社会 夺取新时代中国特色社会主义伟大胜利》,《人民日报》2017年10月28日。

目标之一。共享发展要解决的是居民收入间存在的差距、收入分配不公和部分地区存在的贫穷问题。坚持共享发展,必须坚持发展为了人民、发展依靠人民、发展成果由人民共享,使全体人民在共建共享发展中有更多的获得感,以更好地实现共同富裕的目标。

解决发展不充分问题重在贯彻落实创新与开放的发展理念。近年来我国经济增长速度放缓的原因是发展阶段发生了变化,即由高速增长转向高质量发展的阶段,过去依靠高能耗、高污染、低劳动力成本的粗放型经济已经不适用了,应该转变经济发展方式,依靠技术创新,使经济发展低消耗、低污染,依靠创新建设现代化经济体系。解决发展中的不充分问题,要进行制度创新、产业创新和文化创新,用创新带动发展,解决发展过程中存在的动力机制问题,必须把供给侧结构性改革作为主线,继续推进去产能、去库存、去杠杆、降成本、补短板的任务。

贯彻落实开放发展理念也是解决发展不充分的重要措施。对外开放一直是我国的基本国策,十九大报告指出:"推动形成全面开放新格局。开放带来进步,封闭必然落后。中国开放的大门不会关闭,只会越开越大。"[①] 新时代的开放是更高层次的开放,是以"一带一路"为重点的,陆海内外联动、东西双向互济的开放格局。为中国的贸易寻找更广阔的市场,从而更大范围地带动国内经济增长。面对西方国家甚嚣尘上的"反全球化"思潮,中国应该发挥大国在世界经济中的重要引领作用,让全球化成为不可逆的趋势,让更多的国家尤其是发展中国家在全球化中受益,让新发展理念惠及更多的国家和人民。

发展不平衡不充分问题是不可分割的一个整体,没有先后、轻重之分,在解决发展不平衡问题的同时也要解决发展不充分问题,要把二者有机结合起来,才能更好地解决人们对美好生活的需要与发展不平衡不充分之间的矛盾。

二、新时代新发展理念的基本内涵

十八届五中全会提出的"创新、协调、绿色、开放、共享"五大发

[①] 习近平:《决胜全面建成小康社会 夺取新时代中国特色社会主义伟大胜利》,《人民日报》2017年10月28日。

展理念是改革开放 40 年来历届党中央领导集体不断对发展实践进行探索的结晶,是对中国特色社会主义发展理论的重大创新。

创新发展要解决的是新时代我国经济社会发展的动力问题,即把创新作为引领发展的第一动力。新中国成立以来,在相当长时期内,中国的发展主要依靠投资拉动和劳动力资源的大量投入拉动,主要表现为经济规模的扩张以及经济总量的高速增长,在产业结构上表现为资源密集型和劳动密集型产业为主。这种发展模式确实带来了经济的高速发展,特别是改革开放以来,我国经济发展保持了持续的高速度增长,短短 30 多年,我国经济总量就从 1978 年全球排名第十上升到全球排名第二,并不断缩小和排名第一的美国之间的差距。GDP 从 1978 年的 3 679 亿元人民币增长到 2018 年的 90.030 9 万亿元人民币,增长了 220 多倍,创造了震撼世界的"中国奇迹"。但是这种高速度发展相伴随的是高能耗、高污染等问题,带来了沉重的资源压力和生态压力,不具有可持续性。正如习近平总书记所指出:"虽然我国经济总量跃居世界第二,但大而不强、臃肿虚胖体弱问题相当突出,主要体现在创新能力不强,这是我国这个经济大块头的'阿喀琉斯之踵'。通过创新引领和驱动发展已经成为我国发展的迫切要求。所以,我反复强调,抓创新就是抓发展,谋创新就是谋未来。"[①] 新时代中国的发展必须转换发展动力,习近平总书记强调,"我们必须把创新作为引领发展的第一动力,把人才作为支撑发展的第一资源,把创新摆在国家发展全局的核心位置,不断推进理论创新、制度创新、科技创新、文化创新等各方面创新,让创新贯穿党和国家一切工作,让创新在全社会蔚然成风"[②]。只有通过创新才能不断解放和发展社会生产力,提高劳动生产率,提升发展质量,拓展新的发展空间,同时也构建起新的产业体系和新的发展体制。

协调发展是可持续发展的内在要求。新中国成立以后,因为工业化发展的需要,我们采用的是重工业轻农业、重城市轻农村的发展模式,这导致长期以来工业和农业发展的不均衡、城市和乡村发展的不均衡以及干部工人农民社会福利的不均衡。不协调是中国发展中的突出问题。

---

① 《十八大以来重要文献选编》(下),中央文献出版社 2018 年版,第 159 页。
② 《十八大以来重要文献选编》(中),中央文献出版社 2016 年版,第 825 页。

中国的改革开放呈现出从局部到全局、从沿海到内地、从东部到西部、从农村到城市的渐次梯度推进的路径和格局,尽管发展的不协调问题有所改善,但是并没解决根本问题,有些领域和方面的不协调问题反而表现得更为突出。城乡不协调、区域不协调、经济发展与社会发展不协调、物质文明与精神文明不协调、经济建设与国防建设的不协调等发展中的不协调问题不同程度存在。而正是这些不协调问题的存在,导致了一系列社会问题和社会矛盾的出现,或者是进一步激化了过去已经存在的社会问题和矛盾。新时代,执政党必须牢牢把握中国特色社会主义的总体布局,正确处理发展中的各种重大关系,把协调发展作为重要的发展目标和评价尺度,着力推动城乡、区域、物质文明和精神文明协调发展,经济建设和国防建设融合发展,发挥各地区比较优势,促进生产力布局优化,在增强国家硬实力的同时,不断提升国家的软实力,不断增强发展的整体性和协调性。

绿色发展是可持续发展的必要条件,也是新时代人民对美好生活追求的重要体现。生态文明建设事关中华民族永续发展和"两个一百年"奋斗目标的实现,保护生态环境就是保护生产力,改善生态环境就是发展生产力。绿色发展要解决的核心问题是人与自然的关系,即在发展中达到人与自然的和谐共生。人与自然本来是共生关系,人因自然而生,人也必须依赖自然而生,因而人类的发展必须尊重自然、顺应自然和保护自然。但是人类社会发展中,人与自然的关系并不是总是和谐的,特别是在工业化进程中,人类曾经出现过对大自然的掠夺性开发和肆意破坏,导致人与自然关系的恶化,人类为此也付出了惨痛的代价。20世纪发生在西方国家的"世界八大公害事件",如洛杉矶光化学烟雾事件、伦敦烟雾事件、日本水俣病事件等,对生态环境和公众生活造成巨大影响。我国在发展过程中同样存在人与自然关系的紧张问题,在一些地方、一些领域没有处理好经济发展同生态环境保护的关系,以无节制消耗资源、破坏环境为代价换取经济发展,导致能源资源、生态环境问题越来越突出。习近平总书记在十八届中央政治局第六次集体学习时的讲话中就指出:我们的生态环境问题已经到了很严重的程度,非采取最严厉的措施不可,不然不仅生态环境恶化的总态势很难从根本上得到扭转,而且我们设想的其他生态环境发展目标也难以实现。

新时代,习近平总书记把"走向生态文明新时代,建设美丽中国"上升到实现中华民族伟大复兴的中国梦的战略高度,提出了"既要绿水青山,也要金山银山,绿水青山就是金山银山"的重要命题,强调"宁要绿水青山,不要金山银山",要求在发展中"正确处理经济发展和生态环境保护的关系,像保护眼睛一样保护生态环境,像对待生命一样对待生态环境,坚决摒弃损害甚至破坏生态环境的发展模式,坚决摒弃以牺牲生态环境换取一时一地经济增长的做法,让良好生态环境成为人民生活的增长点、成为经济社会持续健康发展的支撑点、成为展现我国良好形象的发力点,让中华大地天更蓝、山更绿、水更清、环境更优美"①。新时代,我国的发展必须把人与自然和谐共生作为目标和底线,切实把绿色作为永续发展的必要条件,从中华民族伟大复兴的重要条件和内容的高度认识绿色发展的意义和价值,毫不动摇地坚持节约资源和保护环境的基本国策,走可持续发展、文明发展之路,在现代化建设过程中实现人与自然和谐共生的新的发展局面。

开放是国家繁荣发展的必由之路,开放发展要解决的是国际国内两个大局的平衡的问题。中国特色社会主义之所以在短短的 40 年取得辉煌的成就,其中一个关键因素就是中国矢志不渝地坚持对外开放,充分利用经济全球化的各种机遇发展自己。回顾改革开放 40 年的历史,正是中国敞开国门,主动融入全球发展浪潮,科学把握全球发展机遇,积极参与和影响全球发展进程,从而获得了更好的发展空间、发展资源和发展条件,推动中国特色社会主义不断发展和完善。改革开放 40 年来,中国开放不断扩大,从未停下脚步。党的十八大以来,以习近平同志为核心的党中央更是总揽战略全局,坚持对外开放基本国策,推进对外开放理论和实践创新,对外开放取得新的重大成就。习近平总书记指出:"实践告诉我们,要发展壮大,必须主动顺应经济全球化潮流,坚持对外开放,充分运用人类社会创造的先进科学技术成果和有益管理经验。"② 新时代,中国的发展更加深度地融入了经济全球化发展之中,中国与世界的内外

---

① 《习近平谈治国理政》第二卷,人民出版社 2017 年版,第 395 页。
② 《习近平谈治国理政》第二卷,人民出版社 2017 年版,第 211 页。

联动更加全面而深入。因此，站在新的历史起点上，我们必须坚定不移扩大对外开放，创造更全面、更深入、更多元的对外开放格局，提高对外开放的质量和水平。

共享是中国特色社会主义的本质要求，也是中国社会发展的目标和价值指向，作为社会主义国家，无论是物质文明成果还是精神文明成果都必须全民共享。新中国成立以来，中国共产党在领导人民致力于社会主义建设的过程中，始终坚持发展的人民共享理念。新中国成立之初，毛泽东就提出了共享的问题，1955年，他在谈及完成社会主义改造后建立什么样的社会制度的问题时指出："现在我们实行这么一种制度，这么一种计划，是可以一年一年走向更富更强的，一年一年可以看到更富更强些。而这个富，是共同的富，这个强，是共同的强，大家都有份。"[①]邓小平关于社会主义本质界定中的"共同富裕"指向就包含了"共享发展"的要求，一定意义上而言"共同富裕"就是共享发展的结果和状态。江泽民则强调，实现共同富裕是社会主义的根本原则和本质特征，胡锦涛则要求在中国特色社会主义的发展过程中，必须使全体人民共享改革发展成果，使全体人民朝着共同富裕的方向稳步前进。

共享发展要解决的根本问题是发展中的公平问题。新时代共享发展不仅仅是发展成果的共享，还包括发展过程、发展机会等方面的共享；共享发展也不是平均主义的共享，而是发展基础上的渐进共享。从共享的范围而言，共享发展是全民共享，即共享发展是人人享有、各得其所；从共享发展的内容来看，共享是全面共享，即全民共享国家经济、政治、文化、社会、生态等所有方面的建设和发展成果；从共享的实现过程来看，共享发展是全民的共建共享，即共同参与发展过程，共同致力于中华民族伟大复兴的历史使命，在共同推动发展的过程和基础上实现发展成果的共享；共享发展也是一个动态的过程，它会随着生产力水平的发展和社会生产的发展从低级阶段发展到高级阶段，从不均衡发展到相对均衡。习近平总书记指出，生活在我们伟大祖国和伟大时代的中国人民，共同享有人生出彩的机会，共同享有梦想成真的机会，共同享有同祖国

---

① 《毛泽东文集》第六卷，人民出版社1999年版，第495页。

和时代一起成长与进步的机会。新时代,面对新的社会主要矛盾,共享发展可以说是解决不平衡发展问题的关键。中国特色社会主义的一切发展业绩都是中国共产党领导中国人民创造的,理应由全体人民所共享,中国特色社会主义的进一步发展也必须以共享发展来激励人民参与,使全体人民在共建共享中有更多的获得感和幸福感,从而不断增强发展动力和活力,促进社会和谐,实现共同富裕。

新发展理念是习近平新时代中国特色社会主义思想的重要组成部分,是指导我国当前和今后经济社会发展的行动指南。它符合新时代我国国情,顺应新时代要求,在理论和实践上实现了新的突破,具有重大而深远的意义。

新发展理念是开启全面建设社会主义现代化国家新征程的本质要求。习近平总书记强调,"坚持马克思主义,坚持社会主义,一定要有发展的观点,一定要以我国改革开放和现代化建设的实际问题、以我们正在做的事情为中心,着眼于马克思主义理论的运用,着眼于对实际问题的理论思考,着眼于新的实践和新的发展"[1]。新发展理念是以习近平同志为核心的党中央对国内外现代化建设经验和教训的深刻总结,它顺应了人民群众在经济、政治、文化、社会、生态等方面的新期待,集中反映了我们党对经济社会发展规律认识的深化,为全面建成小康社会、实现"两个一百年"奋斗目标提供了理论指导和行动指南,体现了全面建设社会主义现代化国家新征程的本质要求,是当今中国发展之道。

新发展理念是认识和把握社会发展规律的科学理论。规律性是事物的本质属性,只有在对事物本质规律认识的基础上,才能更好地把握事物,促进事物的发展。中国社会主义现代化具有特殊性,中国现代化是外源性的现代化,是处于社会主义初级阶段而又步入了中国特色社会主义新时代的现代化。在实践中认识理论,在实践中发展理论,是我们认识世界、改造世界的重要方法。新发展理念的形成展现了中国特色社会主义建设实践不断丰富、日趋完善的生动历程,标志着党对中国特色社会主义建设规律的认识更加深入。新发展理念既有中国特色,也有世界

---

[1] 《十八大以来重要文献选编》(上),中央文献出版社2014年版,第114页。

属性，是我国经济发展进入新常态、世界经济复苏的治本之策，深刻体现了习近平新时代中国特色社会主义思想对发展这一时代课题的深刻洞悉，是影响我国发展全局的一场重大变革。

新发展理念为发展中国家走向现代化提供了中国智慧和中国方案。时代在前进，实践在发展，理念创新不断结出硕果。新发展理念是以习近平同志为核心的党中央根据我国现代化所处阶段、时代特征、主要任务等现实条件提出和确立的，是对我国现代化建设规律的深化和对发展中国家走向现代化路径的拓展，是我国现代化合目的性与合规律性的辩证统一，是我国现代化发展理念最新理论成果，是指导我国建成富强民主文明和谐美丽的社会主义现代化强国必须长期坚持的重要遵循①。新发展理念遵循经济规律的科学发展、自然规律的可持续发展、社会规律的包容性发展，把握现代化建设的速度变化、动力转换、结构优化等新特征和新特点，顺应了我国现代化发展速度、区域布局、产业升级的新要求，是对我国现代化的发展思路、发展方向、发展着力点等规律的新认识，丰富和发展了中国特色社会主义现代化建设理论，为把我国建成富强民主文明和谐美丽的社会主义现代化强国提供了重要遵循，也为发展中国家走向现代化提供了中国智慧和中国方案。

三、始终坚持"创新、协调、绿色、开放、共享"的新发展理念

新时代要有效化解社会主要矛盾，我们党必须把握好国内发展大局和世界发展大势，优化发展战略选择，始终坚持创新发展、协调发展、绿色发展、开放发展和共享发展的新理念和新思路。

（一）坚持创新发展理念，实施创新驱动发展战略

党的十八届五中全会上，习近平提出的"创新是引领发展的第一动力"重要论断，强调要"让创新贯穿党和国家一切工作，让创新在全社会蔚然成风"②。新时代，面对社会主要矛盾转化的基本国情，我们党必

---

① 余立、孙劲松：《"新发展理念"：习近平关于现代化发展理念的检视、重构和开拓》，《理论与改革》2017年第6期。
② 《习近平关于科技创新论述摘编》，中央文献出版社2016年版，第9页。

须以创新为发展提供新的动力,实施创新驱动发展战略,用以化解不平衡不充分的发展问题。

新的发展理念都有利于增强新时代的发展动力,但创新最为关键,是引领发展的第一动力。抓住了创新也就抓住了新时代牵动经济社会发展全局的"牛鼻子"。因此新时代抓创新就是抓发展,谋创新也就是谋未来。习近平总书记强调,"创新是一个复杂的社会系统工程,涉及经济社会各个领域。坚持创新发展,既要坚持全面系统的观点,又要抓住关键,以重要领域和关键环节的突破带动全局"①。这为新时代创新发展指明了方向。党的十八大正式提出实施创新驱动发展战略,强调科技创新是提高社会生产力和综合国力的战略支撑,必须摆在国家发展全局的核心位置。2016年5月,中共中央、国务院印发的《国家创新驱动发展战略纲要》(以下简称《纲要》)开宗明义,强调"创新驱动是国家命运所系。国家力量的核心支撑是科技创新能力。创新强则国运昌,创新弱则国运殆",并对中国创新驱动发展作出了全局性重大决策部署。

按照《纲要》的部署,我国实施创新驱动发展战略、建设创新型国家主要从以下几个方面着手:

一是夯实基础,即加强基础研究。基础研究是科学、技术创新的源头,决定着科技创新的活力和动力,也是国家核心竞争力的重要标志。改革开放以来我国科学技术研究取得了显著成果,但相对而言,基础研究仍然是我国科学技术研究领域的短板,与世界先进水平还有一定的距离。随着全球科学技术的发展以及我国经济发展水平的提高,高科技的产品和技术引进门槛越来越高,如果没有自主创新,在一些关键领域就会受制于人,比如芯片技术领域。因此,要实施创新驱动发展战略,首先必须强化基础研究,特别是瞄准世界科技前沿,加强前瞻性的基础研究,突出关键共性技术、前沿引领技术、现代工程技术,颠覆新技术创新,抢占未来科技竞争的制高点,为建设科技强国提供强有力的支撑。

二是构建体系,即加强国家创新体系建设,强化战略性科技力量。习近平总书记指出"实施创新驱动发展战略是一个系统工程。科技成果

---

① 《习近平谈治国理政》第二卷,外文出版社2017年版,第204页。

只有同国家需要、人民要求、市场需求相结合，完成从科学研究、实验开发、推广应用的三级跳，才能真正实现创新价值、实现创新驱动发展"①。创新是一个系统工程，今天要有效推进创新发展，必须在党的领导下，形成政府、企业、高校、科研院所以及社会力量相互支撑、良性互动的高效、协同的创新大格局。适应建设科技强国的需要，着力组建一批重大创新领域的国家实验室，建设一批重大科技基础设施，打造一批研究性大学和科研院所，培育一批创新型领军企业，全方位系统化提升我国的科学技术力量和水平。

三是完善体制，即深化科技体制改革，建立和完善有利于科技创新的科研体制。习近平总书记指出"多年来，我国一直存在着科技成果向现实生产力转化不力、不顺、不畅的痼疾，其中一个重要症结就在于科技创新链条上存在着诸多体制机制关卡，创新和转化各个环节衔接不够紧密。就像接力赛一样，第一棒跑到了，下一棒没有人接，或者接了不知道往哪儿跑"。因此，要实施创新驱动发展战略，"必须深化科技体制改革，破除一切制约科技创新的思想障碍和制度藩篱，处理好政府和市场的关系，推动科技和经济社会发展深度融合，打通从科技强到产业强、经济强、国家强的通道，以改革释放创新活力，加快建立健全国家创新体系，让一切创新源泉充分涌流"②。深化科技体制改革的关键就在于围绕科技创新这个核心，深化科技领域相关体制机制的变革。进一步解放思想，破除一切阻碍创新驱动发展的观念和体制机制障碍，着力营造良好的政策制度环境；建立以企业为主体、市场为导向，产学研深度融合的技术创新体系。加快形成有利于创新发展的市场环境、产权制度、投融资体制、分配制度和人才培养引进使用机制，倡导和形成创新文化。着力推动科技创新与经济社会发展紧密结合，打通科技和经济社会发展之间的通道。

四是用好人才，即建立更为灵活的人才管理机制，改革和完善人才评价体制机制，用好用活科技创新人才。习近平总书记指出，人才资源是第一资源，也是创新活动中最为活跃、最为积极的因素。要把科技创

---

① 《十八大以来重要文献选编》(中)，中央文献出版社2016年版，第24页。
② 《十八大以来重要文献选编》(中)，中央文献出版社2016年版，第24—25页。

新搞上去，就必须建设一支规模宏大、结构合理、素质优良的创新人才队伍。人才是创新的根基，是创新的核心要素。创新驱动实质上是人才驱动。没有人才优势，就不可能有创新优势、科技优势、产业优势。因此，要集聚和运用好优秀的创新人才，这就要求我们具有识才的眼光、用才的胆识、容才的雅量、聚才的良方，健全集聚人才、发挥人才作用的体制机制，创造人尽其才的政策环境。既要发挥好现有人才作用，也要揽四方之才，择天下英才而用之。加强科研院所和高等院校创新条件建设，完善知识产权运用和保护机制，激发科研人员创新活力，让各类人才的创新智慧竞相迸发。

五是把握大势，即牢牢把握当今世界科学技术进步的方向和产业革命的大趋势。当今世界，科学技术越来越成为推动经济社会发展的决定性力量，新一轮科技革命和产业变革正在孕育兴起，一些重要科学问题和关键核心技术已经呈现出革命性突破的先兆。2008年全球金融危机爆发以来，世界主要国家都在抓紧制定新的科技发展战略，抢占科技和产业制高点。近年来，世界主要科技强国在基因编辑、量子、人工智能等颠覆性技术领域和信息、能源、先进制造等基础性科技领域均纷纷加强战略性和针对性布局，确保紧跟新科技革命浪潮、把握发展先机，以期形成非对称战略优势。因此新时代我国科学技术发展必须瞄准世界科技前沿领域和顶尖水平，抓住新一轮科技革命和产业变革的重大机遇，着力增强自主创新能力，在科技资源上合理布局，力争在基础科技领域作出大的创新，在关键核心技术领域取得大的突破。

当然创新发展中的创新不仅仅是科学技术领域的创新，而且包括理论创新、实践创新、制度创新、文化创新以及其他各方面创新。面向新时代，面对新矛盾，必须坚持不断解放思想，不断进行各个方面的创新。

(二) 坚持协调发展理念，增强发展的整体性和协调性

协调发展是解决新时代中国社会主要矛盾的关键发展理念，一定意义上而言，不平衡的发展问题也可以理解为不协调的发展问题。因而，新时代要有效解决社会主要矛盾必须毫不动摇地坚持协调发展的理念，着力增强发展的整体性和协调性。这也是辩证唯物主义发展观的基本内涵，辩证唯物主义强调事物是普遍联系的，事物与事物之间，事物内部

诸要素之间总是相互联系、相互影响、相互制约的，正是这种联系、影响和制约使得世界构成了相互联系、相互作用的整体。中国特色社会主义的发展也是一个系统工程，需要我们坚持统筹兼顾、综合平衡，正确处理发展中的重大关系，补齐短板、缩小差距，努力推动形成各区域各领域全面发展。

协调是我国经济社会持续健康发展的内在要求。在我们党领导人民探索社会主义建设道路的伟大实践中，形成了许多关于协调发展的理念和战略。1956年，毛泽东在《论十大关系》的报告中就较为集中地阐述了社会主义建设协调发展的问题，体现出了鲜明的"统筹兼顾"理念。在《关于正确处理人民内部矛盾的问题》一文中，毛泽东又提出了"统筹兼顾、适当安排"的发展方针。改革开放以来，邓小平提出了要注意现代化建设方方面面的"综合平衡"[1]。江泽民在《正确处理社会主义现代化建设中的若干重大关系》中指出，在推进社会主义现代化建设的过程中，必须处理好各种关系，特别是若干带有全局性的重大关系，并提出了在推进社会主义现代化建设过程中必须处理好的12个带有全局性的重大关系。2003年7月28日胡锦涛在全国防治"非典"工作会议上的讲话中指出，促进经济社会协调发展，是建设中国特色社会主义的必然要求，也是全面建设小康社会的必然要求，并强调"要更好坚持全面发展、协调发展、可持续发展的发展观，更加自觉地坚持推动社会主义物质文明、政治文明、精神文明协调发展，坚持在经济社会发展的基础上促进人的全面发展，坚持促进人与自然的和谐"[2]。党的十八大以来以习近平同志为核心的党中央提出了中国特色社会主义事业"五位一体"总体布局和"四个全面"战略布局，在党的十八届五中全会上提出了新的发展理念，把协调发展放在我国发展全局的重要位置。可见，在社会主义建设过程中，我们党对协调发展的认识在不断深化。

新时代，必须从我国发展中的不平衡、不协调和不可持续的突出问题出发，按照中国特色社会主义事业"五位一体"总体布局和"四个面"战略布局，在继续坚持以经济建设为中心的同时，全面推进经济建

---

[1]《邓小平文选》第二卷，人民出版社1994年版，第250页。
[2]《胡锦涛文选》第二卷，人民出版社2016年版，第67页。

设、政治建设、文化建设、社会建设、生态文明建设,促进现代化建设各个方面、各个环节相协调,促进生产关系与生产力、上层建筑与经济基础相协调。着力推动区域协调发展、城乡协调发展、经济建设与社会建设协调发展、物质文明和精神文明协调发展,推动经济建设和国防建设融合发展。

一是坚持区域协调发展。区域不平衡是不平衡发展的突出表现,也是新时代解决社会主要矛盾必须重点解决的问题。必须继续实施西部开发、东北振兴、中部崛起、东部率先的区域发展总体战略,重点实施"一带一路"、京津冀协同发展、长江经济带三大战略,加快构建要素有序自由流动、主体功能约束有效、基本公共服务均等、资源环境可承受的区域协调发展新格局,推动区域协调发展。贫困是全面小康的最大短板。贫困问题也是区域发展不协调的突出表现,也是我国发展中的短板,实现区域协调发展,必须补齐发展短板,其中打赢精准脱贫攻坚战是补短板的关键一环,下一步需要重点解决好实现"两不愁三保障"①存在的薄弱环节,加大"三区三州"②等深度贫困地区脱贫攻坚力度。减少和防止贫困人口返贫,做好脱贫攻坚与乡村振兴的衔接。

二是坚持城乡一体发展。以乡村振兴战略为抓手,坚持城乡统筹发展,坚持新型工业化、信息化、城镇化、农业现代化同步推进,实现城乡发展一体化。着力健全城乡发展一体化体制机制,坚持工业反哺农业、城市支持农村,推进城乡要素平等交换、合理配置和基本公共服务均等化,努力实现基本公共服务常住人口全覆盖,促进农业发展、农民增收,提高社会主义新农村建设水平,形成以工促农、以城带乡、工农互惠、城乡一体的工农城乡关系。

三是坚持经济建设与社会建设同步发展。在坚持以经济建设为中心,夯实社会发展的经济基础和物质基础的基础上重点做好教育、就业、社会保障、医疗和公共卫生、环境保护等关涉民生的社会发展工作,着力

---

① "两不愁三保障"是"十三五"期间脱贫攻坚的重要目标,即到2020年稳定实现农村贫困人口不愁吃、不愁穿,农村贫困人口义务教育、基本医疗、住房安全有保障。

② "三区三州"是2017年中共中央办公厅、国务院办公厅印发的《关于支持深度贫困地区脱贫攻坚的实施意见》中提出的西藏自治区,青海、云南、四川和甘肃四省藏区,南疆的和田地区、阿克苏地区、喀什地区、克孜勒苏柯尔克孜自治州四地区,以及四川凉山州、云南怒江州、甘肃临夏州等深度贫困地区。

解决人民最关心最直接最现实的利益问题，提升人民群众的获得感和幸福感。其中增加公共服务供给，提高公共服务共建能力和共享水平，促进就业创业，坚持就业优先战略；建立更加公平更可持续的社会保障制度，深化医药卫生体制改革，保障食品药品安全等方面又是民生领域满足人民美好生活需要的重要领域。

四是坚持物质文明和精神文明并重。习近平总书记指出，只有物质文明建设和精神文明建设都搞好，国家物质力量和精神力量都增强，全国各族人民物质生活和精神生活都改善，中国特色社会主义事业才能顺利向前推进。新时代面对人民日益增长的美好生活需要，必须同时满足人民在物质和精神两个方面的更高层次的需要，特别是当人民已解决温饱问题，已提出更高的精神需要，如何满足人民的精神需要就成为一项紧迫任务。必须坚持社会主义先进文化前进方向，加快文化建设，加强社会主义精神文明建设，把精神文明建设贯穿改革开放和现代化全过程、渗透社会生活各方面，为全国各族人民不断前进提供坚强的思想保证、强大的精神力量、丰润的道德滋养。

五是经济建设与国防建设融合发展。经济建设与国防建设从来都是唇齿相依的两个方面，要保证经济发展有稳定安全的环境、维护已有的发展成果，就需要强大的国防能力。今天世界仍然很不安宁，中国面临的安全压力仍然较大，如果没有强大的国防，就不可能顺利进行经济建设，也就不能维护人民的利益。中华民族伟大复兴的梦想是强国梦，也是强军梦。我们要实现中华民族伟大复兴，必须坚持富国和强军相统一，努力建设巩固国防和强大军队。因此必须统筹经济建设和国防建设，努力实现富国和强军的统一。新时代必须把国防建设深深根植于国家经济社会母体，加快形成全要素、多领域、高效益的军民深度融合发展格局，既使国防建设从经济建设、社会建设中获得更加深厚的物质支撑和发展后劲，也使经济建设、社会建设从国防建设中获得更加有力的安全保障和技术支持，实现二者的协调发展、平衡发展和兼容发展。

（三）坚持绿色发展理念，推进人与自然和谐共生

习近平总书记指出，建设生态文明，关系人民福祉，关乎民族未来。生态环境一头连着人民群众生活质量，一头连着社会和谐稳定。因而，

绿色发展就是最广大人民根本利益的重要组成部分。新时代坚持绿色发展理念必须从以下几个方面努力：

首先，要牢固树立"既要绿水青山也要金山银山，宁要绿水青山不要金山银山，绿水青山就是金山银山"①的绿色经济理念，正确处理经济发展同生态环境保护的关系，牢固树立保护生态环境就是保护生产力、改善生态环境就是发展生产力的理念，更加自觉地推动绿色发展、低碳发展、循环发展，绝不以牺牲生态环境为代价换取一时的经济增长。其次，要坚持问题导向，抓住影响绿色发展的关键问题，着力解决生态保护和环境治理中的一系列突出问题，创新解决这些问题的方法，突出用法治思维和法治方式谋划绿色发展，把绿色发展作为系统工程科学谋划、统筹推进。最后，要倡导和践行勤俭节约、绿色低碳、文明健康的生活方式与消费模式，推动形成绿色生活方式。绿色生活方式的形成对于绿色发展和生态文明的最终实现具有基础意义和关键作用，因此坚持绿色发展理念必须倡导人们坚持节约优先，坚持环境友好型消费模式，抵制和反对各种形式的奢侈浪费、不合理消费，坚持从我做起、从身边做起、从细节做起，坚持久久之功，持之以恒，真正做到蓝天常在、青山常在、绿水常在。

（四）坚持开放发展理念，推动形成全面开放新格局

40 年改革开放所带来的巨大发展成就表明开放发展是国家向前发展的必然，正如习近平总书记所指出，"实践证明，过去 40 年中国经济发展是在开放条件下取得的，未来中国经济实现高质量发展也必须在更加开放条件下进行。中国开放的大门不会关闭，只会越开越大。这是中国基于发展需要作出的战略抉择，也是在以实际行动推动经济全球化造福世界各国人民"②。新时代，世界治理体系和规则面临重大调整，国内社会主要矛盾已转化，我们党要带领全体人民谋求美好生活，必须坚持开放发展理念，引领国家开放潮流，营造更加开放的发展环境。习近平总书记在庆祝改革开放 40 周年大会上的讲话中指出："开放带来进步，封闭必然落后"，要求在新时代我们必须"统筹国内国际两个大局，坚持对

---

① 《十八大以来重要文献选编》（上），中央文献出版社 2014 年版，第 463 页。
② 《习近平出席博鳌亚洲论坛 2018 年年会开幕式并发表主旨演讲》，《人民日报》2018 年 4 月 11 日。

外开放的基本国策,实行积极主动的开放政策,形成全方位、多层次、宽领域的全面开放新格局"[①]。

新时代坚持开放发展的理念需从以下几个方面着力:在总体思路上,必须顺应我国经济深度融入世界经济的趋势,奉行互利共赢的开放战略,发展更高层次的开放型经济,积极参与全球经济治理和公共产品供给,提高我国在全球经济治理中的制度性话语权,构建广泛的利益共同体。在战略方向上,努力丰富对外开放内涵,提高对外开放水平,协同推进战略互信、经贸合作、人文交流,努力形成深度融合的互利合作格局。具体的策略包括:完善对外开放战略布局,推进双向开放,支持沿海地区全面参与全球经济合作和竞争,培育有全球影响力的先进制造基地和经济区,提高边境经济合作区、跨境经济合作区发展水平;形成对外开放新体制,完善法治化、国际化、便利化的营商环境,健全服务贸易促进体系,全面实行准入前国民待遇加负面清单管理制度,有序扩大服务业对外开放;推进"一带一路"建设,推进同有关国家和地区多领域互利共赢的务实合作,推进国际产能和装备制造合作,打造陆海内外联动、东西双向开放的全面开放新格局;深化内地和港澳、大陆和台湾地区合作发展,提升港澳在国家经济发展和对外开放中的地位和功能,支持港澳发展经济、改善民生、推进民主、促进和谐,以互利共赢方式深化两岸经济合作,让更多台湾普通民众、青少年和中小企业受益;积极参与全球经济治理,促进国际经济秩序朝着平等公正、合作共赢的方向发展,加快实施自由贸易区战略;积极承担国际责任和义务,积极参与应对全球气候变化谈判,主动参与2030年可持续发展议程,彰显负责任大国的胸怀和担当。习近平总书记指出,中国是国际发展体系的积极参与者和受益者,也是建设性的贡献者。倡议成立亚投行,就是中国承担更多国际责任、推动完善现有国际经济体系、提供国际公共产品的建设性举动,有利于促进各方实现互利共赢。

(五)坚持共享发展理念,提升人民的获得感和幸福感

着力践行以人民为中心的发展思想是中国共产党的宗旨的体现,也是尊重人民在发展中的主体地位的体现。坚持以人民为中心的发展思想,

---

[①] 习近平:《在庆祝改革开放40周年大会上的讲话》,《人民日报》2018年12月19日。

必须做到发展为了人民、发展依靠人民、发展成果由人民共享。经过改革开放40年的发展，我国人民的生活水平得到显著的改善。但面对社会阶层分化、城乡差距、区域发展不均衡、经济社会发展不协调、贫困人口的发展短板、社会结构分化等一系列不平衡以及社会整体发展不充分的现状，迫切需要执政党积极主动回应社会矛盾，始终坚持共享发展理念，把发展成果更全面、更均衡、更充分地惠及广大人民。

作为马克思主义执政党，中国共产党把共享发展理念作为发展的价值旨归。马克思在《哥达纲领批判》中指出："劳动是一切财富和一切文化的源泉，而因为有益的劳动只有在社会中和通过社会才是可能的，所以劳动所得应当不折不扣和按照平等的权利属于社会一切成员。"[1] 共享发展理念是对马克思主义有关思想理论的继承，马克思主义之所以要建立社会主义社会，就是要让劳动人民摆脱在旧制度下受剥削受压迫的穷困境地，过上富足、公平的美好生活[2]。共享发展的目的是促进人的自由而全面的发展，实现美好生活，中国共产党作为马克思主义政党，必然要遵循共享发展理念的价值旨归。

"共享发展"不是一个抽象的概念，它要求执政党不断将共享发展理念转化为具体的治国理政实践。新时代坚持共享发展理念，必须坚持以推进社会公平正义为前提，以推进扶贫脱贫、缩小收入差距为抓手，以推进区域、城乡基本公共服务均等化为保障，以推进共同富裕为目标。重点做好两个层面的事情：一是充分调动人民群众的积极性、主动性和创造性，领导和团结全国各族人民勠力推进中国特色社会主义事业的发展，做大发展的"蛋糕"，为满足人民的美好生活需要提供坚实的基础；二是分好不断做大的"蛋糕"，充分体现社会主义共同富裕的优越性，让人民有更多的获得感和幸福感。具体而言，新时代落实共享发展理念必须重点从以下几个方面努力：

首先是要不断推进社会的公平正义。公平正义是人类文明的重要标志，是衡量一个国家或社会文明发展的标准。新时代公平正义也是人民美好生活需要的重要内容，更是解决不平衡发展问题的保障和目标。习近平总书记指出："全面深化改革必须着眼创造更加公平正义的社会环

---

[1] 《马克思恩格斯选集》第3卷，人民出版社2012年版，第357页。
[2] 卫兴华：《共享发展：追求发展与共享的统一》，《人民日报》2016年8月17日。

境，不断克服各种有违公平正义的现象，使改革发展成果更多更公平惠及全体人民。"① 这一论断揭示了公平正义与共享发展的内在联系，共享发展要解决的关键问题就是公平正义问题，而公平正义的环境和制度又是共享发展落到实处的条件和基础，二者是共生共存的关系。当下最为关键的在于通过制度创新，创造更加公平正义的社会环境。习近平总书记强调"不论处在什么发展水平上，制度都是社会公平正义的重要保证。我们要通过创新制度安排，努力克服人为因素造成的有违公平正义的现象，保证人民平等参与、平等发展权利。要把促进社会公平正义、增进人民福祉作为一面镜子，审视我们各方面体制机制和政策规定。哪里有不符合促进社会公平正义的问题，哪里就需要改革；哪个领域哪个环节问题突出，哪个领域哪个环节就是改革的重点。对由于制度安排不健全造成的有违公平正义的问题要抓紧解决，使我们的制度安排更好体现社会主义公平正义原则，更加有利于实现好、维护好、发展好最广大人民根本利益"②。这表明了党中央着力通过制度创新来构建公平正义的社会环境的决心和方向。当前首要任务在于通过制度建设，破除长期以来我国发展中存在的重效率轻公平、重城市轻农村、重 GDP 轻民生、重做大"蛋糕"轻分好"蛋糕"的观念和做法，加紧建设对保障社会公平正义具有重大作用的制度，保证人民平等参与、平等发展权利，才能有效促进共享发展。

其次是要打赢精准脱贫攻坚战，着力缩小人民的收入差距。改革开放 40 年来，我国人民的生活水平显著改善，贫困人口大幅减少，我国农村从普遍贫困走向整体消除绝对贫困。改革开放以来我国农村贫困人口减少 7.4 亿。按当年价现行农村贫困标准衡量，1978 年末农村贫困人口规模达 7.7 亿，贫困发生率约为 97.5%，到 2017 年末我国贫困人口规模减少到 3 046 万，贫困发生率为 3.1%。从 1978 年到 2017 年，我国农村贫困人口减少了 7.4 亿，这在全世界都是一个奇迹。但是，贫富差距问题仍然是今天中国面临的一个较为严重的问题。尽管近几年全国居民的基尼系数呈下降趋势，但是到 2017 年我国的基尼系数仍然超过 0.4（见图 6-1），这意味着我国的收入差距仍然比较大。正如习近平总书记所指

---

① 《十八大以来重要文献选编》（上），中央文献出版社 2014 年版，第 552 页。
② 《习近平谈治国理政》第一卷，外文出版社 2018 年版，第 97 页。

出:"我国经济发展的'蛋糕'不断做大,但分配不公问题比较突出,收入差距、城乡区域公共服务水平差距较大。在共享改革发展成果上,无论是实际情况还是制度设计,都还有不完善的地方。"① 因此,打赢脱贫攻坚战,缩小收入差距就成为落实共享发展理念的重要任务。必须咬定既定脱贫目标,落实已有政策部署,到2020年确保现行标准下农村贫困人口实现脱贫、贫困县全部摘帽、解决区域性整体贫困,在此基础上巩固和扩大脱贫攻坚成果,并谋划脱贫攻坚目标任务2020年完成后的提升农村收入的战略思路。在分配政策和制度方面,习近平总书记强调:"要坚持社会主义基本经济制度和分配制度,调整收入分配格局,完善以税收、社会保障、转移支付等为主要手段的再分配调节机制,维护社会公平正义,解决好收入差距问题,使发展成果更多更公平惠及全体人民。"必须进一步按照十八届三中全会的改革规划,规范收入分配秩序,完善收入分配调控体制机制和政策体系,建立个人收入和财产信息系统,保护合法收入,调节过高收入,清理规范隐性收入,取缔非法收入,增加低收入者收入,扩大中等收入者比重,努力缩小城乡、区域、行业收入分配差距,逐步形成橄榄型分配格局。

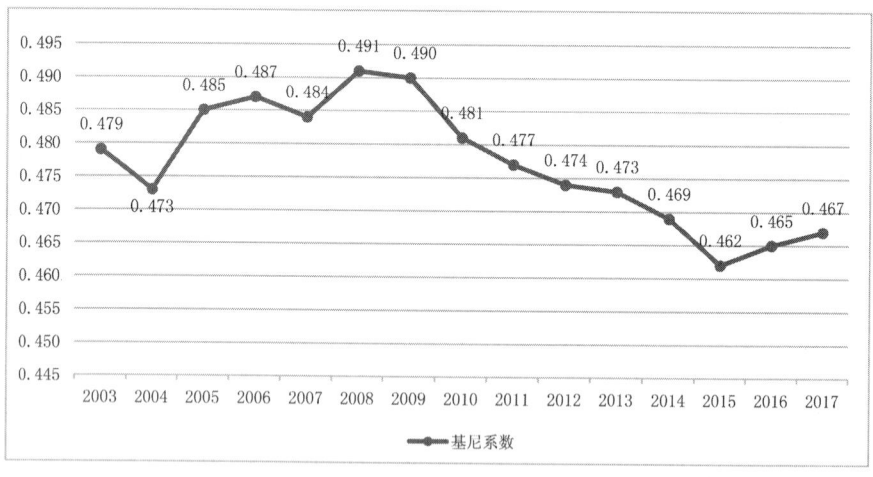

图 6-1　2003 年—2017 年全国居民人均可支配收入基尼系数变化②

---

①《十八大以来重要文献选编》(中),中央文献出版社 2016 年版,第 827 页。
② 数据来源参见国家统计局网站:http://www.stats.gov.cn/ztjc/zdtjgz/yblh/zysj/201710/t20171010_1540710.html。

最后是着力推进基本公共服务的区域、城乡均等化。基本公共服务是党和政府为满足人民群众共同需求而提供的，使社会成员共同受益的各种服务，解决的是"国民待遇"，必须坚持普惠性、保基本、均等化、可持续的原则。基本公共服务均等化既可以促进区域、城乡之间的协调发展，也能提高公共资源的配置效率，缩小城乡之间的发展差距。近年来，特别是十八大以来，党中央着力推动基本公共服务的均等化，应该说区域、城乡之间基本公共服务的失衡状态有了很大的改善，但是总体来看，受发展水平制约，我国东中西部之间、城市与农村之间基本公共服务水平差距较大，特别是革命老区、民族地区、边疆地区、贫困地区，自身财力相对有限，使得基本公共服务水平仍然较低，特别是一些地方的农村地区，基本公共服务的供给明显不足，个别农村地区还无法享受到城市居民能够享受到的基本公共服务，看病难、看病贵，上学难、上学贵等难题仍然困扰着一些农村。一定意义上而言，这是人民群众没有充分共享改革发展成果的突出表现，也是解决不均衡不充分发展问题的紧迫任务。新时代落实共享发展理念，必须加大财政投入，着力完善基本公共服务体系，努力实现基本公共服务全覆盖。特别是在广大农村地区，务必全面提升农村教育、医疗卫生、社会保障、养老、文化体育等公共服务水平，加快补齐农村人居环境和公共服务短板，加快推进城乡基本公共服务均等化。

第三节 统筹推进新时代"五位一体"总体布局

党的十八大报告提出："必须更加自觉地把全面协调可持续作为深入贯彻落实科学发展观的基本要求，全面落实经济建设、政治建设、文化建设、社会建设、生态文明建设五位一体总体布局，促进现代化建设各方面相协调，促进生产关系与生产力、上层建筑与经济基础相协调，不断开拓生产发展、生活富裕、生态良好的文明发展道路。"[①] 党的十九大进一步对我国社会主义现代化建设作出新的战略部署，并明确以"五位

---

① 胡锦涛：《坚定不移沿着中国特色社会主义道路前进 为全面建成小康社会而奋斗》，《人民日报》2012年11月18日。

一体"的总体布局推进中国特色社会主义事业,从经济、政治、文化、社会、生态文明五个方面,制定了新时代统筹推进"五位一体"总体布局的战略目标,这是中国共产党对"实现什么样的发展、怎样发展"这一重大战略问题的科学回答。

马克思主义认为社会是由多种社会要素构成的相互联系、相互依存的有机统一整体,因此社会的健康发展必定是构成社会的各种要素的协调发展。社会主义社会的最终价值目标是人的自由而全面发展,这就要求社会主义社会必须是全面发展、全面进步的社会。"五位一体"总体布局的提出是对马克思主义社会有机体理论的继承和发展,是我们党对社会主义建设的认识不断深化的结果,也是指引新时代中国特色社会主义建设的战略任务,更是新时代解决我国社会主要矛盾的重要战略部署。

一、"五位一体"总体布局的形成

从社会主义制度在中国建立开始,中国共产党人就在思考社会主义全面发展的问题。1956年,在完成了社会主义改造任务,建立社会主义制度的基础上,中共中央开始把党和国家工作的着重点向社会主义建设方面转移。为了"把国内外一切积极因素调动起来,为社会主义事业服务"[①],毛泽东在政治局扩大会议上作了《论十大关系》的报告,对我国的社会主义建设道路进行了初步的探索,提出了根据本国情况走自己的道路的任务。这一报告所讨论的十大关系涉及社会主义建设的多方面的任务,是我们党开始对社会主义建设和发展的系统性、全面性的思考和探索。1957年2月27日,毛泽东在《关于正确处理人民内部矛盾的问题》的讲话中提出了"将我国建设成为一个具有现代工业、现代农业和现代科学文化的社会主义国家"[②]的战略任务,在读苏联《政治经济学教科书》的谈话中,毛泽东进一步把"三个现代"扩展为"四个现代化",他指出:"建设社会主义,原来要求是工业现代化,农业现代化,科学文化现代化,现在要加上国防现代化。"[③]此后1964年12月21日,周恩来总理在第三届全国人民代表大会第一次会议上提出,"争取在不太长的历

---

① 《毛泽东文集》第七卷,人民出版社1999年版,第23页。
② 《毛泽东文集》第七卷,人民出版社1999年版,第207页。
③ 《毛泽东文集》第八卷,人民出版社1999年版,第116页。

史时期内,把我国建设成为一个具有现代农业、现代工业、现代国防和现代科学技术的社会主义强国"①,正式把"四个现代化"作为社会主义建设的战略任务,"四个现代化"的提出是中国共产党对社会主义全面发展的初步探索。

改革开放以来,随着对社会主义以及社会主义建设的认识的深化,我们党更是注重社会主义全面发展。1978年,党的十一届三中全会胜利召开,重新确立了解放思想、实事求是的思想路线。中国共产党对我国的社会经济发展战略布局重新进行了思考和规划,早在1980年12月,邓小平就在中央工作会议上指出,"我们要建设的社会主义国家,不但要有高度的物质文明,而且要有高度的精神文明"②。党的十二大报告提出,"我们在建设高度物质文明的同时,一定要努力建设高度的社会主义精神文明"③,此后在党的十二届六中全会通过的《中共中央关于社会主义精神文明建设指导方针的决议》提出"我国社会主义现代化建设的总体布局是:以经济建设为中心,坚定不移地进行经济体制改革,坚定不移地进行政治体制改革,坚定不移地加强精神文明建设,并且使这几个方面互相配合,互相促进"④。这是改革开放以来我们党第一次对中国社会主义现代化建设的总体布局的概括。1992年邓小平在南方谈话中再次强调物质文明建设和精神文明建设两手抓,两手都要硬。

党的十三届四中全会之后,我们党明确提出了党在社会主义初级阶段的基本纲领,对建设中国特色社会主义经济、政治、文化作了新的系统性阐述,形成了经济建设、政治建设、文化建设"三位一体"总体布局。1991年,在庆祝中国共产党成立70周年大会上的讲话中,江泽民指出,党的基本路线"总起来说,就是要通过社会主义制度的自我完善和发展,建设有中国特色社会主义的经济、政治、文化,以适应和促进社会生产力不断发展和社会的全面进步,实现社会主义现代化"⑤,认为

---

① 《政府工作报告汇编(1954—2017)》上卷,中国言实出版社2017年版,第301页。
② 《邓小平文选》第二卷,人民出版社1994年版,第367页。
③ 《全面开创社会主义现代化建设新局面——在中国共产党第十二次全国代表大会上的报告》,《人民日报》1982年9月8日。
④ 《十二大以来重要文献选编》(下),人民出版社1988年版,第1173—1174页。
⑤ 《江泽民文选》第一卷,人民出版社2006年版,第152—153页。

"有中国特色社会主义的经济、政治、文化,是有机统一、不可分割的整体"①。在党的十五大报告中,我们党再次强调我们仍然处于社会主义初级阶段,进一步明确什么是社会主义初级阶段有中国特色社会主义的经济、政治和文化,并明确了建设有中国特色社会主义的经济、政治和文化的基本目标和基本方略,强调建设有中国特色社会主义的经济、政治、文化的基本目标和基本政策,有机统一,不可分割,构成党在社会主义初级阶段的基本纲领。党的十五大报告规划的"三位一体"的总体布局在党的十六大得到进一步确认。党的十六大提出了全面建设小康社会的目标,并对这一目标作了具体的描述,即经济更加发展、民主更加健全、科教更加进步、文化更加繁荣、社会更加和谐、人民生活更加殷实,并指出全面建设小康社会的目标,是中国特色社会主义经济、政治、文化全面发展的目标。在党的十六大上,"社会更加和谐"开始和经济更加发展、民主更加健全、科教更加进步、文化更加繁荣、人民生活更加殷实并列,表明社会建设开始被纳入社会主义建设的总体布局中来思考。

党的十六大以来,以胡锦涛为总书记的党中央提出了深入贯彻落实科学发展观、构建社会主义和谐社会等重大战略任务,对中国特色社会主义事业总体布局的认识更进一步深化,在中国共产党第十六届四中全会通过的《中共中央关于加强党的执政能力建设的决定》中提出构建社会主义和谐社会与社会建设的新概念,把"不断提高构建社会主义和谐社会的能力"同"驾驭社会主义市场经济的能力""发展社会主义民主政治的能力""建设社会主义先进文化的能力""应对国际局势和处理国际事务的能力"②相提并论,表明对中国特色社会主义事业总体布局有了新的思考。2005年2月,胡锦涛总书记在省部级主要领导干部提高构建社会主义和谐社会能力专题研讨班上,第一次提出中国特色社会主义事业总体布局的完整概念,并对此作了重要论述:"随着我国经济社会的不断发展,中国特色社会主义事业的总体布局,更加明确地由社会主义经济建设、政治建设、文化建设三位一体发展为社会主义经济建设、政治建

---

① 《江泽民文选》第一卷,人民出版社2006年版,第161页。
② 《中共中央关于加强党的执政能力建设的决定》,《人民日报》2004年9月27日。

设、文化建设、社会建设四位一体。"① 在党的十七大上我们党明确把社会建设纳入中国特色社会主义建设总体布局。十七大报告指出:"社会建设与人民幸福安康息息相关。必须在经济发展的基础上,更加注重社会建设,着力保障和改善民生,推进社会体制改革,扩大公共服务,完善社会管理,促进社会公平正义,努力使全体人民学有所教、劳有所得、病有所医、老有所养、住有所居,推动建设和谐社会。"② 并对中国特色社会主义道路的内涵作了概括,即"在中国共产党领导下,立足基本国情,以经济建设为中心,坚持四项基本原则,坚持改革开放,解放和发展社会生产力,巩固和完善社会主义制度,建设社会主义市场经济、社会主义民主政治、社会主义先进文化、社会主义和谐社会,建设富强民主文明和谐的社会主义现代化国家"③。党的十七大把中国特色社会主义建设事业的总体布局由"三位一体"正式发展为"四位一体"。

也就是在党的十七大上,我们党第一次提出了"生态文明"的概念,提出要"建设生态文明,基本形成节约能源资源和保护生态环境的产业结构、增长方式、消费模式"④。而在党的十八大上,我们党明确将生态文明建设纳入中国特色社会主义现代化建设的总体布局,最终形成了现在的经济、政治、文化、社会和生态的"五位一体"总体布局。从党的十八大开始,中国特色社会主义总体布局就发展为经济、政治、文化、社会和生态文明"五位一体"的建设布局。党的十九大站在新的历史方位,继续坚持以"五位一体"的总体布局推进中国特色社会主义事业,并制定了新时代统筹推进"五位一体"总体布局的战略目标和要求,把我国建成现代化的目标概括为"建成富强民主文明和谐美丽的现代化强国",并对"五位一体"的现代化强国的状态作了展望,即"物质文明、

---

① 胡锦涛:《在省部级主要领导干部提高构建社会主义和谐社会能力专题研讨班上的讲话》,《人民日报》2005年6月27日。
② 胡锦涛:《高举中国特色社会主义伟大旗帜 为夺取全面建设小康社会新胜利而奋斗》,《人民日报》2007年10月25日。
③ 胡锦涛:《高举中国特色社会主义伟大旗帜 为夺取全面建设小康社会新胜利而奋斗》,《人民日报》2007年10月25日。
④ 胡锦涛:《高举中国特色社会主义伟大旗帜 为夺取全面建设小康社会新胜利而奋斗》,《人民日报》2007年10月25日。

政治文明、精神文明、社会文明、生态文明将全面提升"。

从"四位一体"到"五位一体"极大拓展了我国执政党建设中国特色社会主义事业范围,把生态文明建设提升到前所未有的重要高度,明确提出要把生态文明建设"融入经济建设、政治建设、文化建设、社会建设各方面和全过程,努力建设美丽中国,实现中华民族永续发展"①。从改革开放之初的邓小平同志提出"一手抓精神文明,一手抓物质文明"的"两个文明"建设,到十六大报告里的经济、政治、文化建设"三位一体",再到十七大报告中提出的经济建设、政治建设、文化建设和社会建设的"四位一体",最终到十八大报告中形成"五位一体",中国特色社会主义建设的总体布局逐渐形成并不断完善。

二、"五位一体"总体布局的内涵

"五位一体"是一个相互联系相互制约的整体,经济建设是根本,政治建设是保障,文化建设是灵魂,社会建设是条件,而生态文明建设是基础。新时代经济建设的主要任务是切实实现高速增长向高质量发展的转变,坚持质量第一、效益优先,以供给侧结构性改革为主线,推动经济发展质量变革、效率变革、动力变革,提高全要素生产率,着力加快建设实体经济、科技创新、现代金融、人力资源协同发展的产业体系,着力构建市场机制有效、微观主体有活力、宏观调控有度的经济体制,不断增强我国经济创新力和竞争力;政治建设方面就是要紧紧围绕坚持党的领导、人民当家作主、依法治国的有机统一深化政治体制改革,加快推进社会主义民主政治制度化、规范化、程序化,建设社会主义法治国家,发展更加广泛、更加充分、更加健全的人民民主,使我们的政治制度充分体现人民意志、保障人民权益、激发人民创造活力,用制度体系保证人民当家作主;文化建设就是要着力建设社会主义文化强国,增强国家文化软实力。要求我们坚持社会主义先进文化前进方向,坚持中国特色社会主义文化发展道路,坚持以人民为中心的工作导向,进一步深化文化体制改革。毫不动摇地坚持以马克思主义为指导,坚守中华文化立场,立足当代中国现实,结合当今时代条件,发展面向现代化、面

---

① 胡锦涛:《坚定不移沿着中国特色社会主义道路前进 为全面建成小康社会而奋斗》,《人民日报》2012 年 11 月 18 日。

向世界、面向未来的，民族的、科学的、大众的社会主义文化，推动社会主义精神文明和物质文明协调发展。坚持为人民服务、为社会主义服务，坚持百花齐放、百家争鸣，坚持创造性转化、创新性发展，不断铸就中华文化新辉煌；社会建设就是要紧紧围绕更好保障和改善民生、促进社会公平正义，深化社会体制改革，改革收入分配制度，促进共同富裕，推进社会领域制度创新，推进基本公共服务均等化，加快形成科学有效的社会治理体制，确保社会既充满活力又和谐有序。完善公共服务体系，保障群众基本生活，不断满足人民日益增长的美好生活需要，不断促进社会公平正义，形成有效的社会治理、良好的社会秩序，使人民获得感、幸福感、安全感更加充实、更有保障、更可持续；生态建设就是要紧紧围绕建设美丽中国，深化生态文明体制改革，加快建立生态文明制度，健全国土空间开发、资源节约利用、生态环境保护的体制机制，推动形成人与自然和谐发展现代化建设新格局。

"五位一体"的总体布局不是经济、政治、文化、社会、生态五个方面的简单相加，而是这五个方面作为中国特色社会主义事业发展重要内容的有机统一，这五个方面都是服务于决胜全面建成小康社会，夺取新时代中国特色社会主义伟大胜利，把我国建设成为富强民主文明和谐美丽的社会主义现代化强国，最终实现中华民族伟大复兴的中国梦这一宏伟目标。从内容和要求而言，五个方面各有侧重，各自要解决的具体问题不同，但是五个方面又相互支撑。"一体"是"五位"的关键和根本，是"五位"的核心、全局。五个方面相辅相成、互为补充、互相促进，共同服务于中国特色社会主义这个"一体"。

三、我国社会主要矛盾的转化要求执政党统筹推进"五位一体"总体布局

要满足人民日益增长的美好生活需要，就必须在继续推动发展的基础上，着力解决好不平衡不充分的发展问题。按照党的十九大部署，只有贯彻新发展理念，建设现代化经济体系，才能实现更高质量、更有效率、更加公平、更可持续的发展；只有健全人民当家作主制度体系，发展社会主义民主政治，才能体现人民意志、保障人民权益、激发人民创造活力；只有坚定文化自信，推动社会主义文化繁荣兴盛，才能激发全民族文化创新创造活力；只有提高、保障和改善民生水平，加强和创新

社会治理,才能使人民获得感、幸福感、安全感更加充实、更有保障、更可持续;只有加快生态文明体制改革,建设美丽中国,才能形成人与自然和谐发展的现代化建设新格局①。

人民对美好生活的需要呈现多方面多层次的特点,在物质文化基本需要的基础上包含了民主、法治、公平、正义、安全、环境等多方面的要求。而阻碍人民获得美好生活的制约性因素最突出的就是发展的不平衡不充分。不平衡既表现在经济发展的区域、城乡、行业之间的不平衡,也表现为政治、经济、社会、文化和生态之间的不平衡。改革开放以来,我国经济社会发展都取得了长足的进步,特别是经济领域的发展更是取得了举世瞩目的成就,其他领域的发展也成绩斐然,比如生态领域,十八大以来,以习近平同志为核心的党中央坚持"绿水青山就是金山银山"的大国情怀、责任和担当,狠抓生态建设,取得了巨大的成就。2019年2月11日,《自然》子刊《自然·可持续发展》刊登了题为《中国和印度通过土地利用管理为绿化地球作出贡献》的研究报告,称卫星数据显示地球植被叶面积(green leaf area)正在扩大,其中中国在环境保护方面的努力功不可没。报告称,中国一个国家的植被增加量,至少占到2000年—2017年里全球植被总增加量的25%。但总体来看,我国经济发展和社会发展、经济发展和文化发展、经济建设和生态建设等方面仍然有较大的差距,体现出明显的不平衡。在决胜全面建成小康社会的关键期,中国共产党必须要将解决发展不平衡不充分的问题作为工作的重心,尽最大努力让人民群众过上期待中的美好生活。而"人民日益增长的美好生活需要"远远超出经济领域,更多地指向政治、社会、文化、生态文明领域,与新时代中国特色社会主义事业"五位一体"的总体布局和"四个全面"的战略布局紧密契合。

第四节 全面深化改革,充分释放全社会的发展动力和活力

习近平总书记在庆祝改革开放40周年大会上的讲话中指出:"40年

---

① 《统筹推进新时代"五位一体"总体布局——六论学习贯彻党的十九大精神》,《人民日报》2017年11月3日。

的实践充分证明,改革开放是党和人民大踏步赶上时代的重要法宝,是坚持和发展中国特色社会主义的必由之路,是决定当代中国命运的关键一招,也是决定实现'两个一百年'奋斗目标、实现中华民族伟大复兴的关键一招。"① 始于1978年的改革开放充分释放了中国人民的主动性、积极性和创造性,在短短的40年间彻底改变了中华民族的面貌,使中华民族前所未有地靠近世界舞台中心。

"文化大革命"结束以后,中国面领着巨大的困难,国民经济处在崩溃的边缘,社会主义建设事业几乎停滞不前,导致这种困境的因素有指导思想上的失误,更主要的是旧体制的弊端,过度单一的公有制结构和计划经济模式,高度集中的权力结构,平均主义的分配方式,缺乏效率的管理模式,都严重束缚了生产力的发展。"文化大革命"结束后的第一年,我国国内生产总值才3 250亿元人民币,人均国内生产总值只有344元人民币,全国大多数人民处于贫困状态,以至于邓小平同志大声疾呼:"如果现在再不实行改革,我们的现代化事业和社会主义事业就会被葬送。"②

改革首先在农村拉开序幕。为了生存,1978年冬天的某个夜里,安徽省凤阳县梨园公社小岗生产队18户农民聚集在村里的一间屋里,冒着极大的政治风险在一封"绝密"的保证书上按上了前途未卜的手印,决定把生产队的土地划分到户,包干经营!一场改变中国命运的变革自此拉开帷幕。1978年12月18日中国共产党第十一届三中全会召开,正是这次会议实现了新中国成立以来具有深远意义的伟大转折。全会确立了解放思想、实事求是的思想路线,把党和国家工作重心从"以阶级斗争为纲"转到社会主义现代化建设上来。全会作出了实行改革开放的伟大决策,开启了改革开放和社会主义现代化建设的新时期。改革从农村到城市,从经济体制到政治体制,从局部试点到全面铺开,一场被称为"第二次革命"的改革伟业就此展开,正是改革开放成功开创了中国特色社会主义。

---

① 习近平:《在庆祝改革开放40周年大会上的讲话》,《人民日报》2018年12月19日。
② 《邓小平文选》第二卷,人民出版社1994年版,第150页。

此后中国共产党人传递着改革开放的接力棒，开始了改革开放的接力跑。党的十三届四中全会以后，以江泽民同志为主要代表的中国共产党人带领中国人民确立了社会主义市场经济体制的改革目标和基本框架，确立了社会主义初级阶段的基本经济制度和分配制度，开创全面改革开放的新局面，推进党的建设新的伟大工程，成功把中国特色社会主义推向21世纪。党的十六大以来，以胡锦涛同志为主要代表的中国共产党人带领中国人民抓住难得的战略机遇期，在全面建设小康社会进程中推动实践创新、理论创新、制度创新，强调以人为本、全面协调可持续发展，形成了中国特色社会主义事业总体布局，着力保障和改善民生，促进社会公平正义，推动建设和谐世界，推进党的执政能力建设和先进性建设，成功在新的历史起点上坚持和发展了中国特色社会主义。

党的十八大以来，以习近平同志为核心的党中央更是锐意改革，大刀阔斧地消除体制机制痼疾，着力推进中国特色社会主义发展升级。党中央团结带领全党全国各族人民，科学认识和把握党情、国情和世情，总结改革经验、展望中国特色社会主义的发展前景，围绕新时代坚持和发展什么样的中国特色社会主义、怎样坚持和发展中国特色社会主义这一重大时代课题，对党和国家各方面的工作提出了一系列新理念新思想新战略，实施全面深化改革的重大战略，将全面深化改革的目标定位于完善和发展中国特色社会主义、推进国家治理体系和治理能力现代化。着力增强改革的系统性、整体性、协同性，着力抓好重大制度创新，把提升人民群众的获得感、幸福感和安全感作为治国理政的重要价值目标。十八大以来，中央为推进全面深化改革，专门成立了中央全面深化改革领导小组，习近平总书记亲自担任组长。为加强党中央对全面深化改革的集中统一领导，强化决策和统筹协调职责，2018年将中央全面深化改革领导小组改为中央全面深化改革委员会。自中央全面深化改革领导小组成立以来，到2019年1月23日，先后召开了44次会议，其中中央全面深化改革领导小组召开了38次会议，中央全面深化改革委员会召开了6次会议，已推出1 600多项改革方案，改革开放在新时代呈现出了全面发力、多点突破、蹄疾步稳、纵深推进的良好态势，为新时代中国特色社会主义的汇聚起发展新动能。主要领域"四梁八柱"性质的改革主体框架已经基本确立,关键领域改革不断提速,全面深化改革的大逻辑、大框架眉目日渐清晰。

正如习近平总书记在庆祝改革开放40周年大会上的讲话中指出,40年来,我们解放思想、实事求是、大胆地试、勇敢地改,干出了一篇新天地,绘就了一幅波澜壮阔、气势恢宏的历史画卷,谱写了一曲感天动地、气壮山河的奋斗赞歌。改革开放使中国人民从站起来到富起来,并从富起来开始走向强起来;改革开放使中华民族比历史上任何时候都更接近伟大复兴,以崭新的姿态屹立于世界的东方;中国人民通过改革开放走出了中国特色社会主义道路,而且使中国特色社会主义不断发展完善,使中华民族越来越具有中国特色社会主义的道路自信、理论自信、制度自信和文化自信;改革开放使科学社会主义在21世纪的中国焕发出了勃勃生机,使人民看到了社会主义的伟大前景和希望;改革开放更是开创了一条独具中国特色的社会主义现代化道路,给世界上那些既希望加快发展又希望保持自身独立性的国家和民族提供了全新的选择,为解决人类问题贡献了中国智慧和中国方案。

"事者,生于虑,成于务,失于傲。"[①] 尽管改革开放已取得了辉煌的成就,但面临的任务更艰巨、挑战更严峻,因而尽管改革开放已走过千山万水,但仍需跋山涉水[②]。中国的改革开放是前无古人的开创性事业,同时中国的改革开放是社会主义发展史上,乃至于是人类发展史上最艰巨的事业。新旧体制的转换无论是从理论上、认识上还是从体制转换方式上都面临着种种压力和挑战,改革开放每推进一步都面临着各种风险和阻力。回顾改革开放40年的发展历程,我们看到改革开放体现出了先易后难的特点,经历了从"摸着石头过河"的"试错式"改革探索阶段逐步发展到顶层设计和基层探索相结合的过程。这一过程中解决了一些问题,也留下了一些更难的问题没有解决,同时在改革过程中又产生了一些新的问题。改革开放之初,人民普遍贫穷,人民群众普遍有改变现状的欲望,因而改革具有坚实的民意基础和澎湃的动力。改革开放带来了财富的迅速增长和积累,同时也形成了各种各样的既得利益,而且一

---

① 《管子》,中华书局2009年版,第42页。
② 习近平:《在庆祝改革开放40周年大会上的讲话》,《人民日报》2018年12月19日。

段时间内还造成了严重失衡的利益格局。随着改革的深入，改革面临的最大的挑战就是要调整既有的利益格局，而改革的最大阻力则来自既得利益者。正如李克强总理所说，触及人的利益比触及人的心灵更难。很显然随着改革的深入，改革的动力远不及改革之初那样强劲，相反，改革的阻力要比改革开放之初更大。正如习近平总书记所说："我们现在所处的，是一个船到中流浪更急、人到半山路更陡的时候，是一个愈进愈难、愈进愈险而又不进则退、非进不可的时候。"①

新时代我国社会主要矛盾已经转化为人民日益增长的美好生活需要和不平衡不充分的发展之间的矛盾，这是关系全局的历史性变化，也决定了党和国家今后相当长时期内的主要任务，即通过全面深化改革着力解决我国发展不平衡不充分的问题。党的十八届三中全会对新时代全面深化改革作出了总部署、总动员，这也是解决新时代我国社会主要矛盾的重要部署和动员。新时代推进十八届三中全会关于全面深化改革的战略部署落到实处就是解决社会主要矛盾的关键措施。

一是坚持改革的社会主义方向和立场不动摇。方向决定道路，道路决定命运。习近平总书记强调，我们的改革开放是有方向、有立场、有原则的。我们的方向就是不断推动社会主义制度自我完善和发展，而不是对社会主义制度改弦易辙。全面深化改革必须牢牢坚持这一原则不动摇，始终坚定不移地走中国特色社会主义道路。必须通过不断改革创新，使中国特色社会主义更能够解放和发展社会生产力，更能够解放和增强社会活力，更能够促进人的自由而全面发展，更能激发全体人民的积极性、主动性、创造性，为社会主义的发展提供更有利的条件，在全球竞争，特别是在资本主义与社会主义的竞争中赢得更大的比较优势，充分体现出中国特色社会主义制度的优越性。正如习近平总书记所指出："改什么、怎么改必须以是否符合完善和发展中国特色社会主义制度、推进国家治理体系和治理能力现代化的总目标为根本尺度，该改的、能改的我们坚决改，不该改的、不能改的坚决不改。"②

二是牢牢把握住全面深化改革的总目标不动摇。十八届三中全会规

---

① 习近平：《在庆祝改革开放40周年大会上的讲话》，《人民日报》2018年12月19日。
② 习近平：《在庆祝改革开放40周年大会上的讲话》，《人民日报》2018年12月19日。

定全面深化改革的总目标,就是完善和发展中国特色社会主义制度、推进国家治理体系和治理能力现代化。牢牢把握住这个总目标,是新时代贯彻落实各项改革举措的关键。经过改革开放40年的发展,我国的国家治理体系更加完善,治理能力也有了很大的提升。但是,相对于新时代人民日益增长的美好生活需要,面对全球日趋激烈的国际竞争,相对于国家长治久安的要求,我国的国家治理体系和治理能力都还有许多亟待改进的地方。新时代我们必须坚决改革不适应生产力和社会发展要求的体制机制、法律法规,并不断构建新的体制机制、法律法规,使中国特色社会主义各方面的制度更加科学、更加完善,使党和国家各项事务治理制度化、规范化、法治化。同时也要不断增强按制度办事、依法办事意识,善于运用制度和法律治理国家,提升国家治理能力。邓小平1992年南方谈话时说道:"再有三十年的时间,我们才会在各方面形成一整套更加成熟、更加定型的制度。在这个制度下的方针、政策,也将更加定型化。"① 习近平总书记也强调:"摆在我们面前的一项重大历史任务,就是推动中国特色社会主义制度更加成熟更加定型,为党和国家事业发展、为人民幸福安康、为社会和谐稳定、为国家长治久安提供一整套更完备、更稳定、更管用的制度体系。这项工程极为宏大,必须是全面的系统的改革和改进,是各领域改革和改进的联动和集成,在国家治理体系和治理能力现代化上形成总体效应、取得总体效果。"② 两代领导的论述都指向了改革的目标,那就是通过改革建立更加成熟、完善和稳定的制度体系,保障中国特色社会主义健康永续发展。这正是今天全面深化改革必须始终不渝追求的目标。

三是推进全面深化改革必须统筹谋划、协同推进。全面深化改革重在"全面",这个"全面"的不是各个方面改革的简单相加,而是在总体目标规定下的统筹协调,是一场全面而深刻的社会变革,既包括经济体制又包括政治体制、文化体制、社会体制、生态体制,既涉及生产力又涉及生产关系,既涉及经济基础又涉及上层建筑,但总目标统揽全局。

---

① 《邓小平文选》第三卷,人民出版社1993年版,第372页。
② 习近平:《完善和发展中国特色社会主义制度　推进国家治理体系和治理能力现代化》,《人民日报》2014年2月18日。

全面深化改革不是零敲碎打的调整，更不是碎片化的修补，而是全面而系统的改革和改进，是各领域改革和改进的联动与集成，在国家治理体系和治理能力现代化上形成总体效应、取得总体效果。新时代，面临复杂的改革形势和艰巨的改革任务，必须着力提升改革决策的科学性，在科学完整地把握党情国情世情的基础上对全面深化改革进行顶层设计和总体规划，明确改革的战略目标、重点、改革顺序、主攻方向等，提出改革总体方案、路线图和时间表。在改革实施过程中则要增强改革措施的协调性，全面考量、协调推进。

四是坚持以问题为导向的改革思路。改革重在解决发展中存在的突出问题，而不是为了改革而改革，因此必须坚持以问题为导向。习近平总书记强调全面深化改革必须"坚持加强党的领导和尊重人民首创精神相结合，坚持'摸着石头过河'和顶层设计相结合，坚持问题导向和目标导向相统一，坚持试点先行和全面推进相促进，既鼓励大胆试、大胆闯，又坚持实事求是、善作善成，确保了改革开放行稳致远"，特别强调必须"坚持问题导向，聚焦我国发展面临的突出矛盾和问题，深入调查研究，鼓励基层大胆探索，坚持改革决策和立法决策相衔接，不断提高改革决策的科学性"[①]。新时代，社会主要矛盾已转化，可以说改革面临的最大问题就是"不平衡不充分的发展问题"，因而所谓的"以问题为导向"关键就是以解决"不平衡不充分的发展问题"为导向，着力解决政府与市场的关系问题，着力解决发展中的公平正义问题，着力解决民生领域的不均衡不充分的问题，着力解决生态环境问题等直接影响中国特色社会主义发展和人民美好生活需要实现的关键问题。

第五节　切实推进经济发展从高速增长转向高质量的发展

过去的40年，中国踏着改革开放的春风，实现了社会经济的快速发展。中国从40年前一个半封闭的、落后的发展中国家迅速崛起为世界第

---

① 习近平：《在庆祝改革开放40周年大会上的讲话》，《人民日报》2018年12月19日。

二大经济体,成为和平时代大国崛起的奇迹。但是,总体而言,改革开放以来到党的十八大以前,我国经济发展总体而言是"高速度"而非"高质量",经济"增长"速度明显高于经济发展质量提升速度,经济增长主要靠资金、资源和人力的投入推动。这种发展模式要解决的是"人民日益增长的物质文化需要同落后的社会生产之间的矛盾",实质是要解决"温饱问题"。经过30多年的高度发展,中国已告别"短缺经济",人民的物质文化生活需要已经得到了满足,在经济领域开始出现了一些行业的"产能过剩"和大量"库存"。与此同时,粗放的经济发展模式带来了资源的紧张和生态环境的破坏甚至严重恶化。如果不改变经济发展模式,中国的经济发展将难以为继。

与此同时,随着人民对物质文化生活要求的提高,传统的经济发展模式日渐不能满足人民的新的需要。我们党科学把握新的时代特点和要求,紧密结合中国的发展实际,及时地提出了新时代我国社会主要矛盾的转化,即由过去的"人民日益增长的物质文化需要与落后社会生产之间的矛盾"转化为"人民日益增长的美好生活需要同不平衡不充分的发展之间的矛盾",这意味着人民群众的需求重点已经从"有没有"转向"好不好"。社会主要矛盾的这种变化对我国的经济发展提出了新的要求,为了人民新的需要,以习近平同志为核心的党中央及时提出了实现经济由高速增长到高质量发展转变的战略任务。党的十九大报告正式提出我国经济已经由高速增长阶段转向高质量发展阶段,并指出在转变经济发展方式、优化经济结构、转换增长动力的攻关期,建立现代化经济体系是跨越关口的迫切要求,同时也是我国经济未来发展的战略目标[①]。

新时代,面对我国社会主要矛盾的转化,必须切实推进经济发展从高速增长转向高质量的发展,只有这样才能够逐步满足人民群众日益增长的美好生活的需要。而推动经济高质量发展是一项深刻的系统性变革,涉及从理论到实践、从思想到理念、从战略到战术的全方位的变革。

首先,在思想上必须统一思想,提高认识。要推进经济高质量的发展,必须以习近平新时代中国特色社会主义经济思想为指导,坚持党对

---

① 《党的十九大报告学习辅导百问》,党建读物出版社、学习出版社2017年版,第24页。

经济工作的集中统一领导,坚持以人民为中心的发展思想,坚持适应、把握、引领经济发展新常态,坚持使市场在资源配置中起决定性作用,更好发挥政府作用,坚持适应中国经济发展主要矛盾变化完善宏观调控,坚持把推进供给侧结构性改革作为经济工作的主线,坚持问题导向部署经济发展新战略,坚持正确工作策略和方法,稳中求进。推进经济高质量的发展必须坚持新发展理念。创新是高质量发展的第一动力,协调是高质量发展的内在要求,绿色是高质量发展的基本保障,开放是高质量发展的必由之路,共享是高质量发展的最终目的。推动经济高质量发展还必须坚持以人民为中心的发展思想,把增进人民福祉、促进人的全面发展、朝着共同富裕方向稳步前进作为经济发展的出发点和落脚点,这就要求经济发展必须以人民需求为导向,深入研究市场需求变化,按照人民日益增长的美好生活需要来发展生产,提高社会生产力。

由高速增长转向高质量的发展是一项非常艰巨的任务,因而必须有克服困难、闯过关口的思想准备。目前我国经济发展的基本面是好的,新动力正在强化,但是同时也面临着诸多困难和挑战,特别是结构性产能过剩,严重制约着我国经济的健康发展。这是一个绕不开的关口,如果不能抓住时机进行战略性的调整,就不能破旧立新,届时将积重难返,严重影响中国特色社会主义发展进程。面对任务和困难,必须锐意改革、大胆创新。目前我国面临的问题归根结底是内因造成的,即供给侧、结构性、体制性矛盾,为此必须解放思想、实事求是、与时俱进,按照新的发展理念,在理论上进行概括性的创新、在政策上作出前瞻性的安排。

其次,以创新推动经济发展模式的转型。中国作为一个发展中的大国,经济规模已经很大,但是正如前文所言,由于前期积累的矛盾未能及时化解,随着国内条件和国际条件的变化,中国可能已经逼近生产可能性的边界,如果继续使用传统的策略,中国可能在将来面临经济停滞甚至更严重的问题。新常态下经济发展转型的本质要求是提高经济增长质量、重塑经济增长动力,为此执政党须继续全面深化改革,加快创新型国家建设,实施创新驱动发展战略,推动经济在新常态下平稳运行和发展。目前,我国依靠资源、劳动力、资本等要素投入而形成的经济驱动力已经明显减弱,需要更多更好的科技为经济发展注入新的动力。习近平总书记强调:"科技创新是核心,抓住了科技创新就抓住了牵动我国发展全局的'牛鼻子'。"①

再次,把供给侧、结构性改革作为经济工作的主线。随着我国社会主要矛盾转化以及我国经济发展由高速增长阶段转向高质量发展阶段,供给侧和结构性问题已经成为制约经济健康持续发展的关键因素。"供给结构失衡,不能适应需求结构的变化;供给质量不高,不能满足人民美好生活和经济转型升级的需求;金融、人才等资源配置存在'脱实向虚'现象,影响了发展基础的巩固。"② 因此,要实现经济由高速增长向高质量发展转变,必须按照党的十九大的部署,把提高供给体系质量作为主攻方向,着力去产能、去库存、去杠杆、降成本、补短板。大力破除无效供给。着力培育经济发展的新动能,突出科技创新,发展绿色产业,培育新业态新模式,在中高端消费、创新引领、绿色低碳、共享经济、现代供应链、人力资本服务等领域形成新增长点。大力降低实体经济成本,以降低企业负担为目标,降低制造业增值税税率,继续清理规范涉企收费,采取措施解决收费过高等问题。要通过深化供给侧结构性改革,优化存量资源配置,扩大优质增量供给,实现更高水平和更高质量的供需动态平衡,显著增强我国经济质量优势。

最后,着力建设现代化经济体系。建设现代化经济体系是我国社会主要矛盾转化对推进经济建设的客观要求,也是适应我国经济已由高速增长阶段转向高质量发展阶段的必然要求。现代化经济体系,是由社会经济活动各个环节、各个层面、各个领域的相互关系和内在联系构成的一个有机整体,包括产业体系、市场体系、收入分配体系、城乡区域协调发展体系、绿色发展体系、全面开放体系和经济体制。新时代,建设现代经济体系,首要的是要大力发展实体经济,筑牢现代化经济体系的坚实基础。实体经济是一国经济的立身之本、财富之源,经济发展任何时候都不能脱实向虚。不论经济发展到什么时候,实体经济都是中国经济发展、在国际经济竞争中赢得主动的根基。建立现代化经济体系还必须切实推进创新驱动发展战略,强化现代化经济体系的战略支撑。同时也要积极推动城乡区

---

① 《习近平谈治国理政》第二卷,外文出版社2017年版,第271页。
② 宁吉喆:《建设现代化经济体系》,《人民日报》2017年12月5日。

域协调发展，优化现代化经济体系的空间布局，特别是要花大力气推进乡村振兴战略，这是建设现代化经济体系的重要基础。建立现代化经济体系还必须着力发展开放型经济，提高现代化经济体系的国际竞争力。建立现代化经济体系必须有完善的制度保障，新时代重点在于加快完善社会主义市场经济体制，以完善产权制度和要素市场化配置为重点深化经济体制改革，坚决破除制约发展活力和动力的体制机制障碍。

第六节 消除体制机制障碍，着力解决新时代的公平公正问题

新时代，人民群众对社会公平公正需求的增长与社会现实中存在的不公平不公正之间的矛盾，成为社会主要矛盾的重要方面。在40年的改革开放过程中，社会体制机制不完善导致的社会公平问题已经成为人们过上美好生活的重要障碍。时代赋予执政党新的历史使命，在全面实现"两个一百年"奋斗目标的伟大进程中，执政党要进一步消除体制机制障碍，着力解决社会的公平公正问题。

一、公平公正是社会主义的重要价值追求

社会主义是在对资本主义的反思和批判过程中逐渐形成的。马克思在批判资本主义社会的过程中，创立了科学社会主义。马克思坚持唯物史观，认为群众是历史的创造者，社会主义的最终目标是实现人的自由而全面的发展，而人能够实现自由全面发展的基础条件之一就是社会能够为每个个体提供公平的发展机会，也即实现社会的公平公正。

人类历史上出现过各种各样的社会形态和社会制度，但不论是奴隶制、宗教神权制、封建皇权制还是资本主义制度都是建立在私有制基础上的人剥削人的社会制度，在这些社会中国家的资源和权力全部向少数统治者集中和倾斜，绝大多数群众处于被统治的地位。资本主义社会虽然创造了巨大的生产力，创建了现代大都市，开创了世界市场，但实质上并没有消灭阶级对立，反而造成了严重的贫富分化。在资本主义条件下，无产阶级群众被资本异化，变成了资本的附庸和资本增殖的工具。马克思深刻地阐述了无产阶级遭受的不公正待遇，并深挖这种不公正产

生的社会历史根源。马克思认为私有制是产生罪恶与社会不平等的根源,为此他主张扬弃私有制,建立以生产资料公有制为基础的社会主义制度,并实行按劳分配,使劳动成为衡量社会公平公正以及实现公平公正的根本尺度和途径。马克思和恩格斯在《共产党宣言》中对未来社会主义的状态作了如下界定:"代替那存在着阶级和阶级对立的资产阶级旧社会的,将是这样一个联合体,在那里,每个人的自由发展是一切人的自由发展的条件。"[①] 由此可见,公平正义是社会主义的特征和要求,也是社会主义追求的基本价值。

中国共产党自成立之日起便将实现共产主义作为自己的崇高理想,把消灭剥削、消灭压迫作为自己的奋斗目标。90多年来,中国共产党在继承马克思社会公平观的基础上不断进行理论创新,对社会公平内涵的理解也随着社会与历史的发展而不断演进和深化,并赋予了新的时代要求。共产党始终坚持以民为本、以人为本的执政理念,把实现好、维护好、发展好最广大人民根本利益作为自己的重要执政目标,努力做到发展为了人民、发展依靠人民、发展成果由人民共享,着力实现人民群众能够学有所教、劳有所得、病有所医、老有所养、住有所居。

中国共产党第一代领导集体在带领人民进行新中国创建的过程中,特别重视构建公平公正,并将公平公正的价值理念灌注到国家制度构建的过程中。毛泽东同志曾提出"国家和工厂、合作社的关系,工厂、合作社和生产者个人的关系,这两种关系都要处理好。为此,就不能只顾一头,必须兼顾国家、集体和个人三个方面"[②],主张劳动者公平、公正地参与社会分配,防止社会分化。

改革开放的总设计师邓小平同志对社会公平也有诸多论述。首先,邓小平主张社会公平的基础是生产力的发展,1987年4月,邓小平提出"搞社会主义,一定要使生产力发达,贫穷不是社会主义。我们坚持社会主义,要建设对于资本主义具有优越性的社会主义,首先必须摆脱贫穷"[③]。在邓小平看来,社会主义的本质是解放生产力,发展生产力,消

---

① 《马克思恩格斯选集》第1卷,人民出版社2012年版,第422页。
② 《毛泽东文集》第七卷,人民出版社1999年版,第28页。
③ 《邓小平文选》第三卷,人民出版社1993年版,第225页。

灭剥削，消除两极分化，最终达到共同富裕。传统社会主义的绝对平均不是社会公平，它扼杀了人民群众生产与发展的积极性，束缚了个体自由发展的权利。其次，邓小平提出了社会主义市场经济条件下处理效率与公平的正确原则。他认为新时期要摆脱普遍贫穷的社会面貌，必须坚持按劳分配，同时又不能搞平均主义，要效率优先、兼顾公平，适当拉开收入差距，激发人们的积极性，为此要允许一部分人先富起来，然后先富带后富，最终达到共同富裕。

新旧世纪之交，中国的社会主义市场经济体制开始逐渐完善，通过改革我国经济迅速发展，社会民众之间的收入差距也开始进一步拉大。中国共产党第三代领导集体立足现实，对社会公平理论进行了创新，主要体现在提出了中国特色社会主义的收入分配理论，即以按劳分配为主体、多种分配方式并存的分配理论。这一理论确立了劳动、资本、技术和管理等生产要素按贡献参与分配的原则，从而为社会成员享有更多的发展机会提供了理论支撑。江泽民同志指出，人的先天禀赋是有差别的，这决定了每个个体的个人能力和社会贡献是不同的。让生产要素参与分配会适当拉开收入差距，只要社会成员能够通过诚实、合法的劳动取得收入，这样差距不会太大，并且差距也是合理的。但是由于不同职业、不同单位、不同行业、不同地区之间缺乏平等的竞争规则和竞争环境，从而形成了机会与规则上的不平等，继而造成了社会成员之间的收入差距拉大却是不合理的[1]。

进入 21 世纪以来，我国社会贫富差距问题日益突出，引起了社会各界的广泛关注。在此背景下，以胡锦涛同志为总书记的党中央领导集体对之前收入分配方式的指导原则进行了调整，更加强调社会公平在社会主义发展中的作用。胡锦涛指出："在促进发展的同时，把维护社会公平放到更加突出的位置……使全体人民共享改革发展成果，使全体人民朝着共同富裕的方向稳步前进。"[2] 党的十六大以来，中国共产党在推进建设社会主义和谐社会的过程中逐渐形成了科学发展观这一重大理论成果，从以人为本的角度创新了社会公平公正理论。胡锦涛认为，解决中国所

---

[1] 《江泽民文选》第一卷，人民出版社 2006 年版，第 48—49 页。
[2] 《十六大以来重要文献选编》(中)，中央文献出版社 2006 年版，第 712 页。

面临的问题的关键在于发展,为此要坚持以人为本,统筹城乡、区域、东中西部、经济和社会的协调发展,将经济发展的成果更多地惠及人民,彰显社会的公平正义。

党的十八大以来,以习近平同志为核心的党中央站在新的历史新起点上,坚持和发展马克思主义的公平公正思想,将其作为新一代领导集体治国理政的重要价值目标。习近平总书记将公平公正上升到"中国梦"的高度来认识,他指出:"中国梦是中华民族的梦,也是每个中国人的梦。我们的方向就是让每个人获得发展自我和奉献社会的机会,共同享有人生出彩的机会,共同享有梦想成真的机会,保证人民平等参与、平等发展权利,维护社会公平正义,使发展成果更多更公平惠及全体人民,朝着共同富裕方向稳步前进。"① 公正还被纳入中国特色社会主义核心价值观,成为社会层面的核心价值取向,成为凝聚社会共识的价值根源。在党的十八届五中全会上,中国共产党正式提出了"创新、协调、绿色、开放、共享"五大发展理念,"共享发展"成为指导解决现时代效率与公平关系的重要理念。习近平总书记指出:"'大道之行也,天下为公。'发展的目的是造福人民。要让发展更加平衡,让发展机会更加均等、发展成果人人共享,就要完善发展理念和模式,提升发展公平性、有效性、协同性。"②

二、公平正义已经成为人民美好生活的重要方面

党的十九大报告指出,我国社会的主要矛盾已经从过去的"人民日益增长的物质文化需要同落后的社会生产之间的矛盾"转变为"人民日益增长的美好生活需要和不平衡不充分的发展之间的矛盾"。人民美好生活需要日益广泛,不仅对物质文化生活提出了更高要求,而且在民主、法治、公平、正义、安全、环境等方面的要求日益增长③。公平公正既是美好生活的重要内容,同时也是美好生活实现的重要保障。公平正义犹如阳光和空气,是美好生活不可或缺的基本意涵。

---

① 习近平:《在中法建交五十周年纪念大会上的讲话》,《人民日报》2014年3月29日。
② 习近平:《共担时代责任,共促全球发展》,《人民日报》2017年1月18日。
③ 习近平:《决胜全面建成小康社会 夺取新时代中国特色社会主义伟大胜利》,《人民日报》2017年10月28日。

人民公平正义的需要首先体现在民生领域。习近平指出：要"坚持在发展中保障和改善民生。……必须多谋民生之利、多解民生之忧，在发展中补齐民生短板、促进社会公平正义，在幼有所育、学有所教、劳有所得、病有所医、老有所养、住有所居、弱有所扶上不断取得新进展"①。可见公平正义首先体现在有人民群众直接相关的民生领域。主要表现在以下几个方面：

一是"幼有所育、学有所教"的需要。"百年大计，教育为本。教育是人类传承文明和知识、培养年轻一代、创造美好生活的根本途径。"②教育也是实现社会阶层地位上升的主要途径，公平的教育机会是实现社会公平的重要基础和条件，也是改变贫穷落后状态的重要条件，直接关系着人民美好生活需要是否能够实现。但是从目前中国的教育发展状况来看，总体而言教育发展不充分、不平衡，教育资源特别是优质教育资源配置不均衡，城乡之间、区域之间教育资源和教育质量差距很大，优质教育资源不断地向城市、东部发达地区聚集，而农村、中西部偏远地区的教学硬件、师资配置相对较差。

二是在就业择业与劳有所得的需要。目前我国虽然每年都能实现上千万的新增就业，但总体来说，就业结构性矛盾比较突出。以大学生就业为例，一方面我国应用型、技术型、综合型人才缺口较大，另一方面新毕业学生就业困难较大。之所以出现这样的矛盾是因为高校教育与社会需求之间存在错位，导致高校学生学非所用、学而无用。另外，中国经济已经步入新常态，经济发展开始由高速增长转变为高质量发展，调结构、去产能、去库存的改革使得劳动密集型、资源密集型的产业面临转型升级或者被淘汰。这也使得这些领域就业的广大产业工人面临转岗、再就业困难，这些都对新时期下中国就业形势造成很大压力。而居民的收入事关人民的经济利益，与人民的生活息息相关。目前我国收入分配领域主要存在两个方面的问题，一是劳动报酬在初次分配中占比偏低，我国一直奉行按劳分配为主的政策，劳有所得成为大多数普通老百姓的

---

① 习近平：《决胜全面建成小康社会　夺取新时代中国特色社会主义伟大胜利》，《人民日报》2017年10月28日。

② 《习近平谈治国理政》第一卷，外文出版社2018年版，第191页。

信条，但是居民的收入分配在国民收入分配中占比过低势必会影响群众的劳动积极性；二是区域之间、行业之间收入差距有进一步拉大的趋势，贫富分化仍然严重，群众的相对剥夺感有进一步加强的迹象。因此，习近平总书记强调："要坚持和完善社会主义基本分配制度，努力推动居民收入增长和经济增长同步、劳动报酬提高和劳动生产率提高同步，不断健全体制机制和具体政策，调整国民收入分配格局，持续增加城乡居民收入，不断缩小收入差距。"①

三是住有所居和病有所医的需要。习近平总书记曾多次提到"房子是用来住的、不是用来炒的"②。但目前我国房地产市场投机现象仍然比较严重。一方面是部分高收入者在超出自身住房需要的基础上仍购置多套房产，导致空房率不断上升；另一方面是部分低收入者无力承担商品房高涨的价格，造成居住困难。此外，现行土地政策导致土地供应规模和结构存在问题，再加上保障性住房供给不足，导致我国住房问题的解决更趋复杂化。

"没有全民健康，就没有全面小康"，习近平指出，"要把人民健康放在优先发展的战略地位"③。由于生态环境、生活方式不断变化，我国仍面临多重疾病威胁并存、多种健康因素交织的复杂局面。如果这些问题不能得到有效的解决，将会严重影响人民健康，制约经济发展。相对于人民的医疗卫生需要，目前我国医疗卫生方面存在的主要问题是资源总量不足、质量不高且分布不均衡，优质的医疗资源主要集中在大城市，看病难、看病贵的局面仍然没有改变。此外，医患紧张、冲突时有发生，病人与医生之间不能有效沟通。如果医疗机构危机处理不当将会引发舆论失真，产生恶劣的社会影响。

四是老有所养与弱有所扶的需要。一是社会保障覆盖面小、地区差异大，没有实现省级、国家级统筹，并且社会保险没能覆盖全体人民。养老保险也只集中在机关、企事业单位，而广大农村从业人员则不在保

---

① 习近平：《立足我国国情和我国发展实践　发展当代中国马克思主义政治经济学》，《人民日报》2015年11月25日。
② 《中央经济工作会议在北京举行》，《人民日报》2018年12月22日。
③ 《习近平谈治国理政》第二卷，外文出版社2017年版，第370页。

障体系之内。二是社会保险基金监管不到位,保值增值不理想,国家养老保险资金处在寅吃卯粮的境地。现阶段我国实施社会统筹和个人账户相结合的养老保险制度,退休职工养老金由国家承担,但是国家账户实际没有资金,而是挪用在职职工个人账户资金,长此以往透支个人账户填补社会账户亏空,会造成个人账户空账①。

民生领域的公平正义问题直接关系到人民的生存和发展,也直接影响党和人民对国家的认识和认同,因而必须高度重视民生领域的公平公正问题。

公平正义的需要主要体现在政法领域。习近平总书记指出:"促进社会公平正义是政法工作的核心价值追求。从一定意义上说,公平正义是政法工作的生命线,司法机关是维护社会公平正义的最后一道防线。政法战线要肩扛公正天平、手持正义之剑,以实际行动维护社会公平正义,让人民群众切实感受到公平正义就在身边。"② 司法公正是保障社会公正的最后一道关口,也是保障社会公正的最重要、最有效的手段。如果一个社会丧失了司法公正,也就没有了基本的公正。英国哲学家培根就指出:一次不公正的审判,其恶果甚至超过十次犯罪。因为犯罪虽是无视法律——好比污染了水流,而不公正的审判则毁坏法律——好比污染了水源。司法公正既是人民美好生活需要的重要内容,更是人民美好生活需要的关键性制度保障。但是,今天,我国的司法领域仍然存在不少问题,司法的公正度还不高,司法的公信力还有待提高。正如习近平总书记在十八届四中全会上指出:"当前,司法领域存在的主要问题是,司法不公、司法公信力不高问题十分突出,一些司法人员作风不正、办案不廉,办金钱案、关系案、人情案,'吃了原告吃被告',等等。司法不公的深层次原因在于司法体制不完善、司法职权配置和权力运行机制不科学、人权司法保障制度不健全。"③ 很显然,这离人民对司法公正的要求还有较大的差距。

---

① 李春会、张李斌:《习近平社会公平正义思想研究》,《理论月刊》2017 年第 4 期。
② 《坚持严格执法公正司法深化改革 促进社会公平正义保障人民安居乐业》,《人民日报》2014 年 1 月 9 日。
③ 《十八大以来重要文献选编》(中):中央文献出版社 2016 年版,第 151 页。

三、改革体制机制，着力实现社会的公平正义

社会不公平、不公正问题的根源在于不合理的社会体制与制度的束缚。这就要求执政党在新时期要不断完善中国特色社会主义制度体系，破除体制机制弊端。为此就要从以下方面进行努力：

第一，坚持在发展中解决问题，正确处理好做大"蛋糕"与分好"蛋糕"之间的关系。判断一种制度是否是先进的和有效的，关键在于这种制度是否能够促进社会生产力的发展。只有生产力不断发展才能创造足够的社会财富以供分配，要在扩大总量的基础上不断寻求更加公平的分配方式，否则再公平的制度和分配原则也只能随着社会财富的萎缩而趋于失效。正如马克思在《德意志意识形态》中提出的："生产力的这种发展（随着这种发展，人们的世界历史性的而不是地域性的存在同时已经是经验的存在了）之所以是绝对必需的实际前提，还因为如果没有这种发展，那就只会有贫穷、极端贫困的普遍化；而在极端贫困的情况下，必须重新开始争取必需品的斗争，全部陈腐污浊的东西又要死灰复燃。"[①]这就是说只有生产力不断发展，维持人类生存的必需品不断丰富，人们才有实现社会公平的基础和可能，否则将只能引起人类为基本的生存而爆发的无尽斗争。所以，习近平总书记指出："实现社会公平正义是由多种因素决定的，最主要的还是经济社会发展水平。在不同发展水平上，在不同历史时期，不同思想认识的人，不同阶层的人，对社会公平正义的认识和诉求也会不同。我们讲促进社会公平正义，就要从最广大人民根本利益出发，多从社会发展水平、从社会大局、从全体人民的角度看待和处理这个问题。我国现阶段存在的有违公平正义的现象，许多是发展中的问题，是能够通过不断发展，通过制度安排、法律规范、政策支持加以解决的。我们必须紧紧抓住经济建设这个中心，推动经济持续健康发展，进一步把'蛋糕'做大，为保障社会公平正义奠定更加坚实物质基础。"[②]

当然正如习近平总书记指出，并不是说就等着经济发展起来了再解

[①] 《马克思恩格斯选集》第1卷，人民出版社2012年版，第166页。
[②] 《十八大以来重要文献选编》（上），中央文献出版社2014年版，第553页。

决社会公平正义问题，一个时期有一个时期的问题，发展水平高的社会有发展水平高的问题，发展水平不高的社会有发展水平不高的问题，因此"蛋糕"不断做大了，同时还要把"蛋糕"分好。这就要求我们必须不断完善我国以按劳分配为主体，多种分配方式并存的分配制度，提高劳动在初次分配中的比重，提高居民收入在国民收入分配中的比重，加快健全以税收、社会保障、转移支付为主要手段的再分配调节机制。牢固树立劳动最光荣、劳动最崇高、劳动最伟大、劳动最美丽的观念，让全体人民进一步焕发劳动热情、释放创造潜能，通过劳动创造更加美好的生活。

第二，坚持以人为本，将共享发展的理念贯彻到推进社会公平公正的过程之中。人是公平公正的价值主体，必须坚持以人为本，坚持一切为了人民，一切依靠人民。中国特色社会主义之所以能够蓬勃发展，是全体国民共同参与和共同奋斗的结果，社会经济发展的成果应该由广大人民群众共享。共享发展理念的提出解答了中国发展起来之后"应该如何继续发展"和"发展到底为了谁"这两个关键问题。它把握住了社会主义的核心价值追求，把握住了社会主义公平正义的终极指向，即人的自由而全面的发展，是下一阶段执政党着力推进社会公平正义所应秉持的基本原则。

第三，坚持以推进机会、规则平等为重点推进社会公平公正。每个人的天赋秉性的差别造成个人能力与社会贡献的差别，这种差别是合理的，外在因素难以改变。由规则的不平等和机会的不平等造成的后天的不公平则是一个社会必须努力克服的。机会与规则的平等反映到政治层面就是公民的基本权利的平等。实际上，公平公正的社会"并不需要以特定的正义共识为先决条件或共同目标，而是必然将身份、利益、文化、社会地位等方面的差异看作是公共讨论与决策制定过程中必须加以考虑和认真对待的事情"①。因此保障每位公民公平享有法律所规定的基本政治、经济与社会权利，才是实现社会公平与公正的起点。为此，执政党一方面应该将机会、规则平等的理念灌注到制度建构的过程中，使每个

---

① 麻宝斌：《维护社会公平正义推进政府治理现代化》，《行政管理改革》2017 年第 3 期。

个体都能在同一规则下竞争；另一方面应该切实维护每个公民的基本权利，保护每个个体平等发展的尊严。

第四，坚持反特权、反腐败斗争。特权与歧视是公平公正的对立面，有特权就没有公平，有歧视就没有公正。权力容易滋生腐败，腐败容易助长特权。党章规定："中国共产党党员永远是劳动人民的普通一员。除了法律和政策规定范围内的个人利益和工作职权以外，所有共产党员都不得谋求任何私利和特权。"[1] 特权意味着在基本公民权利之外谋求多于常人的权利，这本身就是不平等的表现。客观地说，特权思想和特权现象在党内仍然存在，习近平总书记就指出："在我们的一些干部中，特权思想、特权现象还是比较严重的。从上到下，违规占有多套住房的，违规占用公家车辆的，以各种形式侵占公共利益的，违规侵害群众利益的，明里暗里为亲属升官发财奔走的，以权枉法的，这样的干部不乏其人啊！"[2] 执政党是执掌政权的政党，其在社会公平公正的过程中，首先应该破除自己组织内部的特权思想，克服党内的特权现象。

第五，促进社会阶层流动，阻断穷者愈穷、富者愈富的发生根源。随着收入差距的拉大，社会不可避免地发生分化，形成不同的阶层。阶层固化最直接的表现就是富者更富、穷者恒穷，这是与社会主义的本质相违背的。当前中国扶贫工作的难点是贫穷的代际传递和代内凝固，生活在社会底层的群体相对剥夺感与社会不公平感觉较强，长期以往将会积累大量社会不稳定因素。为此执政党需要依靠公共政策促进社会阶层良性流动。一方面要扶贫先扶"智"，促进义务教育均等化。教育是阻断贫穷代际传递的重要途径，对于贫穷地区应该在一视同仁的基础上向弱势群体倾斜，为他们提供阶层上升的渠道。另一方面要加强对弱势群体的社会救助，进一步改革、完善社会救助制度，实现社会救助制度的统筹发展，进一步改进社会救助的效果。

第六，深入推进司法体制改革。习近平总书记在党的十九大报告中指出，"让人民群众在每一个司法案件中感受到公平正义"。这为维护和

---

[1] 《中国共产党章程（中国共产党第十九次全国代表大会部分修改，2017年10月24日通过）》，《人民日报》2017年10月29日。
[2] 《十八大以来重要文献选编》（上），中央文献出版社2014年版，第137页。

促进社会公平正义指明了方向，提供了遵循。针对当前司法领域存在的司法不公和司法公信力不高问题，必须着力推进司法体制改革，优化司法职权配置，推进以审判为中心的诉讼制度改革。紧紧抓住影响司法公正的深层次问题，完善公正高效权威的中国特色社会主义司法制度；确保人民法院、人民检察院依法独立公正行使审判权、检察权，重点推动省以下地方法院、检察院人财物统一管理，探索与行政区划适当分离的司法管辖制度；建立符合职业特点的司法人员管理制度，重点推进司法人员分类管理改革，完善法官、检察官、人民警察选任招录制度，完善法官、检察官任免、惩戒制度，强化法官、检察官、人民警察的职业保障制度等；理顺司法权与司法行政事务权、司法权与监督权的关系，健全权责统一、权责明晰的司法权力运行机制。

第七节　全面从严治党，着力提升执政党长期执政的本领

党的十九大报告指出："领导十三亿多人的社会主义大国，我们党既要政治过硬，也要本领高强。"① 这是中国共产党站在新时代党和国家事业发展全局的高度，对提高自身的执政能力和领导水平提出的新要求。同时，习近平总书记对新时代党的建设作出全面部署，提出"坚定不移全面从严治党，不断提高党的执政能力和领导水平"②。这是十九大报告的压轴戏，也是党的建设中一个带有全局性、根本性、战略性的课题，对于保持和发展党的先进性和纯洁性，不断增强党的创造力、凝聚力、战斗力、领导力和号召力，全面推进新时代中国特色社会主义伟大事业，实现全面建成小康社会的目标，解决新时代我国社会主要矛盾，实现中华民族伟大复兴的中国梦，具有十分重要的意义。

---

　　① 习近平：《决胜全面建成小康社会　夺取新时代中国特色社会主义伟大胜利》，《人民日报》2017年10月28日。
　　② 习近平：《决胜全面建成小康社会　夺取新时代中国特色社会主义伟大胜利》，《人民日报》2017年10月28日。

一、深刻认识提升执政党长期执政本领的重要性

执政党作为一个为实现执政目标而组织起来的政治组织,自身建设和管理的好坏,决定其执政命运和执政前途的兴衰。办好中国事情,关键在党,关键在党要管党、从严治党。中国共产党作为在中国长期执政的马克思主义政党,要保持党的先进性和纯洁性,不断增强党的创造力、凝聚力和战斗力,必须加强党的领导、全面推进党的自身建设。

(一)着力提升长期执政本领是维护党的执政地位的必然要求

党的十九大报告指出,中国共产党一经成立,就把实现共产主义作为党的最高理想和最终目标,义无反顾肩负起实现中华民族伟大复兴的历史使命。回顾历史,我们党领导人民完成新民主主义革命和社会主义革命,确立社会主义基本制度,领导人民进行改革开放新的伟大革命,开辟了中国特色社会主义道路,迎来了中华民族从站起来到富起来、强起来的伟大飞跃,开辟了中华民族伟大复兴的光明前景。

党的十八大以来,在改革开放取得重大成就的基础上,全国各族人民在以习近平同志为核心的党中央坚强领导下,推动党和国家事业取得了历史性成就,发生了历史性变革,我国的发展站到了新的历史起点上,中国特色社会主义进入了新时代。新时代中国共产党的历史使命有了崭新的内涵,这就是进行伟大斗争、建设伟大工程、推进伟大事业、实现伟大梦想[1]。实现这个新的历史使命,意味着面临的新情况和新问题越来越多、矛盾和困难越来越多、风险和挑战越来越多,压力和阻力也越来越大。中国共产党是中国特色社会主义事业的领导核心,是整个国家和社会生活的领导者和组织者。党的各级干部特别是领导干部必须坚决按照习近平总书记提出的"既要政治过硬,也要本领高强"[2]的要求,全面增强八种本领,即学习本领、政治领导本领、改革创新本领、科学发展本领、依法执政本领、群众工作本领、狠抓落实本领、驾驭风险本领。能否全面增强这八种本领,关系决胜全面建成小康社会目标能否实现,

---

[1] 习近平:《决胜全面建成小康社会 夺取新时代中国特色社会主义伟大胜利》,《人民日报》2017年10月28日。

[2] 习近平:《决胜全面建成小康社会 夺取新时代中国特色社会主义伟大胜利》,《人民日报》2017年10月28日。

关系新时代中国共产党历史使命能否顺利完成。

(二) 不断提升长期执政的本领是适应新形势、开拓新视野、满足人民新期待的时代要求

站在中国特色社会主义新时代的历史方位上，人民日益增长的美好生活需要和不平衡不充分的发展之间的矛盾、新时代赋予的实现中华民族伟大复兴的新使命，都对执政党的执政能力和领导水平提出了新的更高的要求，因此全面从严治党依然任重道远。我们要充分认识到，全面从严治党，不断提升执政党长期执政的本领是适应新形势、开拓新视野、满足人民新期待的时代要求。

一是适应新形势的现实需要。中国特色社会主义进入新时代，也面临着国内外形势的复杂变化。中国是世界上人口最多的国家，目前已成为世界第二大经济体，也是世界经济发展和政治进步的关键驱动力。如何统揽全局并统筹协调，为实现全国一盘棋而谋篇布局和运筹帷幄，成为考验政治领导本领的试金石。同时，我们党要经受的"四大考验"和面临的"四大危险"是长期的、复杂的和严峻的。当前社会的一个突出特点就是人类已经进入了风险社会，高度的复杂性和不确定性使风险防控成为首要问题。这就需要锻造驾驭风险本领，在风险来临前可以预警预知，在风险来临时能够"兵来将挡水来土掩"，并在风险过后快速恢复重建并举一反三①。面对这样一个规模庞大、结构复杂和变化迅速的环境，只有扎实推进全面从严治党向纵深发展，增强政治领导本领，才能确保党和国家确立的发展目标能够坚定不移地实现。

二是开拓新视野的必然要求。实现中华民族伟大复兴是近代以来中华民族最伟大的梦想。"中华民族伟大复兴，绝不是轻轻松松、敲锣打鼓就能实现的。全党必须准备付出更为艰巨、更为艰苦的努力。"② 提高执政本领是实现伟大梦想，进行具有许多新的历史特点的伟大斗争的需要。这就要求我们必须充分认识到这场伟大斗争的长期性、复杂性、艰巨性，

---

① 马亮:《只有本领高强的执政党才能立于不败之地》，光明网：http://theory.gmw.cn/2017-10/27/content_26627406.htm。

② 习近平:《决胜全面建成小康社会 夺取新时代中国特色社会主义伟大胜利》，《人民日报》2017年10月28日。

不断夺取伟大斗争新胜利。提高执政本领是实现伟大梦想、深入推进的党的建设新的伟大工程的需要。推进党的建设新的伟大工程就是要通过不断增强执政本领，从而不断增强党的政治领导力、思想引领力、群众组织力、社会号召力，确保我们党永葆旺盛生命力和强大战斗力。

三是满足人民新期待的题中之义。中国特色社会主义进入新时代，我国社会主要矛盾已经转化为人民日益增长的美好生活需要和不平衡不充分的发展之间的矛盾。我国社会主要矛盾的变化是关系全局的历史性变化，对党和国家工作提出了许多新要求，对党的执政能力和领导水平提出了新的更高的要求。中国共产党一直坚持实事求是的精神，而以实为本的工作作风也赢得了人民群众的广泛支持。因此，需要进一步强化群众路线并密切党群关系，实现党对人民群众的承诺，有效回应人民群众的美好生活需要，使人民群众坚定不移跟党走。为此我们要不断提高执政本领，在继续推动发展的基础上，着力解决好发展不平衡不充分问题，不断满足人民日益增长的美好生活需要，同时着力解决人民群众反映最强烈，也对党的执政基础威胁最大的突出问题，形成反腐败斗争压倒性态势。顺应人民期盼，是全面从严治党的题中应有之义。

二、新时代继续坚定不移推进全面从严治党的现实意蕴

习近平总书记在第十九届中央纪委二次全会上的重要讲话中强调，"要全面贯彻党的十九大精神，以永远在路上的执着把全面从严治党引向深入"①，这体现了党中央全面从严治党的决心意志更加坚定、对管党治党规律的认识更加深刻、对全面从严治党的战略重点更加明确，彰显了党中央一以贯之坚定不移推进全面从严治党的鲜明态度和坚定决心。

（一）准确把握全面从严治党的新要求

一是新时代党的建设总要求。党的十九大报告指出，"新时代党的建设总要求是：坚持和加强党的全面领导，坚持党要管党、全面从严治党"②。党的十八大以来，全面从严治党成效显著，但全面从严治党决不

---

① 《中国共产党第十九届中央纪律检查委员会第二次全体会议公报》，《人民日报》2018年1月14日。
② 习近平：《决胜全面建成小康社会 夺取新时代中国特色社会主义伟大胜利》，《人民日报》2017年10月28日。

能因为取得显著成效就松口气、歇歇脚。新时代党的建设总要求，是党的十九大立足我国发展新的历史方位和我们党新的历史使命，立足学习贯彻习近平新时代中国特色社会主义思想，立足加强党的建设面临的新情况新问题提出来的。贯彻落实这一总要求，意义重大而深远。只有按照新时代党的建设总要求不断加强党的建设，才能"保证全党在这一重要思想的指引下统一意志、统一行动，团结一心、阔步前进"①。进一步推动全党用习近平新时代中国特色社会主义思想武装头脑，充分发挥这一重要思想对各方面工作和各项事业发展的根本指导作用。

二是全面从严治党的主线。党的十九大报告指出，"以加强党的长期执政能力建设、先进性和纯洁性建设为主线"②。在革命、建设及改革的不同历史时期，中国共产党之所以在大风大浪面前都能经受住考验，每逢重大危机都能够力挽狂澜，最终战胜困难创造新的辉煌，始终保持"任尔东西南北风，我自岿然不动"的政治定力，根本原因就在于我们党历来重视加强党的建设，不断提升执政能力。十九大报告指出："全党要清醒认识到，我们党面临的执政环境是复杂的，影响党的先进性、弱化党的纯洁性的因素也是复杂的，党内存在的思想不纯、组织不纯、作风不纯等突出问题尚未得到根本解决。"③ 在新时代条件下，党要经受住"四大考验"和应对"四大危险"，承担起人民和历史赋予的重大使命，必须毫不动摇坚持和完善党的全面领导，坚持党要管党、全面从严治党，既要有担当的宽肩膀，更要有成事的真本领。

三是全面从严治党的具体方略。党的十九大报告指出，"以党的政治建设为统领，以坚定理想信念宗旨为根基，以调动全党积极性、主动性、创造性为着力点"④。这是我们党坚持全面从严治党，加强自身全面建设

---

① 全国党的建设研究会：《深刻认识和全面落实新时代党的建设总要求》，《学习月刊》2018年第2期。
② 习近平：《决胜全面建成小康社会 夺取新时代中国特色社会主义伟大胜利》，《人民日报》2017年10月28日。
③ 习近平：《决胜全面建成小康社会 夺取新时代中国特色社会主义伟大胜利》，《人民日报》2017年10月28日。
④ 习近平：《决胜全面建成小康社会 夺取新时代中国特色社会主义伟大胜利》，《人民日报》2017年10月28日。

的具体方略。夺取新时代中国特色社会主义伟大胜利，我们要把政治建设摆在首位，以党的政治建设为统领，全面推进党的各项建设。加强政治建设，必须严明党的政治纪律和政治规矩。政治纪律是最重要、最根本、最关键的纪律，遵守党的政治纪律是遵守党的全部纪律的重要基础。每名党员都要严守政治纪律、政治规矩，做政治上的清醒人、明白人而非两面人、糊涂人，以坚定理想信念为根基，切实"增强政治意识、大局意识、核心意识、看齐意识，坚决维护党中央权威和集中统一领导"①，执行党中央决策部署不讲条件、不打折扣、不搞变通、不作选择。着力增强党内政治生活的政治性、时代性、原则性、战斗性，营造风清气正的良好政治生态。

四是全面从严治党的六大建设。党的十七大提出党的"五大建设"，党的十八大把"五大建设"中的制度建设放在了最后。党的十九大提出"六大建设"，把制度建设贯穿到政治建设、思想建设、组织建设、作风建设、纪律建设之中，要求"全面推进党的政治建设、思想建设、组织建设、作风建设、纪律建设，把制度建设贯穿其中，深入推进反腐败斗争，不断提高党的建设质量"②。强调在推进党的建设新的伟大工程实践中，要坚持制度治党、依规治党，始终把制度建设贯穿于全面从严治党全过程。这"六大建设"在我们全面从严治党中相互贯通，共同作用于提高执政党长期执政本领。

五是全面从严治党的宏伟目标。党的十九大报告中鲜明地提出："把党建设成为始终走在时代前列、人民衷心拥护、勇于自我革命、经得起各种风浪考验、朝气蓬勃的马克思主义执政党"③，这是党的十九大报告的一大亮点。中国共产党的领导，是历史的选择、人民的选择。坚持和加强党的全面领导，必须密切党同人民群众的血肉联系。中国共产党是最广大人民根本利益的忠实代表，人民对美好生活的向往，就是我们的

---

① 习近平：《决胜全面建成小康社会　夺取新时代中国特色社会主义伟大胜利》，《人民日报》2017年10月28日。
② 习近平：《决胜全面建成小康社会　夺取新时代中国特色社会主义伟大胜利》，《人民日报》2017年10月28日。
③ 习近平：《决胜全面建成小康社会　夺取新时代中国特色社会主义伟大胜利》，《人民日报》2017年10月28日。

奋斗目标，从这个意义上说，民族复兴伟大事业与人民对美好生活向往具有内在一致性。得到人民的拥护和支持，我们就有了执政兴邦的牢固根基，就有了事业发展的不竭动力。总之，全面从严治党就是要把党建设成为始终走在时代前列、人民衷心拥护、勇于自我革命、经得起各种风浪考验、朝气蓬勃的马克思主义执政党。

（二）坚定不移推进全面从严治党的现实意蕴

坚定不移推进全面从严治党是中国特色社会主义进入新时代的要求。主要矛盾的转化意味着社会发展进入新的阶段，人民对美好生活的追求更丰富、更全面、更多样、更综合。这些要求我们党要着力解决好发展不平衡不充分的问题，更好满足人民在经济、政治、文化、社会、生态等方面日益增长的需要，更好地推动人的全面发展和社会进步，必须坚定不移全面从严治党，不断增强党在新时代的创造力、凝聚力、战斗力、领导力和号召力，确保党对一切工作的领导。因此，全面从严治党任务依然艰巨。

坚定不移推进全面从严治党是党肩负新时代历史使命的关键。中国共产党人的初心和使命就是为中国人民谋幸福，为中华民族谋复兴。让人民过上好日子是中国共产党人进行革命时就定下的目标，有了这个目标，中国共产党人就有了努力奋斗和不断前进的不竭动力。实现中华民族伟大复兴是近代以来中华民族最伟大的梦想，然而，"中华民族伟大复兴，绝不是轻轻松松、敲锣打鼓就能实现的。全党必须准备付出更为艰巨、更为艰苦的努力"[①]。为了实现伟大梦想，必须进行伟大斗争，必须建设伟大工程，必须推进伟大事业，而其中起决定性作用的是党的建设新的伟大工程。我们党要始终成为时代先锋，自身必须始终过硬，必须消除一切损害党的先进性和纯洁性的因素，消除一切侵蚀党的健康肌体的病毒，不断增强党的政治领导力、思想引领力、群众组织力、社会号召力，确保我们党永葆旺盛生命力和强大战斗力，把坚定不移全面从严治党作为肩负新时代党的历史使命的战略抉择。

坚定不移推进全面从严治党是新时代坚持为人民服务根本宗旨的保

---

① 习近平：《决胜全面建成小康社会　夺取新时代中国特色社会主义伟大胜利》，《人民日报》2017年10月28日。

证。坚持立党为公、执政为民，践行全心全意为人民服务的根本宗旨，贯穿于新时代党的建设全部活动中，做到凡是群众对美好生活的需求都要认真反映，凡是群众反映强烈的问题都要严肃对待，始终保持党的先进性和纯洁性，增强党长期执政的能力和水平。正如习近平总书记在党的十九大报告中指出的那样："全面从严治党永远在路上。一个政党，一个政权，其前途命运取决于人心向背。人民群众反对什么、痛恨什么，我们就要坚决防范和纠正什么。"① 要牢牢把握人民对美好生活的向往，"把党的群众路线贯彻到治国理政全部活动之中，把人民对美好生活的向往作为奋斗目标，依靠人民创造历史伟业"②。唯有如此，才能使我们的党凝聚起亿万群众的力量，形成建设美好生活的磅礴之力，真正实现为人民服务的根本宗旨。

坚定不移推进全面从严治党是新时代进一步解决好党面临和存在的一些问题的需要。习近平总书记在党的十九大报告中指出："全党要清醒认识到，我们党面临的执政环境是复杂的，影响党的先进性、弱化党的纯洁性的因素也是复杂的，党内存在的思想不纯、组织不纯、作风不纯等突出问题尚未得到根本解决。要深刻认识党面临的执政考验、改革开放考验、市场经济考验、外部环境考验的长期性和复杂性，深刻认识党面临的精神懈怠危险、能力不足危险、脱离群众危险、消极腐败危险的尖锐性和严峻性"③。我们党面临的执政环境是复杂的，影响党的先进性、弱化党的纯洁性的因素也是复杂的，党内存在的思想不纯、组织不纯、作风不纯等突出问题尚未得到根本解决。这决定了新时代全面从严治党的现实紧迫性。"全面从严治党必须坚持无禁区、全覆盖、零容忍，坚持重遏制、强高压、长震慑，这是夺取反腐败斗争压倒性胜利的关键。"④ 实践证明，我们党勇于自我革命，也经得起各种风浪考验。在党的领导

---

① 习近平：《决胜全面建成小康社会　夺取新时代中国特色社会主义伟大胜利》，《人民日报》2017年10月28日。
② 习近平：《决胜全面建成小康社会　夺取新时代中国特色社会主义伟大胜利》，《人民日报》2017年10月28日。
③ 习近平：《决胜全面建成小康社会　夺取新时代中国特色社会主义伟大胜利》，《人民日报》2017年10月28日。
④ 王昊魁：《以永远在路上的执着全面从严治党——访中央党校教授辛鸣》，《光明日报》2018年1月14日。

下，承载着中国人民伟大梦想的航船必将破浪前进，一往无前。

三、着力提升执政党长期执政本领的战略部署

实现新时代党的历史使命，就要勾画新时代党的建设的蓝图和路径，进一步推进全面从严治党的顶层设计和战略部署。这就要求我们增强历史使命感和政治责任感，认真贯彻落实总要求和重点任务，着力提升执政党的执政本领，以实际行动推进党的建设新的伟大工程。

（一）把党的政治建设摆在首位

党的政治建设是党的根本性建设，决定党的建设方向和效果。夺取新时代中国特色社会主义伟大胜利，我们要把政治建设摆在首位，以党的政治建设为统领，全面推进党的各项建设。保证全党服从中央，坚持党中央权威和集中统一领导，是党的政治建设的首要任务。全党要坚定执行党的政治路线，严格遵守政治纪律和政治规矩，在政治立场、政治方向、政治原则、政治道路上同以习近平同志为核心的党中央保持高度一致。一是要严肃党内政治生活。严格尊崇党章，严格执行新形势下党内政治生活若干准则，严格贯彻民主集中制，着力增强党内政治生活的政治性、时代性、原则性、战斗性，努力营造风清气正的良好政治生态。二是加强党内政治文化建设。弘扬忠诚老实、公道正派、实事求是、清正廉洁等价值观，坚决防止和抵制各种消极腐朽思想文化的侵蚀。加强党性锻炼，不断提高政治觉悟和政治能力，做到对党忠诚、为党分忧、为党尽职、为民造福，永葆共产党人政治本色。三是严明党的政治纪律和政治规矩。政治纪律是最重要、最根本、最关键的纪律，遵守党的政治纪律是遵守党的全部纪律的重要基础。每名党员都要严守政治纪律、政治规矩，做政治上的清醒人、明白人，而非两面人、糊涂人，切实增强政治意识、大局意识、核心意识、看齐意识，坚决维护以习近平同志为核心的党中央权威和集中统一领导，坚决拥护党中央的战略部署。

（二）用习近平新时代中国特色社会主义思想武装全党

习近平新时代中国特色社会主义思想，是一个内涵丰富、逻辑严谨、系统完整、博大精深的思想体系，是我们党必须长期坚持的指导思想。我们要深入领会、准确把握其丰富内涵、精神实质、实践要求，并且要深刻把握贯穿其中的马克思主义立场观点和方法，把握新时代坚持和发

展中国特色社会主义的基本方略。共产主义远大理想和中国特色社会主义共同理想,是中国共产党人的精神支柱和政治灵魂,也是保持党的团结统一的思想基础。"要把坚定理想信念作为党的思想建设的首要任务,教育引导全党牢记党的宗旨,挺起共产党人的精神脊梁,解决好世界观、人生观、价值观这个'总开关'问题,自觉做共产主义远大理想和中国特色社会主义共同理想的坚定信仰者和忠实实践者。"[①] 要坚持理论联系实际,学深悟透,学用结合,落实到党的建设各方面工作,贯彻到社会主义现代化建设全过程,使习近平新时代中国特色社会主义思想真正成为推动党和国家事业发展的强大思想武器和行动指南。

(三) 强化组织能力建设,为提高党的执政能力和领导水平提供强有力的组织保证

党的组织工作是党的全部工作的基础,是党的战斗力的源泉。习近平总书记强调,党的力量来自组织,组织能使力量倍增。全面加强党的组织建设,一是要强化组织原则,增强党的凝聚力。这就要求加强党组织的能力建设,提升自我净化、自我完善、自我革新和自我提高的能力和水平。二是加强党员干部队伍建设,努力建设高素质专业化干部队伍。要保持党员队伍规模适度,不断优化党员队伍结构,保持党员队伍的生机活力,提高党员质量,在真正关键的时刻能够发挥积极作用。三是要加强基层党组织建设,推进全面从严治党向基层延伸。党的十九大报告强调指出:"党的基层组织是确保党的路线方针政策和决策部署贯彻落实的基础。要以提升组织力为重点,突出政治功能,把企业、农村、机关、学校、科研院所、街道社区、社会组织等基层党组织建设成为宣传党的主张、贯彻党的决定、领导基层治理、团结动员群众、推动改革发展的坚强战斗堡垒。"[②] 基层党组织是党的全部工作和战斗力的基础,要全面提升基层党组织的组织力,着力解决基层党组织弱化、虚化和边缘化的问题,真正做到让基层党组织成为战斗的堡垒。特别是面对人民美好生

---

① 习近平:《决胜全面建成小康社会 夺取新时代中国特色社会主义伟大胜利》,《人民日报》2017年10月28日。

② 习近平:《决胜全面建成小康社会 夺取新时代中国特色社会主义伟大胜利》,《人民日报》2017年10月28日。

活的需要,如何准确把握人民的美好生活需要,有效回应人民的美好生活需要,是基层党组织面临的新任务。因而新时代基层党的建设重心应放在不断强化基层党组织的政治功能、提升基层党组织践行群众路线的能力、增强基层党组织服务群众的本领上。

(四)全面加强党的作风建设,持之以恒正风肃纪

党性决定党风,"作风建设无小事,党的作风关系人心向背,关系党的生死存亡"①。作风建设必须牢牢抓住保持党同人民群众的血肉联系这个根本。我们党来自人民、植根人民、服务人民,党员干部要不断增强对人民群众的感情,把党的群众路线化作扎扎实实为人民谋幸福的具体行动,体现在时时处处事事为群众所思所盼的奋斗之中。要提高做群众工作的本领,更好地懂得群众、凝聚群众、服务群众,实现好、维护好、发展好人民群众的利益。要落实中央八项规定精神,发扬钉钉子精神,一锤接着一锤敲,打赢作风建设持久战,决不能让享乐主义和奢靡之风卷土重来。要以更大力度整治形式主义和官僚主义,督促党员干部求真务实、埋头苦干,不浮躁、不浮夸,追求实实在在的工作业绩,以艰苦奋斗、崇尚实干的工作作风,以勤俭节约、崇尚清廉的家风,带动民风社风向善向上,要牢牢抓住保持党同人民群众血肉联系这个作风建设的根本,依靠群众、深入调研、问计于民,有什么问题就解决什么问题,什么问题突出就整治什么问题,以担当履职的行动温暖民心、做好答卷,用作风建设新成效凝聚起决胜全面建成小康社会的强大正能量。

(五)坚决夺取反腐败斗争压倒性胜利

我们面临着依然严峻复杂的反腐败斗争形势,我们党巩固反腐败斗争压倒性态势、夺取压倒性胜利的决心坚如磐石。强化不敢腐的震慑,扎牢不能腐的笼子,增强不想腐的自觉,海晏河清、风清气正的政治生态已经形成②。习近平总书记在十九大报告中指出,我们将继续"深入推进反腐败斗争,不断提高党的建设质量,把党建设成为始终走在时代前列、人民衷心拥护、勇于自我革命、经得起各种风浪考验、朝气蓬勃的

---

① 闫鸣:《用作风建设新成效凝聚强大正能量》,《中国纪检监察报》2018年3月12日。
② 《坚持全面从严治党——十四论深入学习贯彻党的十九大精神》,《光明日报》2017年11月10日。

马克思主义执政党"①。要通过改革和制度创新切断利益输送链条，加强对权力运行的制约和监督，腐败的重点在于推动构建"不敢腐、不能腐、不想腐"的长效治理机制，形成有效管用的体制机制。广大党员"要正确对待权力，牢记第一身份是共产党员、第一职责是为党工作，弘扬'马上就办'精神，杜绝'踢皮球''打太极'现象，勇挑最重的担子、敢啃最硬的骨头、善接最烫手的山芋，坚持高标准，牢牢守住底线，增强廉洁自律意识"②。腐败不除，我们党就会失去根基、失去血脉、失去力量，因此必须夺取反腐败斗争压倒性胜利，争做新时代合格答卷人。

（六）强化党内监督，健全党和国家监督体系

加强党内监督是全面从严治党的重要保障。"党的执政地位决定了在党和国家各种监督制度中，党内监督是第一位的，党内监督缺失，其他监督也必然失效。"③ 要深刻领会党的十九大把全面从严治党纳入战略布局的重要意义，从加强全面从严治党的战略高度，进一步完善党和国家监督体系。构建监督体系，就意味着各种监督方式相互联系、有机运转。在我国，虽然民主监督、群众监督、司法监督等监督方式长期存在，但是缺少贯通，相互之间各自为战，没有形成几种监督途径的有效结合。党的十九大报告强调要"构建党统一指挥、全面覆盖、权威高效的监督体系"④，这个体系一是有总指挥，由党统一指挥；二是覆盖较广，从中央到地方，各个部门、行业系统都要覆盖到，不留死角、不留盲区；三是监督有权威，能做到立行立改，发现问题随时解决。同时我们还应该认识到增强党的自我净化能力，根本方向是实现党的自我监督和人民群众监督相结合，以党内监督带动和促进其他监督，建立更加科学、更加严密、更加有效的中国特色监督体系。

（七）全面增强执政本领

执政能力建设、先进性和纯洁性建设是党的建设的永恒课题。伟大

---

① 习近平：《决胜全面建成小康社会　夺取新时代中国特色社会主义伟大胜利》，《人民日报》2017年10月28日。
② 郝涛：《新时代党的建设总要求的内涵》，《中国纪检监察报》2018年2月22日。
③ 肖培：《健全党和国家监督体系》，《人民日报》2018年1月16日。
④ 习近平：《决胜全面建成小康社会　夺取新时代中国特色社会主义伟大胜利》，《人民日报》2017年10月28日。

的事业必须用坚强的党来领导。我们必须坚持党要管党、全面从严治党，把我们党自身建设好、建设强。必须全面增强执政本领，使党成为始终走在时代前列、人民衷心拥护、勇于自我革命、经得起各种风浪考验、朝气蓬勃的马克思主义执政党。一是增强学习本领。只有加强学习，才能增强工作的科学性、预见性、主动性，才能使领导和决策更加科学有效，避免陷入少知而迷、不知而盲、无知而乱的困境。二是增强政治领导本领。政治领导本领是最重要的本领，是把握方向、把握大势、把握全局的本领，是保持政治定力、驾驭政治局面、防范政治风险的本领。三是增强改革创新本领。改革创新是我们党的本质特征之一，是我们党生命力的源泉。要主动适应经济社会发展的新形势、新环境、新变化，保持锐意进取的精神风貌，不断增强创新意识和创新能力。四是增强科学发展本领。发展是解决我国一切问题的基础和关键，要增强科学发展本领，善于贯彻新发展理念，不断开创发展新局面。五是增强依法执政本领。依法执政是党治国理政的基本方式。要树立法治思维，严格厉行法治，加快形成覆盖党的领导和党的建设各方面的党内法规制度。六是增强群众工作本领。群众路线是党的生命线和根本工作路线，善于做群众工作是我们党的优良传统。要坚定人民立场，充分尊重群众，切实为群众解决困难，创新服务群众工作方法，有效增强新时代群众工作的实效。七是增强狠抓落实本领。"空谈误国，实干兴邦"。要坚持说实话、谋实事、出实招、求实效，把雷厉风行和久久为功有机结合起来，勇于攻坚克难，以钉钉子精神做实做细做好各项工作。八是增强驾驭风险本领。不断提高攻坚克难、化解矛盾、驾驭复杂局面的能力，健全各方面风险防控机制，善于处理各种复杂矛盾，勇于战胜前进道路上的各种艰难险阻，牢牢把握工作主动权，更好地把中国特色社会主义事业推向前进。

后　　记

　　本书是集体智慧的产物。

　　本书能摆在读者面前首先得感谢华中师范大学出版社冯会平主任。我因宣讲十九大精神认识了冯主任。在我宣讲十九大精神时，冯主任作为听众，对我宣讲的切入点、思路、结构和内容很感兴趣，宣讲结束后，冯主任问我能否把宣讲的内容写成一本书，我没有过多思量就接了这个活儿，现在想来有一点"不知深浅"！

　　要将一篇讲稿变成一部书稿还真不是一个轻松活儿，更何况是要从总体上把握十九大精神这样一个甚是宏大的命题。我们都知道，党的十九大是中国共产党带领中国人民谋划中华民族复兴伟业的一次关键性会议，会议立意高远，精神宏大，理论创新之处众多，对民族复兴战略的规划深远而具体，对走向民族复兴的时间表和路线图描绘清晰。如何在一本薄著中把如此宏伟的蓝图说清楚，实事求是地说，有些超出了我的能力。但既已答应了冯主任，我也就只好硬着头皮往前走。某种意义上而言，这本书不管影响如何，能够得以成书，就多亏冯主任的"逼迫"。

　　全书由我拟定写作提纲，组织博士生、硕士生共同完成初稿写作，最后由我统稿成书。初稿完成后，当我看到交给我的初稿时，我意识到我将面临一个非常艰巨的任务，书稿修改令我无从下手，甚感惶恐！不能抱怨参与写作的博士生、硕士生们，一方面如何由一篇讲稿变成一部书稿，其实我自己的思路也不是十分清晰；另一方面博士生、硕士生们对我的思路的理解也并非都很清楚。此外，我的时间也并不充裕，我虽是一名没有任何帽子和头衔的"纯粹"教授，但我自己也不清楚为什么会有那么多事！我兼职办刊，《社会主义研究》编辑部的工作花费了我60%以上的精力，我经常自嘲是"不务正业"！加上从本科生到硕士生再到博士生的各个不同层次的备课工作，研究生的培养指导工作，还有学院、学校的一些其他零碎性工作，令我总有分身乏术之感。因此书稿的修改非常艰辛，改改停停，一拖再拖，拖得我无颜见热心的冯主任！

在书稿写作过程中我们参考了大量专家学者们的研究成果，尽可能以注释的方式呈现出处，如有未及之处，还请谅解。

不管怎样，总算拿出来一个成果。我带的部分硕士生参与了初稿写作，博士生邓岩、王健睿、包安在初稿写作和统稿工作中做了大量的工作。本书的内容可能会有不足，作为责任人，我愿意接受批评和指正！

王建国
2019 年 3 月 20 日